编审委员会

主　任　侯建国

副主任　窦贤康　陈初升
张淑林　朱长飞

委　员（按姓氏笔画排序）

方兆本　史济怀　古继宝　伍小平
刘　斌　刘万东　朱长飞　孙立广
汤书昆　向守平　李曙光　苏　淳
陆夕云　杨金龙　张淑林　陈发来
陈华平　陈初升　陈国良　陈晓非
周学海　胡化凯　胡友秋　俞书勤
侯建国　施蕴渝　郭光灿　郭庆祥
奚宏生　钱逸泰　徐善驾　盛六四
龚兴龙　程福臻　蒋　一　窦贤康
褚家如　滕脉坤　霍剑青

“十二五”国家重点图书出版规划项目

中国科学技术大学精品教材

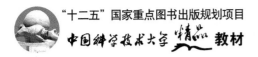

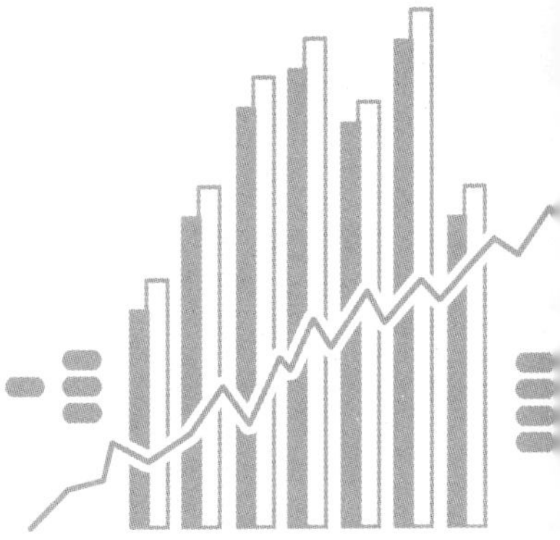

程希骏／编著

Portfolio Theory for Securities Investment

证券投资Portfolio理论

中国科学技术大学出版社

内 容 简 介

Portfolio 理论是现代证券投资理论中最主要的理论，它的中心思想就是在给定约束的前提下，如何获取一个最优的投资组合。本书主要包括两大部分：第一部分为经典的 Portfolio 理论，主要是为本科生而编写的，包括证券的收益、投资风险的衡量、组合投资模型、资本资产定价模型和含消费投资组合的最优控制等内容；第二部分为随机 Portfolio 理论，这是近几年发展起来的，主要是为研究生而编写的，包括随机 Portfolio 总论、市场的散度与行为、函数构造 Portfolio 和随机 Portfolio 权数的有序过程等内容。

本书可作为高等学校管理科学、应用数学等专业的教材，也可供相关领域研究人员参考使用。

图书在版编目(CIP)数据

证券投资 Portfolio 理论/程希骏编著. —合肥：中国科学技术大学出版社，2014.8

(中国科学技术大学精品教材)

“十二五”国家重点图书出版规划项目

ISBN 978-7-312-03465-7

Ⅰ. 证…　Ⅱ. 程…　Ⅲ. 证券投资—投资理论　Ⅳ. F830.53

中国版本图书馆 CIP 数据核字(2014)第 110621 号

中国科学技术大学出版社出版发行
安徽省合肥市金寨路 96 号，230026
http://press.ustc.edu.cn
安徽省瑞隆印务有限公司印刷
全国新华书店经销

开本：710 mm×960 mm　1/16　印张：12.5　插页：2　字数：240 千
2014 年 8 月第 1 版　2014 年 8 月第 1 次印刷
定价：25.00 元

总　　序

2008年，为庆祝中国科学技术大学建校五十周年，反映建校以来的办学理念和特色，集中展示教材建设的成果，学校决定组织编写出版代表中国科学技术大学教学水平的精品教材系列。在各方的共同努力下，共组织选题281种，经过多轮、严格的评审，最后确定50种入选精品教材系列。

五十周年校庆精品教材系列于2008年9月纪念建校五十周年之际陆续出版，共出书50种，在学生、教师、校友以及高校同行中引起了很好的反响，并整体进入国家新闻出版总署的“十一五”国家重点图书出版规划。为继续鼓励教师积极开展教学研究与教学建设，结合自己的教学与科研积累编写高水平的教材，学校决定，将精品教材出版作为常规工作，以《中国科学技术大学精品教材》系列的形式长期出版，并设立专项基金给予支持。国家新闻出版总署也将该精品教材系列继续列入“十二五”国家重点图书出版规划。

1958年学校成立之时，教员大部分来自中国科学院的各个研究所。作为各个研究所的科研人员，他们到学校后保持了教学的同时又作研究的传统。同时，根据“全院办校，所系结合”的原则，科学院各个研究所在科研第一线工作的杰出科学家也参与学校的教学，为本科生授课，将最新的科研成果融入到教学中。虽然现在外界环境和内在条件都发生了很大变化，但学校以教学为主、教学与科研相结合的方针没有变。正因为坚持了科学与技术相结合、理论与实践相结合、教学与科研相结合的方针，并形成了优良的传统，才培养出了一批又一批高质量的人才。

学校非常重视基础课和专业基础课教学的传统，也是她特别成功的原因之一。当今社会，科技发展突飞猛进、科技成果日新月异，没有扎实的基础知识，很难在科学技术研究中作出重大贡献。建校之初，华罗庚、吴有训、严济慈等老一辈科学家、教育家就身体力行，亲自为本科生讲授基础课。他们以渊博的学识、精湛的讲课艺术、高尚的师德，带出一批又一批杰出的年轻教员，培养了一届又一届优秀学生。入选精品教材系列的绝大部分是基础课或专业基础课的教材，其作者大多直接或间接受到过这些老一辈科学家、教育家的教诲和影响，因此在教材中也贯穿着这些先辈的教育教学理念与科学探索精神。

改革开放之初，学校最先选派青年骨干教师赴西方国家交流、学习，他们在带回先进科学技术的同时，也把西方先进的教育理念、教学方法、教学内容等带回到中国科学技术大学，并以极大的热情进行教学实践，使“科学与技术相结合、理论与实践相结合、教学与科研相结合”的方针得到进一步深化，取得了非常好的效果，培养的学生得到全社会的认可。这些教学改革影响深远，直到今天仍然受到学生的欢迎，并辐射到其他高校。在入选的精品教材中，这种理念与尝试也都有充分的体现。

中国科学技术大学自建校以来就形成的又一传统是根据学生的特点，用创新的精神编写教材。进入我校学习的都是基础扎实、学业优秀、求知欲强、勇于探索和追求的学生，针对他们的具体情况编写教材，才能更加有利于培养他们的创新精神。教师们坚持教学与科研的结合，根据自己的科研体会，借鉴目前国外相关专业有关课程的经验，注意理论与实际应用的结合，基础知识与最新发展的结合，课堂教学与课外实践的结合，精心组织材料、认真编写教材，使学生在掌握扎实的理论基础的同时，了解最新的研究方法，掌握实际应用的技术。

入选的这些精品教材，既是教学一线教师长期教学积累的成果，也是学校教学传统的体现，反映了中国科学技术大学的教学理念、教学特色和教学改革成果。希望该精品教材系列的出版，能对我们继续探索科教紧密结合培养拔尖创新人才，进一步提高教育教学质量有所帮助，为高等教育事业作出我们的贡献。

中国科学技术大学校长
中国科学院院士
第三世界科学院院士

前　言

Portfolio 理论是产生于20世纪50年代的一门专门研究证券投资数量分析的理论。自那时起，经过Sharpe、Ross和Merton等人的不懈努力，该理论得到了长足的发展。20世纪80年代以来，它进入了中国科学工作者的视野，同时也被一些高等学校的相关学科列为本科生和研究生的必修科目，中国科学技术大学也在管理科学、应用数学等专业设立了这门课。作者作为Portfolio理论的主讲教师，在以前的讲义基础上撰写了这本书。

虽然这是一本为本科生撰写的教材，但是从学生的发展考虑，也从该理论的完整性和前瞻性角度考虑，本书在给出现行的Portfolio理论的叙述之后，又增加了含消费的Portfolio最优控制问题和随机Portfolio理论简介两章。尽管这些内容尚处于发展阶段，且对于本科生来说明显偏深，但这些内容对于学生理解Portfolio理论的整个脉络和开拓他们的视野是有好处的。正是基于这样的原因，撰写时注意到有利于学生自学的这一要求，同时对一些较深的数学内容读者可阅读有关的参考文献。

本书的内容包括：前四章主要是讨论经典的Portfolio理论，第一章讨论组合收益率的计算，第二章从投资决策的理论沿革过程来讨论期望值准则、期望效用准则和M-V准则，第三章从优化的角度来讨论几个Portfolio模型，第四章在第三章的基础上研究CAPM模型及相关的理论；第五章则从连续性架构上讨论含消费的Portfolio最优控制问题；第六章主要是介绍随机Portfolio理论。后两章均是独立成章的，这两章的内容在本书中难度最大，可供读者选读。另外，为了紧跟Portfolio理论的发展态势，书中还将我们最近的一些有关的研究论文加以整理，合并成附录部分。

这里需要指出的是，本书的经典Portfolio部分与作者之前撰写的书（如安徽教育出版社出版的《现代投资理论》和安徽科技出版社出版的《金融投资数理分析》)在内容上有着依存的关系。本书的后两章则几乎是新内容。

在长期的教学和科研中,一直得到中国科学技术大学统计与金融系的缪柏其教授、胡太忠教授和张曙光教授的指导和帮助,中国科学技术大学管理学院副院长华中生教授和中国科学技术大学出版社对本书的出版给予了很大的帮助,另外,我的学生符永健和朱业春等为本书的校对等做了许多工作,在此一并表示感谢。

程希骏

2013 年初冬于中国科学技术大学

目　　次

第一章　证券的收益

一般来说，我们均是以证券价格在某一时段的变化率来衡量该证券在对应时期的收益的。例如：设在 t 期（中），已知证券 j 的期初价格为 $p_{j,t-1}$，期末价格未知，设为 $P_{j,t}$，假定该期没有股息，那么不难得到该证券在 t 时刻的收益为

$$R_{j,t} = \frac{P_{j,t} - p_{j,t-1}}{p_{j,t-1}}$$

由于 $P_{j,t}$ 价格未知，故它可以看作是一个随机变量，因而用大写。而 $p_{j,t-1}$ 已知，可以说是一个随机变量的取值，故它用小写。这样上式所决定的 $R_{j,t}$ 也是一个随机变量。本章所谓的证券的收益即是指对这样的随机变量 R 的描述。

第一节　基本的收益描述

让我们继续上面的讨论。设我们现在面对的是一个未知的统计总体 R_t，在离散的时间点 $t=1,2,\cdots$ 下，对应的 $R_1,R_2,\cdots$ 均是随机变量。为了处理问题的方便，我们假定 t 在不是非常大的情况下，序列 $\{R_t \mid t=1,2,\cdots\}$ 是独立同分布的，分布均相同于 R。

为了刻画一个随机变量的规律，人们均要根据它的概率分布计算其各种矩。这里最重要的两个是：一阶原点矩——数学期望和二阶中心距——方差。考虑到实用性，假定 R 是服从某种分布的离散型随机变量，$R=r_i$ 发生的概率是 h_i，于是

R 的期望值——期望收益率和方差分别为

$$\mu = ER = \sum_i r_i h_i$$

$$\sigma^2(R) = \sum_i h_i (r_i - \mu)^2$$

但是，由于 R 是未来的收益率，受各种因素的影响，这个随机变量的真实分布一般是不知道的，故我们必须要对其期望收益率和方差进行估计。根据前面的假定，要进行这种估计，首先要有这样一个假设，即未来各年的收益率的分布 $F(r)$ 是一样的。$\{R_t \mid t=1,2,\cdots\}$ 是一个独立同分布序列，均同于随机变量 R。于是如果有一收益率的时间序列 $R_1, R_2, \cdots, R_N$ 的一个实现为 $r_1, r_2, \cdots, r_N$（N 为所观察的视点数），那么该收益率的样本均值为

$$\bar{r} = \frac{1}{N}\sum_{t=1}^{N} r_t$$

我们就可以用样本均值 $\bar{r}$ 来估计 ER 了。

例 1.1 表 1.1 是一种普通股票收益率的时间序列。

表 1.1 一种普通股票收益率的时间序列

T	1	2	3	4	5	6
r_1	6%	2%	4%	−1%	12%	7%

根据前述道理，我们可以计算出这种股票收益率的抽样均值为

$$\bar{r} = \frac{1}{N}\sum_{t=1}^{N} r_t = 5\%$$

以此估计出该股票的期望收益率为 5%。

但这里的 5% 只是对该股票的期望值的估计，并不是真实的收益率的期望值。如果真实的收益率的期望值不是 5%，比如说是 10%，那么抽样均值和真实的期望值就有一个差距，我们通常称这个差距为抽样差距。本例中用 5% 来作为对真实的期望值的估计，显然会存在一定的误差。从统计的观点来看，要使这种估计准确些，就必须要增加观察点的数目，亦即增加样本容量。N 越大，$\bar{r}$ 越接近 ER。

可是事情往往具有两面性。虽然从原理上讲，N 越大估计越准确，但是我们在做这种估计时，先做了一个个体收益率分布均一样的假设。这个假设从短时间来看还可以近似认为是成立的，但时间越长，亦即 N 越大，我们就越没有理由认为各

年收益率分布均一样了。这是一个矛盾。一般在处理这个问题时，我们总是尽可能选择其收益率分布不会发生很大变化的一段足够长的时间来进行抽样估计。

和期望收益率一样，对于其方差，我们一般也不知道。人们通常使用抽样方差

$$\hat{\sigma}^2(R) = \frac{1}{N-1}\sum_{t=1}^{N}(r_t - \bar{r})^2 \tag{1.1}$$

来估计收益率的真实方差。注意这里的式(1.1)，我们不能用

$$\hat{\sigma}^2(R) = \frac{1}{N}\sum_{t=1}^{N-1}(r_i - \bar{r})^2 \tag{1.2}$$

来估计 $\sigma^2(R)$，因为式(1.1)考虑了自由度损失，是无偏估计，而式(1.2)是有偏估计。

回到例 1.1，该股票收益率方差的无偏估计为

$$\hat{\sigma}^2(R) = \frac{1}{N-1}\sum_{t=1}^{N}(r_t - \bar{r})^2 = 0.002$$

在实际工作中，按式(1.1)来计算抽样方差一般比较繁琐，所以我们可将式(1.1)表示成另一种形式：

$$\begin{aligned}\hat{\sigma}^2(R) &= \frac{1}{N-1}\sum_{t=1}^{N}(r_t - \bar{r})^2 \\ &= \frac{1}{N-1}\sum_{t=1}^{N}(r_t{}^2 - 2r_t\bar{r} + \bar{r}^2) \\ &= \frac{N}{N-1}(\overline{r^2} - \bar{r}^2)\end{aligned}$$

其中：

$$\overline{r^2} = \frac{1}{N}\sum_{t=1}^{N} r_t^2$$

以上介绍了单一普通股收益率的期望值和方差的估计方法，但是这些方法并不能描述普通股收益率之间的相互关系。事实上这些相互关系是存在的。如 A 公司和 B 公司的产品是相互替代的，那么若 A 公司的股票被看好(收益率增大)，则 B 公司股票的收益率一定会下降；如 A 公司和 B 公司的产品是相互补充的，那么它们的股票收益率一定会同升同降。因此，我们还要研究它们的协方差和相关系数的样本估计。

我们假定 R 均为离散型随机变量，如果 R_A 和 R_B 的联合分布为

$$P\{R_A = r_{Ai}, R_B = r_{Bi}\} = h_i$$

那么 A 股票和 B 股票收益率之间的协方差就是

$$\sigma_{AB} = \sum_i h_i(r_{Ai} - ER_A)(r_{Bi} - ER_B) \tag{1.3}$$

需要说明的是，有时为了运算清楚，R_A 和 R_B 之间的协方差用符号 $\mathrm{Cov}(R_A, R_B)$ 来表示，实际上在前面这两个符号已经交互使用了。由式(1.3)，我们不难发现，如果两种股票的收益率之间的协方差为正数，则说明当一种股票的收益率大于它的期望值时，另一种股票的收益率很可能也大于其期望值，反之亦然。但如果它们之间的协方差为负数，则当一种股票收益率大于它的期望值时，另一股票的收益率小于它的期望值。

在实际中，我们并不知道 R_A 和 R_B 的联合分布，所以只能采取抽样的方法来对 σ_{AB} 进行估计，即对一个 R_A, R_B 的二维时序样本 $\{r_{At}, r_{Bt} \mid t = 1, 2, \cdots, N\}$ 进行估计。由此我们可得到 σ_{AB} 的估计为

$$\hat{\sigma}_{AB} = \frac{1}{N-1}\sum_{t=1}^{N}[(r_{At} - \overline{r_A})(r_{Bt} - \overline{r_B})]$$

仿上，我们可同样将此式简化为

$$\hat{\sigma}_{AB} = \frac{N}{N-1}\sum_{t=1}^{N}(\overline{r_A \cdot r_B} - \overline{r_A} \times \overline{r_B}) \tag{1.4}$$

其中：

$$\overline{r_A \cdot r_B} = \frac{1}{N}\sum_{t=1}^{N} r_{At} r_{Bt}$$

例 1.2 表 1.2 表示两种股票在 5 个月内的收益情况，试求它们之间的协方差。

表 1.2 两种股票在 5 个月内的收益情况

t	1	2	3	4	5
r_{At}	4%	−2%	8%	−4%	4%
r_{Bt}	2%	3%	6%	−4%	8%

根据式(1.4)，我们不难得到

$$\hat{\sigma}_{AB} = \frac{N}{N-1}\sum_{t=1}^{N}(\overline{r_A \cdot r_B} - \overline{r_A} \times \overline{r_B}) = 0.0017$$

我们知道协方差在一定程度上描述了投资收益率之间的相互影响。但理论上说，这种描述是有缺陷的，其主要原因在于它们会受各自单位的影响。譬如说，有甲和乙两组股票，甲组内包含 A 和 B 两种股票，乙组内包含 C 和 D 两种股票，对每组收益率都观察 5 点，如图 1.1 所示。直观地看，乙组内股票 C 和 D 的收益率

相互影响很大，因为当 R_C 增大时，R_D 也增大；R_C 减小时，R_D 也减小(5 个点均在第一象限内)，甚至是同幅度地增减。而甲组内的两种股票除了 3 个点在第一象限内且 R_A 和 R_B 同增减外，还有 1 个点在第二象限内，1 个点在第四象限内，这两个点显然表明 R_A 和 R_B 的变动方向恰好相反，即 R_A 的增减相应地有 R_B 的减增。但计算结果却有 $\sigma_{AB}>\sigma_{CD}$，究其原因，不难看出：R_A，R_B 的单位比 R_C，R_D 的大，前者为 5%，后者仅为 1%。

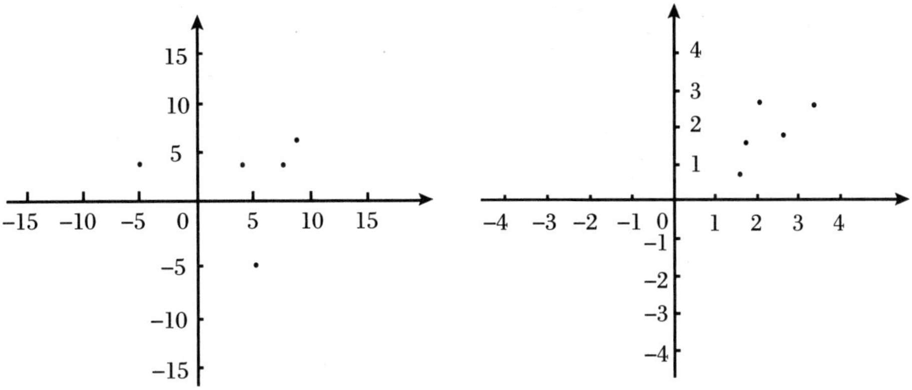

图 1.1

为了弥补协方差的这种缺陷，我们可以利用相关系数 ρ 更好地刻画两个(甚至更多)投资收益率之间的相互关系。其主要思想是用两个收益率的协方差除以它们各自标准差的乘积，这样既可使得结果是个无量纲数，从而摆脱了计算单位的影响；又可使得协方差从原来的取值区间$(-\infty,+\infty)$变为现在的相关系数的取值区间$[-1,+1]$，即

$$\rho_{AB}=\frac{\hat{\sigma}_{AB}}{\hat{\sigma}(R_A)\hat{\sigma}(R_B)}$$

这就使得 ρ 成为统一的尺度，通过 ρ 的大小来反映两个投资收益率之间的相互关系。

仍如上例，我们求得

$$\rho_{AB}=\frac{\hat{\sigma}_{AB}}{\hat{\sigma}(R_A)\hat{\sigma}(R_B)}=0.758$$

在统计上，根据 ρ 的取值大小，我们可以把两个投资收益率之间的相互关系分为五大类：

① 正相关：$0<\rho<1$；

② 完全正相关：$\rho=1$；

③ 零相关：$\rho=0$；

④ 负相关：$-1<\rho<0$；

⑤ 完全负相关：$\rho=-1$。

这五种相关关系可用图 1.2 来表示。

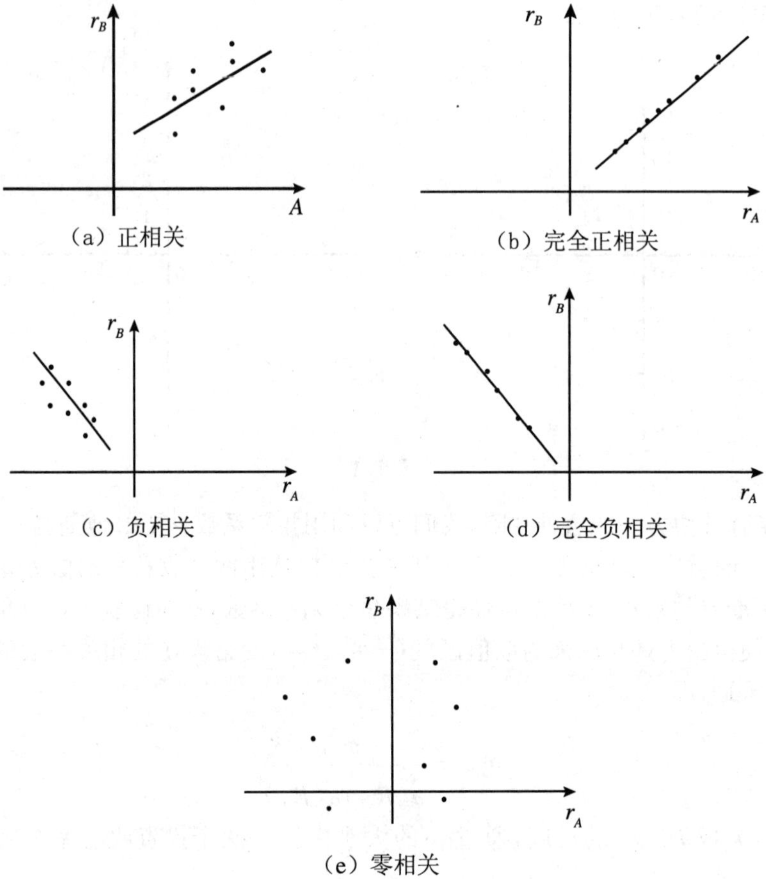

图 1.2

图 1.2 中的直线是根据最小二乘法原理建立起来的回归线（又称拟合线）。正相关的回归线斜率为正，负相关的回归线斜率为负，完全正相关和完全负相关的点均在回归线上。如果 R_A 和 R_B 是零相关，则说明它们是线性无关。这点特别需要注意，零相关并不一定彼此不相关，它们可能是非线性相关。

在统计应用中，人们常常用相关系数的平方来表示可决系数（The Coefficient

of Determination)。可决系数是一个百分数,它表示一个量的变化与另一个量有关或能由另一个量解释的百分比,反之亦然。如上例中可决系数 $d=\rho^2=0.758^2=57.5\%$,说明 R_A 变化的 57.5%可由 R_B 的变化来解释,当然 R_B 的变化可由 R_A 来解释的百分比也为 57.5%。通过对两种股票收益率的历史数据的分析,求出其相关系数和可决系数,则如果知道 R_A 将在下期变动,我们就可以基本推断出 R_B 的变动情况。

到目前为止,我们仅仅研究了一阶(原点)矩(期望)和二阶(中心)距(方差),R 的三阶中心矩和四阶中心矩分别为

$$\mu_3(R)=E(R-ER)^3$$

$$\mu_4(R)=E(R-ER)^4$$

如果定义偏度系数 $C_S=\dfrac{\mu_3(R)}{\sigma^3}$,峰度系数 $C_E=\dfrac{\mu_4(R)}{\sigma^4}$,则我们就可以把任一随机变量 R 的分布密度函数 $f(x)$ 近似地表示为

$$f(r)=\frac{1}{\sqrt{2\pi}\sigma}\mathrm{e}^{-\frac{(r-\mu)^2}{2\sigma^2}}\left\{1-\frac{C_S}{6}\left[3\left(\frac{r-\mu}{\sigma}\right)-\left(\frac{r-\mu}{\sigma}\right)^3\right]\right.$$
$$\left.+\frac{C_E-3}{24}\left[3-6\left(\frac{r-\mu}{\sigma}\right)^2+\left(\frac{r-\mu}{\sigma}\right)^4\right]\right\}$$

从统计学的观点来看,若要准确地刻画 R,必须要知道 R 的分布。但实际上,我们并不需要这样做。通常只是用 R 的前几阶矩来描述 R 的盈利性和风险性就足够了,因为根据样本资料来准确推导 R 的真实分布是很难的。

第二节　证券组合收益率的估计

第一节讨论了单个证券收益率的计算,但是在实际中,从风险的角度来说,投资者往往不仅仅向一种股票投资,而是通常向几种股票同时投资。这就如同西谚所说:不能把所有鸡蛋放在一个篮子中,而是把它们放在几个篮子中。事实上对于机构投资者来说,它们对任何一支股票的持仓量均受到证券法律的限制。

下面假定投资者面对 n 种可供投资的股票,它们的收益率分别用随机变量 $R_1,R_2,\cdots,R_n$ 表示。如果我们用列随机向量 $\boldsymbol{R}$(后文中若不加特殊说明,向量均指列向量)来表示它们,则记

$$\boldsymbol{R} = (R_1, R_2, \cdots, R_n)'$$

于是该向量的期望值和方差分别为

$$\boldsymbol{ER} = (ER_1, ER_2, \cdots, ER_n)'$$

$$\sigma^2(\boldsymbol{R}) = E[(\boldsymbol{R} - \boldsymbol{ER})(\boldsymbol{R} - \boldsymbol{ER})']$$

$$= \begin{bmatrix} E(R_1 - ER_1)^2 & E(R_2 - ER_2)(R_1 - ER_1) & \cdots & E(R_n - ER_n)(R_1 - ER_1) \\ E(R_1 - ER_1(R_2 - ER_2) & E(R_2 - ER_2)^2 & \cdots & E(R_n - ER_n)(R_2 - ER_2) \\ \vdots & \vdots & & \vdots \\ E(R_1 - ER_1)(R_n - ER_n) & E(R_2 - ER_2)(R_n - ER_n) & \cdots & E(R_n - ER_n)^2 \end{bmatrix}$$

$$= \begin{bmatrix} \sigma_1{}^2 & \sigma_{12} & \cdots & \sigma_{1n} \\ \sigma_{12} & \sigma_2{}^2 & \cdots & \sigma_{2n} \\ \vdots & \vdots & & \vdots \\ \sigma_{1n} & \sigma_{2n} & \cdots & \sigma_n{}^2 \end{bmatrix}$$

这里，$\sigma_{ij} = E[(R_i - ER_i)(R_j - ER_j)]$。显然它是随机变量 R_i 和 R_j 的协方差，同时根据协方差的性质有

$$\sigma_{ij} = \sigma_{ji} \tag{1.5}$$

于是我们可以看出，随机向量 $\boldsymbol{R}$ 的期望仍然是一个向量，其协方差矩阵内的各元素就是对应的 $\boldsymbol{R}$ 中的协方差，其主对角线上的元素 $\sigma_{ij} = \sigma_i^2$是 R_i 的方差。对 $\sigma^2(R)$这个矩阵，我们通常称它为 $\boldsymbol{R}$ 的协方差矩阵，常用大写的希腊字母 $\boldsymbol{\Sigma}$ 来表示。

根据式(1.5)，我们知道 $\boldsymbol{\Sigma}$ 是对称的。下面我们再给出关于 $\boldsymbol{\Sigma}$ 的一个定理。

定理 1.1 如果随机变量 $R_1, R_2, \cdots, R_n$ 之间不存在线性相关，那么矩阵 $\boldsymbol{\Sigma}$ 是正定的。

证明 设 $\boldsymbol{C} = (C_1, C_2, \cdots, C_n)$是一个任意的 n 维常数向量，那么

$$\boldsymbol{Y} = \boldsymbol{C}(\boldsymbol{R} - \boldsymbol{ER})$$

是一个随机变量，且是一个标量，于是有

$$\boldsymbol{EY}^2 = E(\boldsymbol{Y} \times \boldsymbol{Y}') = E[\boldsymbol{C}(\boldsymbol{R} - \boldsymbol{ER})(\boldsymbol{R} - \boldsymbol{ER})'\boldsymbol{C}'] = \boldsymbol{C\Sigma C}'$$

由于 $\boldsymbol{Y}$ 是标量，所以一定有

$$\boldsymbol{EY}^2 = \boldsymbol{C\Sigma C}' \geqslant 0$$

但如果 $\boldsymbol{EY}^2 = 0$，则一定有 $\boldsymbol{Y} = \boldsymbol{C}(\boldsymbol{R} - \boldsymbol{ER})$恒为 0。如果各个 R_i 之间不存在线性相关，那么对于

$$C_1R_1 + C_2R_2 + \cdots + C_nR_n = 0$$

$C_i (i = 1, 2, \cdots, n)$只可能是 0，但 C_i 是一个任意的常量，所以当各个 R_i 之间不存在线性相关时，$EY^2 \neq 0$。亦即

$$EY^2 = C\Sigma C' > 0$$

就是 Σ 为正定。

引理 1.1　对于对称的正定矩阵 Σ，一定存在正交矩阵 O，使得

$$O'\Sigma O = \Lambda$$

这里对称三角阵

$$\Lambda = \begin{pmatrix} \lambda_1 & 0 & 0 & 0 \\ 0 & \lambda_2 & \cdots & 0 \\ \vdots & \vdots & & \vdots \\ 0 & 0 & \cdots & \lambda_n \end{pmatrix}$$

其中所有的 $\lambda_i(i=1,2,\cdots,n)$ 为矩阵 Σ 的特征根，且均为正。

该引理在一般的线性代数著作中均有，读者可自证。

现在我们来考虑一个投资组合收益率的期望和方差。这里要说明一下，后文经常将"投资组合"和英文单词"portfolio"混合使用。

设我们面对着一个收益率向量为 $R=(R_1,R_2,\cdots,R_n)'$ 的 n 种证券的组合，投资者把它的投资按一定的比例向这 n 种股票进行投资，设向第 j 种证券投资的资金占总投资额的比例为 $x_j(j=1,2,\cdots,n)$，则该投资者就拥有了一个投资组合，其投资组合的权数向量为

$$X = (x_1, x_2, \cdots, x_n)'$$

需要指出的是，这里的 X 是非随机的，且 x_j 可正可负，如 $x_j<0$，则是卖出证券 j，俗称做空；如 $x_j>0$，当然就是买进，俗称做多。当然各个 x_j 必须满足

$$x_1 + x_2 + \cdots + x_n = 1$$

例 1.3　某投资者手里持有股票 A 若干和 20000 元现金，现在他把股票 A 全部卖掉得现金 10000 元，同时用现有的 30000 元买了 B 和 C 两种股票。购买前者花了 8000 元，购买后者花了 22000 元。计算投资者的这两个组合的系数向量。

解

$$x_A = \frac{-10000}{20000} = -0.5$$

$$x_B = \frac{8000}{20000} = 0.4$$

$$x_C = \frac{22000}{20000} = 1.1$$

则系数向量 $X=(-0.5,0.4,1.1)'$。

对于由 X 构造的投资组合，其收益率为

$$R_P = \boldsymbol{X}'\boldsymbol{R}$$

相应地，其期望和方差分别为

$$ER_P = \boldsymbol{X}'E\boldsymbol{R} \tag{1.6}$$

$$\begin{aligned}\sigma^2(R_P) &= E[(\boldsymbol{X}'\boldsymbol{R} - \boldsymbol{X}'E\boldsymbol{R})(\boldsymbol{X}'\boldsymbol{R} - \boldsymbol{X}'E\boldsymbol{R})'] \\ &= E[\boldsymbol{X}'(\boldsymbol{R} - E\boldsymbol{R})(\boldsymbol{R} - E\boldsymbol{R})'\boldsymbol{X}] \\ &= \boldsymbol{X}'\{E[(\boldsymbol{R} - E\boldsymbol{R})(\boldsymbol{R} - E\boldsymbol{R})']\}\boldsymbol{X} \\ &= \boldsymbol{X}'\boldsymbol{\Sigma}\boldsymbol{X}\end{aligned} \tag{1.7}$$

最后，我们再来介绍一下市场证券组合(Market Portfolio)，因为它在后文中要反复用到。

市场证券组合这一概念，是由 Fama 于 1968 年提出的。它是指包括市场上每一种证券(股票)的总的组合，其中每一种证券的组合权数等于该种证券在市场交易中尚未清偿部分的价值在市场上全部证券的总价值中所占的比例。从理论上讲，市场证券组合是风险性证券的理想组合证券，每个“具有高度理性”的投资者都按照一定的比例持有它。例如，假定某个股票市场有两种股票，股票 A 的均衡市场价值量为 250 万美元，股票 B 的均衡市场价值量为 750 万美元，则显然有

$$x_A = \frac{250}{250 + 750} = 0.25$$

$$x_B = \frac{750}{250 + 750} = 0.75$$

这就意味着所有“具有高度理性”的投资者均以 0.25∶0.75 = 1∶3 的比例向 A, B 两种股票进行投资。当然这只是理论上的抽象，在实际生活中找不到这样一个市场证券组合，人们普遍认为可以采用一些覆盖面比较大的股票价格指数来代表它，如美国的标准——普尔 500 种股票价格指数(Standard & Poor's 500-stock Index)和道·琼斯价格指数(Dow-Jones Average Index)。

第三节　投资组合线

由上节可知，如果对于 m 种证券的 $E\boldsymbol{R}$ 和 $\boldsymbol{\Sigma}$ 已知，则给定一个 $\boldsymbol{X} = (x_1, x_2, \cdots, x_n)'$，就可得到一个相应的组合，其期望收益率 ER_p 和标准差 $\sigma(R_p)$ 则可由式(1.6)和式(1.7)求得。让 $\boldsymbol{X}$ 变化则得到一系列不同的组合，因而得到一系列

点，把这些点连接起来就形成了一条曲线——组合线(区)。

下面我们以两种证券的组合为例来讨论组合线的性质。

假定两种证券的期望收益率分别为 ER_1 和 ER_2，风险分别为 $\sigma(R_1)$和 $\sigma(R_2)$，它们之间的相关系数为 ρ，设向证券 1 投资的比例为 α，则向证券 2 投资的比例为 $1-\alpha$，于是它们以此比例形成的组合 ER_p 和$\sigma(R_p)$分别为

$$ER_p = \alpha ER_1 + (1-\alpha)ER_2$$

$$\sigma(R_p) = [\alpha^2\sigma^2(R_1) + (1-\alpha)^2\sigma^2(R_2) + 2\alpha(1-\alpha)\rho\sigma(R_1)\sigma(R_2)]^{\frac{1}{2}}$$

进一步可以写成

$$\alpha = \frac{ER_p - ER_2}{ER_1 - ER_2}$$

由此可以看出两项投资的组合线在一般情况下是二次曲线。

现在我们来分析几个特殊情况。

① $\rho=0$，此时有

$$\begin{aligned}\sigma(R_p) &= [\alpha^2\sigma^2(R_1) + (1-\alpha)^2(R_2)]^{\frac{1}{2}} \\ &= \{\alpha^2[\sigma^2(R_1) + \sigma^2(R_2)] - 2\alpha\sigma^2(R_2) + \sigma^2(R_2)\}^{\frac{1}{2}}\end{aligned}$$

注意到 α 与$E(R_p)$的线性关系，故由上式确定的组合是椭圆或双曲线。

② $\rho=1$，此时我们有

$$\begin{aligned}\sigma(R_p) &= [\alpha^2\sigma^2(R_1) + (1-\alpha)^2\sigma^2(R_2) + 2\alpha(1-\alpha)\rho\sigma(R_1)\sigma(R_2)]^{\frac{1}{2}} \\ &= |\alpha\sigma(R_1) + (1-\alpha)\sigma(R_2)| \\ &= \left|\frac{ER_p - ER_2}{ER_1 - ER_2}[\sigma(R_1) - \sigma(R_2)] + \sigma(R_2)\right|\end{aligned}$$

则

$$\sigma(R_p) = \left|\frac{\sigma(R_1) - \sigma(R_2)}{ER_1 - ER_2}(ER_p - ER_2) + \sigma(R_2)\right|$$

不难看出此时该组合为如下的两条直线：

$$\sigma(R_p) = \frac{\sigma(R_1) - \sigma(R_2)}{ER_1 - ER_2}(ER_p - ER_2) + \sigma(R_2)$$

$$\sigma(R_p) = -\frac{\sigma(R_1) - \sigma(R_2)}{ER_1 - ER_2}(ER_p - ER_2) - \sigma(R_2)$$

在 $\sigma(r)$-Er 坐标下，我们把它们分别写成

$$ER_p = \frac{ER_1 - ER_2}{\sigma(R_1) - \sigma(R_2)}[\sigma(R_p) - \sigma(R_2)] + ER_2$$

$$ER_p = \frac{ER_1 - ER_2}{\sigma(R_2) - \sigma(R_1)}[\sigma(R_p) + \sigma(R_2)] + ER_2$$

则它们都是从点$\left[0, \frac{ER_1 - ER_2}{\sigma(R_1) - \sigma(R_2)}\sigma(R_2) + ER_2\right]$向右发射的斜率分别为$\pm\left|\frac{ER_1 - ER_2}{\sigma(R_2) - \sigma(R_1)}\right|$的两条直线，如图 1.3 所示。

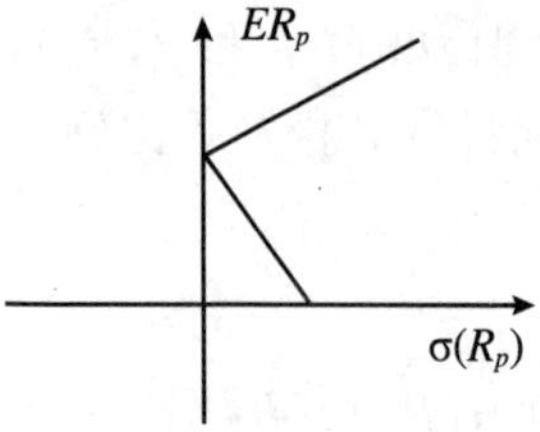

图 1.3

③ $\rho = -1$，同理得到两直线的方程分别为

$$ER_p = \frac{ER_1 - ER_2}{\sigma(R_1) + \sigma(R_2)}[\sigma(R_p) + \sigma(R_2)] + ER_2$$

$$ER_p = \frac{ER_2 - ER_1}{\sigma(R_1) + \sigma(R_2)}[\sigma(R_p) - \sigma(R_2)] + ER_2$$

它们的图形与图 1.3 类似。

通过下面的例子，可以很直观地看出组合线的特征。

例 1.4 假定有一个两证券组合，它们的收益率的期望值和标准差如表1.3所示。

表 1.3 两证券的收益率的期望值和标准差

证　券	证券 A	证券 B
ER	10%	4%
$\sigma(R)$	5%	10%

根据不同的相关系数，我们可以得到其相应的期望收益率和方差，如表 1.4 所示。

表 1.4 不同相关系数下的期望收益率和方差

$\rho=-1$			$\rho=0$			$\rho=1$		
α	ER_p	$\sigma(R_p)$	α	ER_p	$\sigma(R_p)$	α	ER_p	$\sigma(R_p)$
−0.5	1%	17.5%	−0.5	1%	15.2%	−0.5	1%	12.5%
0	4%	10%	0	4%	10%	0	4%	10%
0.25	5.5%	6.25%	0.25	5.5%	7.6%	0.25	5.5%	8.75%
0.5	7%	2.5%	0.5	7%	5.6%	0.5	7%	7.5%
1	10%	5%	1	10%	5%	1	10%	5%
1.5	13%	12.5%	1.5	13%	9%	1.5	13%	2.5%

我们让 ρ 分别取 0 和 ±1，让 α（即 x_A）分别取 1.5，1，0.5，0.25，0 和 −0.5，则得到表 1.4 所示数据，放到 $\sigma(r)$-Er 坐标系中，得到 $\rho = -1$，0 和 1 三条组合线，如

图 1.4 所示。

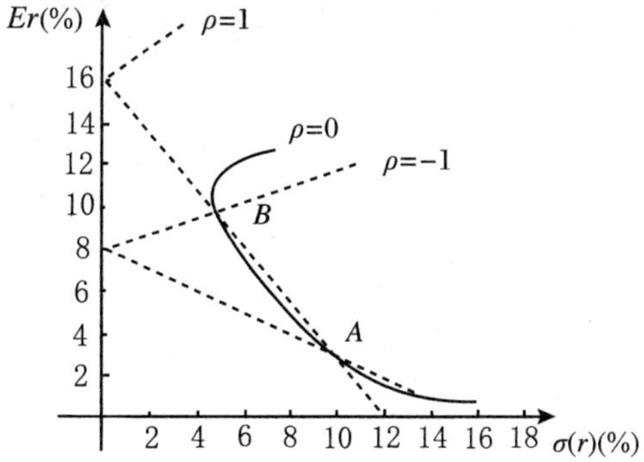

图 1.4

观察图 1.4，可以发现以下两个事实：

① 所有组合线均通过 A,B 两点，A 点表示只向证券 A 投资，此时 $x_A=1,x_B=0$；B 点表示只向证券 B 投资，此时 $x_A=0,x_B=1$；在 A,B 之间均有 $0<x_A<1$ 和 $0<x_B<1$。在 A 点以下的点，表示对证券 B 卖空，将获得的钱连同原有的投资资金全部购买证券 A，此时 $x_A>1,x_B<0$；同理，在 B 点以上的点，即是卖空证券 A，全部购买证券 B，此时 $x_A<0,x_B>1$。

② 无论 ρ 取什么值，所有组合线均向左面——$\sigma(R)$减小的方向凸。在 A,B 之间的所有曲线中，$\rho=-1$ 时的组合线凸得最厉害，亦即对于同一个 α 值，以 $\rho=-1$ 时的 $\sigma(R_P)$最小，而且 $\sigma(R_P)$依次按 $\rho=0,1$ 递增。对 A,B 点之外的所有组合线，读者可以类似地分析。

我们现在再来考虑一个有趣的证券组合，即一种债券和一种普通股票的组合。这是投资实践中常用的二分法。因为债券的安全性较高，普通股票的收益比较大，所以把它们结合起来使用，使该组合在降低风险的基础上获得较大的收益。

由于债券相对于普通股票来说风险很小，故我们可粗略假定它的收益率为 i，股票的期望收益率和标准差分别是 ER_A 和$\sigma(R_A)$，假定向债券投资的比例是 α，则向股票投资就是 $1-\alpha$，那么该组合收益率

$$R_P = \alpha i + (1-\alpha)R_A$$

注意到常数与随机变量的协方差是 0，则有

$$ER_P = \alpha i + (1-\alpha)ER_A$$

$$\sigma(R_P) = (1-\alpha)\sigma(R_A) \tag{1.8}$$

即

$$\alpha = \frac{-\sigma(R_P)}{\sigma(R_A)} + 1$$

$$ER_P = i + \frac{ER_A - i}{\sigma(R_A)}\sigma(R_P) \tag{1.9}$$

其组合线是一条如图 1.5 所示的射线。在 A,B 之间的点说明，向股票和债券进行投资，即购买债券(或以 i 为利率借钱给别人)和股票；在 A 点之上的点说明，出售

债券(以 i 为利率向别人借钱),得到的钱和原有的资金共同投资股票。

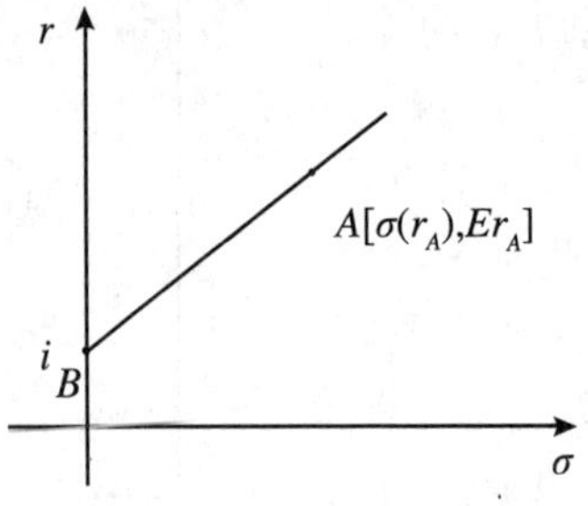

图 1.5

上面我们以两种证券组合为例,讨论了其组合线的情况。读者可能会问,如是三种或三种以上的证券,还有类似的组合线吗?答案是否定的。

理论告诉我们,当证券的种类数超过两种时,虽然 ER 和 $\boldsymbol{\Sigma}$ 一定,但各种证券所形成的投资组合的 ER_P 和 $\sigma(R_P)$ 在 $\sigma(R)$-ER 坐标系中形成的也不是一条曲线,而是一个区域,我们以三种证券组合为例。

假定有证券 A,B 和 C,已知其 ER 和 $\boldsymbol{\Sigma}$ 分别为

$$ER = (ER_1, ER_2, ER_3)'$$

$$\boldsymbol{\Sigma} = \begin{pmatrix} \sigma_1^2 & \sigma_{12} & \sigma_{13} \\ \sigma_{21} & \sigma_2^2 & \sigma_{23} \\ \sigma_{31} & \sigma_{32} & \sigma_3^2 \end{pmatrix}$$

现在向它们分别投资 x_1,x_2 和 $1 - x_1 - x_2$,于是有

$$ER_P = x_1 ER_1 + x_2 ER_2 + (1 - x_1 - x_2) ER_3 \tag{1.10}$$

$$\begin{aligned}\sigma^2(R_1) = {} & x_1^2\sigma^2(R_1) + x_2^2\sigma^2(R_2) + (1 - x_1 - x_2)^2\sigma^2(R_3) \\ & + 2x_1x_2\sigma_{12} + 2x_1(1 - x_1 - x_2)\sigma_{13} + 2x_2(1 - x_1 - x_2)\sigma_{23}\end{aligned}$$

如果给定该组合的期望收益率水平为 R^*,即 $ER_P = R^*$,那么在两证券组合中根据式(1.8)和式(1.9),就有唯一的 α 与之对应,因而也就有唯一的 $\sigma(R_P)$。所以在 $\sigma(r)$-Er 坐标系中,只有唯一的一个点。但是在我们这种情况下,当 $ER_P = R^*$ 时,根据式(1.10),有

$$x_2 = \frac{ER_3 - R^*}{ER_3 - ER_2} + \frac{ER_1 - ER_2}{ER_3 - ER_2}x_1$$

这说明对于给定的一个 R^*,由上式确定的$[x_1, x_2, 1 - x_1 - x_2]$有无穷多组,因而也就有无穷多个 $\sigma(R_P)$与之对应。通常,在这些无穷多个 $\sigma(R_P)$中,有一个最小值。因此对于任一给定的 R^*,对应的 $\sigma(R_P)$形成如图 1.6 所示的射线,其中 M

点表示的组合是所有期望收益率均为 R^* 的组合中标准差最小的组合。

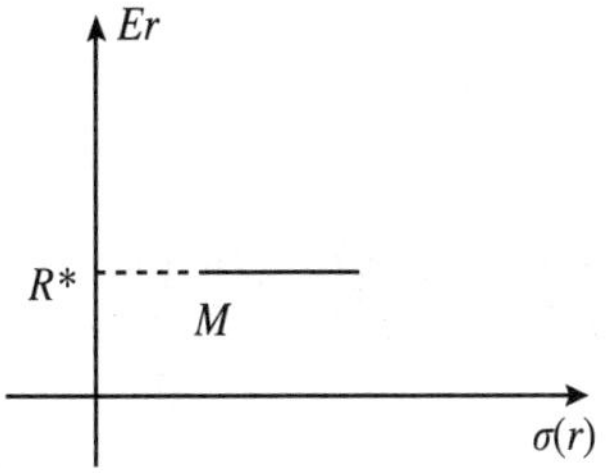

图 1.6

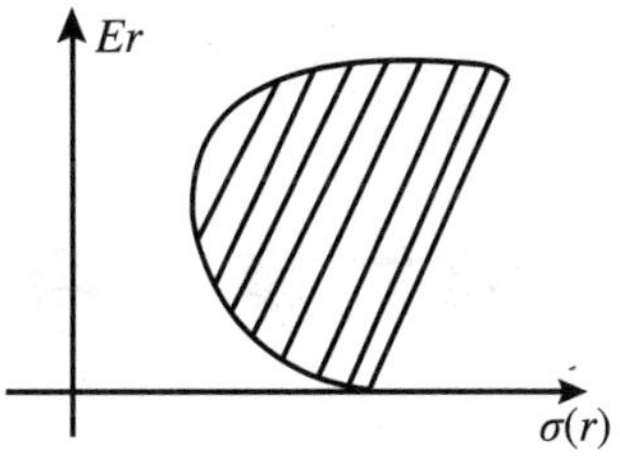

图 1.7

如果让 ER_P 连续地上下取值，则可以得到如图 1.7 所示的阴影区域，它表示该三种证券所形成的各种组合均在该区域内。对该区域的有关研究，我们放在下一章进行。

参考文献

[1] Kihlstrom R E, Laffont J J. A general equilibrium entrepreneurial theory of firm formation based on risk aversion[J]. The Journal of Political Economy, 1979: 719-748.

[2] Daniel W E, Terrell J C. Business Statistics: Concepts and methodology [M]. 2nd. Boston: Houghton Mifflin, 1979.

[3] Bernhard R H , Norstom Carl J. A further note on unrecoved investment, uniqueness of the internal rate, and the question of project acceptability[J]. Journal of finanicial and quantitative analysis, 1980.

[4] Honshergeer D V, Croft D J, Billingsley P. Statistics for Management and Economics[M]. Boston: Allyn and Bacon, 1980.

[5] Ben-Horim M, Levy H. Statistics: Decisions and applications in business and economics[M]. New York: McGraw-Hill, 1984.

[6] Schmee J. Introductory statistics for business and economics[J]. Technometrics, 1984, 26(3): 296-296.

[7] Newbold P, Carlson W L, Thorne B. Statistics for Business and Economics [M]. New Jersey: Person Prentice Hall, 2007.

第二章　投资风险的衡量

投资将面临风险，现在这已经是一个不争的事实。但是如何刻画投资风险以及在风险存在情况下如何进行投资决策，则经过了一段相当长时间的讨论，从而产生了各种各样的理论。本章将讨论风险衡量问题，下一章将讨论风险型投资决策问题。

本章分为四节：第一节讨论期望值准则存在的问题，第二节讨论期望效用准则，作为这个准则的应用，我们将在第四节给出两个实例，而在第三节将讨论 M-V 准则。

第一节　期望值准则

投资理论发展的过程实际上是人们对投资机会的优劣提出一系列的评价准则的过程。一般认为该过程的开始是以投资收益率的期望值作为优劣准则。

由前一章所述，由于未来不确定因素很多，故任何一个投资的收益率可以看作一个服从某种分布的随机变量，我们即可依它的分布来计算其期望收益率。期望值准则即投资者以一个投资机会的收益率的期望值的大小来作为对它进行优劣评价的依据。如表 2.1 即为四项投资机会的收益率的分布以及以此所得的期望值的信息。根据期望值准则，我们应该选择投资 D，因为它的期望收益率最大(13%)。

表 2.1 四项投资机会的收益率的分布及期望值

分类	A		B		C		D	
	收益率	概率	收益率	概率	收益率	概率	收益率	概率
分布	10%	1	-8% 16% 24%	1/4 1/2 1/4	-4% 8% 12%	1/4 1/2 1/4	-20% 0 50%	1/10 6/10 3/10
期望值	10%		12%		6%		13%	

直观地看，依照期望值原理来选择投资机会似乎很有道理，但是任何一件事都有两面性。以表 2.1 为例，我们可以看出，投资 D 的收益率期望值最大(13%)，若按照期望值准则，似乎应选择投资 D，但这个准则并不是对所有的投资者都适合。我们来比较一下投资 A 和投资 D，不难看出，虽然投资 A 的期望收益率是 10%，低于投资 D 的期望收益率。但是 A 的收益率是确定的，而 D 的期望收益率虽然较高，可它为 0 和 -20%的可能性很大，合起来的概率为 7/10。所以，一个谨慎的投资者可能宁愿选择投资 A 而不是投资 D。

最早证明期望值决策的不足，可能要数 18 世纪数学家贝努里(Bernoulli)提出的“圣彼得堡矛盾”了。“圣彼得堡矛盾”讲的是用掷钱币(一面是头，一面是尾)来确定输赢的赌博。其输赢的规则是这样的：当设赌人所掷的钱币出现背面时，就继续投掷，一直到出现正面为止；如果第 1 次掷就出现正面设赌人给参赌者 1 元钱，如果第 2 次出现正面设赌人给参赌者 2 元钱，第 3 次出现正面设赌人给参赌者 4 元钱，以此类推，第 n 次才出现正面设赌人给参赌人 2^{n-1}元钱。

问人们愿意出多少钱参加这种赌博?

由于这种赌博应符合“公平竞赛”原则，故按照期望值决策，只要人们所付的钱数小于他参赌所获收入的期望值，他就可以参赌。根据期望值的定义，不难得到参赌者所获收入的期望值为

$$1\times\frac{1}{2}+2\times\frac{1}{2^2}+4\times\frac{1}{2^3}+\cdots+2^{n-1}\times\frac{1}{2^n}+\cdots$$

$$=\frac{1}{2}+\frac{1}{2}+\cdots\frac{1}{2}+\cdots=\infty$$

就是说参加这种赌博，所获钱数的期望值是无穷大，因此若要人们拿出有限的钱来参加这种赌博，则人们应该是踊跃参加的。

然而，实际上人们参加这种赌博而愿付的钱是极少的，绝大多数人只愿付 2～3 元钱。这说明了至少在这种情况下，大多数人并不是按期望值准则来决策的，而是按照其他决策规则来行事的。那么如果我们既考虑一个投资机会的期望收益率

又考虑其方差，是否能进行有效的投资决策呢？这还不一定，这个方法就是所谓的 M-V 方法。它的成立是基于投资收益率 R 服从正态分布和投资者的效用函数是二次三项式型的假设之上的（第五章再讨论）。因为如果对于两个投资机会 A 和 B，当 $R_A > R_B$，$\sigma_A^2 \leqslant \sigma_B^2$ 时，我们固然能得出 A 优于 B；但是如果 $R_A > R_B$，$\sigma_A^2 \geqslant \sigma_B^2$，我们该怎样判断它们孰优孰劣呢？事实上，在生活中后一种情况居多，即所谓的“高风险，高收益”“风险与收益共存”。

鉴于这些，我们就会理所当然地想到，能否设置一种函数，这种函数能把期望收益率和方差二者均包括进去，即二者的大小对函数值都有影响？回答是肯定的，存在这样一种函数，这就是所谓的效用函数，由此产生了期望效用准则。

第二节　期望效用理论

效用理论最先是被经济学理论用来分析消费者行为的。所谓效用是人们从消费一种产品中所得到的满足。把它引入金融分析中，我们可用效用值来表示投资者对可能得到的效益的偏好程度。值得注意的是，这里的效用被表征为“偏好程度”，是来自于序数效用理论。在描述效用的效益时我们必须要记住的是：任一效用函数只是针对某个或某类具有“共同信念”的投资者，即不同投资机会的优劣只能由某个或某类投资者按照他或他们自己的价值观——效用函数判断，而不能由具有不同类效用函数的投资者做出一致的判断。简而言之，只能进行“自我比较”（Intrapersonal Comparison）而不能进行“互相比较”（Interpersonal Comparison）；而“自我比较”有“基数效用分析”和“序数效用分析”之分。

所谓基数效用法是投资者对于某一投资机会可给予一定的效用单位数。例如，根据某个投资者的价值判断，他认为投资股票 A 的效用是 4 utils，投资股票 B 的效用是 6 utils，所以应该投资 B，因为投资后者比前者多 2 utils。可以看出，尽管基数效用理论能够给出两个投资机会的优劣排序，但对这种用单调的数字来刻画某个投资机会给予投资者具有丰富内涵的心理满足程度的差异的方法，似乎是很不确切且牵强附会的，于是作为对这种理论的补充又产生了序数效用理论。按照序数效用理论，我们虽然不能精确地测量两个投资机会各有多少 utils，但我们可以给它们排序：$U_B > U_A$，即投资股票 B 要优于投资股票 A。这样我们就能够进行两两排序。虽然不能够给出二者的差距，但这就足够了。在金融投资分析中，人们通常是序数效用分析和基数效用分析混合使用,本书也不例外。

效用理论产生的历史并不久远,直到现在还是在发展中,很多地方还有待发展和改进。现在一般认为现代效用理论的产生是以 1944 年 J. Von Neumann 和 O. Morgenstern 的"期望效用的公理性基础"为标志的。对这一理论有兴趣的读者可以参看有关文献。

现在我们根据效用理论,具体地根据投资者的效用函数的主要特征来对投资者进行分类,得到三种类型的投资者:风险厌恶型、风险爱好型和风险中立型。

1. 风险厌恶型

这种类型的投资者的效用函数 $U(x)$具有下面的特征:

$$U'(x) \geqslant 0, \quad U''(x) \leqslant 0$$

至少在某一点不等号成立。

很显然,这个函数是增函数,而且是凹函数,其曲线如图 2.1 所示。

理论指出,绝大多数投资者具有这类效用曲线,他们也就相应地被称为风险厌恶型投资者。对具有上述特征的效用曲线所解释的行为,人们称之为边际效用递减规律。

对于风险厌恶型的投资者的决策行为的分析,我们要经常用到一个很重要的不等式——Jensen 不等式。这里我们给出这个定理并简要地加以证明。

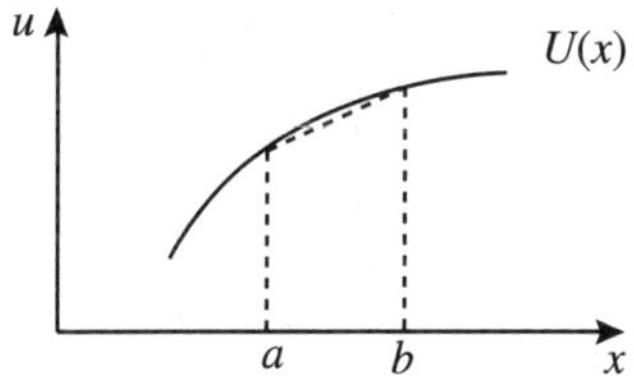

图 2.1

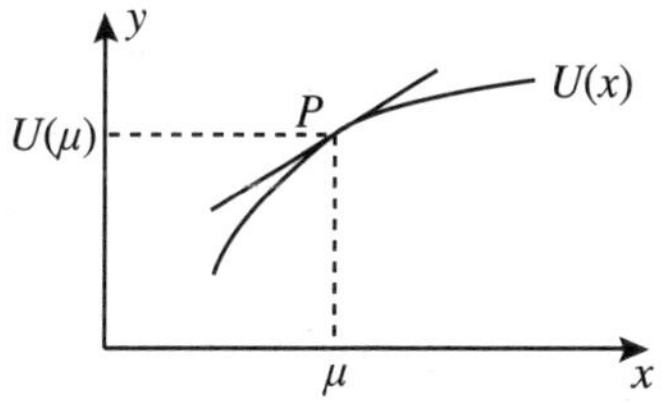

图 2.2

定理 2.1 设 $U''(x) \leqslant 0$, X 是一个随机变量,那么

$$U(EX) \geqslant E[U(X)]$$

证明:如图 2.2 所示,设 $\mu = EX$ 存在,那么过切点 $P(\mu, U(\mu))$的切线方程是

$$y = U(\mu) + U'(\mu)(x - \mu)$$

由于 $U''(x) \leqslant 0$,故 $U(X)$在切线的下面,因此对所有的 x 值均有

$$y = U(\mu) + U'(\mu)(x - \mu) \geqslant U(x)$$

以随机变量 X 取代上式中的 x,则有

$$U(\mu) + U'(\mu)(X - \mu) \geqslant U(X)$$

两边取期望得

$$E[U(\mu)+U'(\mu)(X-\mu)]=U(EX)\geqslant EU(X)$$

需要提醒读者注意的是，这里并不需要 $U'(x)\geqslant 0$，即纵然有 $U'(x)<0$，Jensen 不等式依然成立，这点从证明过程也可以看出。

2. 风险爱好型

这类投资者与上述投资者相映成趣，他们的效用曲线通常具有如图 2.3 所示形状。不难看出有 $U'(x)\geqslant 0$ 和 $U''(x)\geqslant 0$，其中至少在某一点不等号成立。在实际生活中这类投资者是很少的。

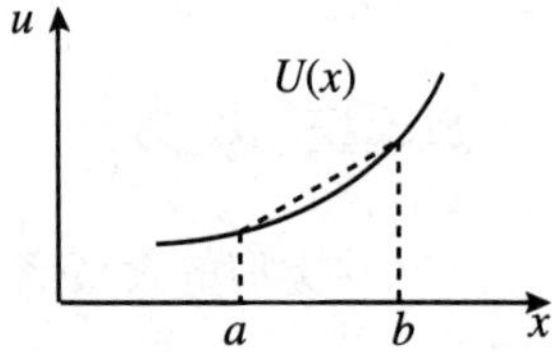

图 2.3

3. 风险中立型

这种类型的投资者的特点是无视风险的存在与否，他们的效用函数是线性的——斜率为正的直线，如图 2.4 所示。

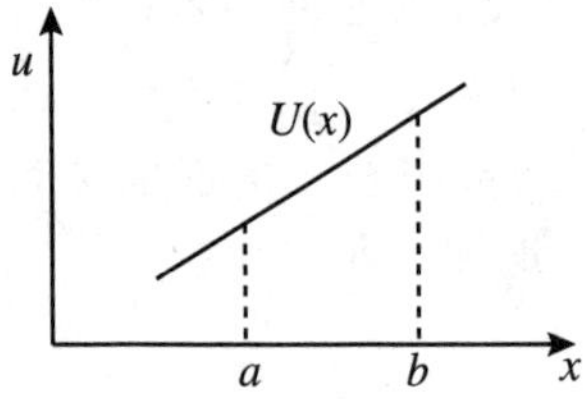

图 2.4

从图 2.4 中不难看出有 $U'(x)\geqslant 0$ 和 $U''(x)=0$。按照期望效用准则，无论投资者属于哪种类型，他都是按照其效用最大化的准则来进行决策的，而不是按照最大收益期望值来进行决策的。事实上后者只是前者的一个特例，即投资者都是风险中立型时，两个准则统一。

如果我们继续研究效用函数的特征，则可以进一步增加对风险厌恶型投资者的风险厌恶程度信息的了解。这种解释是通过计算绝对风险厌恶函数 $R_A(x)$ 和相对风险厌恶函数 $R_R(x)$ 实现的，这两个函数的计算公式是

$$R_A(x)=-\frac{U''(x)}{U'(x)} \tag{2.1}$$

$$R_R(x)=xR_A(x)=-x\frac{U''(x)}{U'(x)} \tag{2.2}$$

熟悉经济学的读者很快会看出所谓相对风险厌恶函数实际上是边际效用函数 $U'(x)$ 对 x 的变化弹性。

在众多的风险厌恶型的投资者中，还有这样一类投资者：当 R_A 的数值已经相当大时，他们对风险的厌恶程度就会降低，往往还会多进行一些风险投资，我们把这类投资者称为绝对风险厌恶递减型投资者，用上述函数式表示就是

$$\frac{\mathrm{d}R_A(x)}{\mathrm{d}x} < 0$$

将式(2.1)代入上式左端展开，得

$$-\frac{U'(x)U'''(x) - [U''(x)]^2}{[U'(x)]^2} < 0$$

即

$$\frac{U'(x)U'''(x) - [U''(x)]^2}{[U'(x)]^2} > 0$$

注意到 $U'(x) \geqslant 0$，$U''(x) \leqslant 0$，故上式成立的必要条件是 $U'''(x) > 0$，即绝对风险递减型的投资者具有以 $U'(x) \geqslant 0$，$U''(x) \leqslant 0$，$U'''(x) > 0$ 为特征的效用函数。

下面我们以例题的形式来介绍几种常用的风险厌恶型投资者的效用函数。

例 2.1 指数效用函数。对于 $x > 0$，$a > 0$，有

$$U(x) = 1 - \mathrm{e}^{-ax}$$

显然：

$$U'(x) = a\mathrm{e}^{-ax} > 0$$

$$U''(x) = -a^2\mathrm{e}^{-ax} < 0$$

$$R_A(x) = -\frac{U''(x)}{U'(x)} = a > 0$$

$$R_R(x) = xR_A(x) = ax > 0$$

例 2.2 幂效用函数。对于 $x > 0$，$a > 0$，$b > 0$，有

$$U(x) = b\ln\frac{x}{a}$$

显然：

$$U'(x) = b \times \frac{a}{x} \times \frac{1}{a} = \frac{b}{x} > 0$$

$$U''(x) = -\frac{b}{x^2} < 0$$

$$R_A(x) = -\frac{U''(x)}{U'(x)} = \frac{1}{x}$$

$$R_R(x) = xR_A(x) = 1$$

如果假设上述“圣彼得堡矛盾”中的参赌者具有对数效用函数，则我们就能解决“圣彼得堡矛盾”问题。事实上也正是因为此问题，人们称对数效用函数是 Bernoulli 函数。

如前所述，我们假定愿意参加这种赌博的人都是风险厌恶者，而且他们的对数效用函数都一样，为

$$U(x) = b\ln\frac{x}{a}, \quad a > 0, \quad b > 0$$

不难验证

$$U'(x) = b \times \frac{a}{x} \times \frac{1}{a} = \frac{b}{x} > 0, \quad U''(x) = -\frac{b}{x^2} < 0$$

由于第 n 次掷币才出现正面所得的钱数为 $x = 2^{n-1}$，则他的效用函数为

$$U(x) = b\ln\frac{2^{n-1}}{a} = b[(n-1)\ln 2 - \ln a]$$

而第 n 次掷币才出现正面的概率为 $P(x) = \frac{1}{2^n}$，故这些参赌者获得的收入的期望效用为

$$\begin{aligned} E[U(x)] &= \sum_{n=1}^{\infty} \frac{1}{2^n} b[(n-1)\ln 2 - \ln a] \\ &= b\sum_{n=1}^{\infty} \frac{n-1}{2^n}\ln 2 - b\sum_{n=1}^{\infty} \frac{1}{2^n}\ln a \end{aligned}$$

注意到 $\sum\limits_{n=1}^{\infty} \frac{n-1}{2^n} = 1$ 且 $\sum\limits_{n=1}^{\infty} \frac{1}{2^n} = 1$，于是

$$E[U(x)] = b\ln 2 - b\ln a = b\ln\frac{2}{a} = U(2)$$

这说明，如果参赌者的效用函数真正由效用函数 $U(x)$ 确定，那么他们至多会花 2 元钱来参加这样的赌博。

行文至此，我们已对效用函数作了详尽的描述。不难看出，我们若要根据效用函数来对风险性投资机会给出优劣排序，其基本思想是将投资收益 R 的期望值与方差换算成适当的值，而以效用值的形式表现出来，或者说对 R 的方差给予适当的收益补偿。第四节将会给出一个例子来说明这种补偿的计算。

第三节 M-V 准则

在前一节中，我们对效用函数以及基于效用函数作不确定性决策等作了详尽的讨论，但同时也指出了，一个投资效用值和某个投资收益率 R 的效用函数 $U(R)$ 等均是“只能意会，不能言传”的，事实上对于这些反映主观价值的量，我们很难精

确地刻画它们。因此为了正确地进行投资分析和决策，我们必须另辟蹊径，寻找一个理论正确且可操作性强的方法。

我们的思路是这样的，首先假定投资者是风险厌恶型的，即具有或不自觉地具有如下形式的 $U(x)$：

$$U'(x)\geqslant 0,\quad U''(x)\leqslant 0\quad \text{（不等号至少在一点上成立）}$$

这个条件并不严格。然后我们只考虑投资对象——证券本身的信息，因为这些信息是客观的。如前所述，表征一种证券的投资收益率 R 的水平和分布的最主要的两个量是它的期望值 ER 与方差 $\sigma^2(R)$。对于这些风险厌恶型投资者来说，只根据客观的证券收益率的期望值和方差来进行决策而不是依照“虚无缥缈”的效用函数来进行决策，要好做(决策)很多。

基于以上叙述和前面的内容，我们假定这些风险厌恶型投资者的决策规则是：在具有同样收益率的诸种证券中，我们总是选择收益率方差最小的证券；或者在具有同样收益率方差的诸种证券中，我们总是选择期望收益率最大的证券。这就是 M-V 准则。

现在我们来具体地描述一下 M-V 准则：

M-V 准则　设证券收益率为随机变量 R，其期望值为 μ，方差为 σ^2。如果有证券 1 和 2，则证券 1 优于证券 2，当且仅当 $\mu_1\geqslant\mu_2$ 和 $\sigma_1\leqslant\sigma_2$（至少有一个不等式成立）。

综观 M-V 准则，我们不难看出，实际上这里已是用投资收益率的方差来表征证券投资的风险了。而且正是由于这种表征，我们就可以按照 M-V 准则，利用数学规划的方法来对证券进行选择，相信熟悉数学规划的读者会很快看到这一点。

需要指出的是，虽然我们在上面提出 M-V 准则的初衷是基于可操作性而避开效用函数，但我们要指出，M-V 准则并不违反期望效用最大化准则，在某些条件下，它们总是保持完全的一致。下面我们来说明利用 M-V 准则和期望效用准则进行投资选择时，结果总是一样的。

我们先来证明如果证券的投资收益率是正态分布的，则 M-V 准则和期望效用准则是同一的。这里有两点需要说明，其一，假定期望收益率是正态分布这一点并不为过，因为一个证券的投资收益率会受到很多因素的影响，或者说是许多独立的或者相关的多种随机因素综合交汇的结果。根据统计中的大数定律，我们能够给出这样的假设。其二，应用 M-V 准则和期望效用准则进行投资决策的投资主体，如前所述都是风险厌恶型投资者。在没有其他信息的情况下，应用它们来进行选择，其结果应该是一样的。

设一个效用函数为 $U(R)$ 的风险厌恶型投资者面对着证券 1 和 2，其收益率均服从正态分布,它们的期望分别为 μ_1 和 μ_2,方差分别为 σ_1 和 σ_2。现在我们分情况讨论 M-V 准则和期望效用准则的一致性,即分别根据它们进行决策,其结果应该是一致的。

① 如果 $\sigma_1=\sigma_2=\sigma>0$,且 $\mu_1>\mu_2$,则根据 M-V 准则,证券 1 优于证券 2,但由于它们的收益率 R 均服从正态分布,记标准正态分布函数为 $\phi(r)$,$E_{(i)}(\cdot)$表示证券 i 的收益率的期望效用,那么我们不难得出

$$\begin{aligned}\Delta &= E_{(1)}[U(R)]-E_{(2)}[U(R)]\\ &=\int_{-\infty}^{+\infty}u(r)[\mathrm{d}\phi(\frac{r-\mu_2}{\sigma})-\mathrm{d}\phi(\frac{r-\mu_1}{\sigma})]\\ &=\int_{-\infty}^{+\infty}u'(r)[\phi(\frac{r-\mu_2}{\sigma})-\phi(\frac{r-\mu_1}{\sigma})]\mathrm{d}r \end{aligned}\tag{2.3}$$

但由于

$$\frac{r-\mu_1}{\sigma}<\frac{r-\mu_2}{\sigma}$$

进而

$$\phi(\frac{r-\mu_1}{\sigma})<\phi(\frac{r-\mu_2}{\sigma})$$

同时注意到投资者是风险厌恶型的,即 $U'(r)>0$,于是上面的最终结果为

$$\Delta=\int_{-\infty}^{+\infty}u'(r)[\phi(\frac{r-\mu_2}{\sigma})-\phi(\frac{r-\mu_1}{\sigma})]\mathrm{d}r>0$$

即

$$E_{(1)}[U(R)]>E_{(2)}[U(R)]$$

即第一个证券收益率的期望效用大于第二个证券收益率的期望效用,与依照M-V准则所得的结果一致。

② 如果 $\mu_1=\mu_2=\mu$,而 $\sigma_1<\sigma_2$,则根据 M-V 准则,证券 1 优于证券 2,注意到对于 $r<\mu$ 时,恒有

$$\phi(\frac{r-\mu}{\sigma_1})<\phi(\frac{r-\mu}{\sigma_2})\tag{2.4}$$

但对于 $r>\mu$,则有

$$\phi(\frac{r-\mu}{\sigma_1})>\phi(\frac{r-\mu}{\sigma_2})\tag{2.5}$$

于是根据式(2.4)和式(2.5),有

$$\begin{aligned}\Delta &= E_{(1)}[U(R)]-E_{(2)}[U(R)]\\ &=\int_{-\infty}^{+\infty}u'(r)[\phi(\frac{r-\mu}{\sigma_2})-\phi(\frac{r-\mu}{\sigma_1})]\mathrm{d}r\end{aligned}$$

$$= \int_{-\infty}^{\mu} u'(r)[\phi(\frac{r-\mu}{\sigma_2}) - \phi(\frac{r-\mu}{\sigma_1})]dr$$

$$+ \int_{\mu}^{+\infty} u'(r)[\phi(\frac{r-\mu}{\sigma_2}) - \phi(\frac{r-\mu}{\sigma_1})]dr \qquad (2.6)$$

令 $x = 2\mu - r$,则积分

$$\int_{\mu}^{+\infty} u'(r)[\phi(\frac{r-\mu}{\sigma_2}) - \phi(\frac{r-\mu}{\sigma_1})]dr$$

$$= -\int_{\mu}^{-\infty} u'(2\mu - x)[\phi(\frac{\mu-x}{\sigma_2}) - \phi(\frac{\mu-x}{\sigma_1})]dx$$

$$= \int_{-\infty}^{\mu} u'(2\mu - x)[\phi(\frac{\mu-x}{\sigma_2}) - \phi(\frac{\mu-x}{\sigma_1})]dx$$

$$= \int_{-\infty}^{\mu} u'(2\mu - r)[\phi(\frac{\mu-r}{\sigma_2}) - \phi(\frac{\mu-r}{\sigma_1})]dr$$

对于 $r<\mu$,有 $r<2\mu-r$,同时由于 $u''(r)\leqslant 0$,则有

$$u'(r) \geqslant u'(2\mu - r)$$

于是将它代入式(2.6),得

$$\Delta = \int_{-\infty}^{\mu} u'(r)[\phi(\frac{r-\mu}{\sigma_2}) - \phi(\frac{r-\mu}{\sigma_1})]dr$$

$$+ \int_{\mu}^{+\infty} u'(r)[\phi(\frac{r-\mu}{\sigma_2}) - \phi(\frac{r-\mu}{\sigma_1})]dr$$

$$= \int_{-\infty}^{\mu} u'(r)[\phi(\frac{r-\mu}{\sigma_2}) - \phi(\frac{r-\mu}{\sigma_1})]dr$$

$$+ \int_{-\infty}^{\mu} u'(2\mu - r)[\phi(\frac{\mu-r}{\sigma_2}) - \phi(\frac{\mu-r}{\sigma_1})]dr$$

$$> \int_{-\infty}^{\mu} [\phi(\frac{r-\mu}{\sigma_2}) - \phi(\frac{r-\mu}{\sigma_1})]u'(2\mu - r)dr$$

$$+ \int_{-\infty}^{\mu} [\phi(\frac{\mu-r}{\sigma_2}) - \phi(\frac{\mu-r}{\sigma_1})]u'(2\mu - r)dr$$

$$= \int_{-\infty}^{\mu} [\phi(\frac{r-\mu}{\sigma_2}) + \phi(\frac{\mu-r}{\sigma_2})]u'(2\mu - r)dr$$

$$- \int_{-\infty}^{\mu} [\phi(\frac{r-\mu}{\sigma_1}) + \phi(\frac{\mu-r}{\sigma_1})]u'(2\mu - r)dr$$

$$= 0$$

$\because \phi(x) + \phi(-x) = 1$,即

$$E_{(1)}[U(R)] > E_{(2)}[U(R)]$$

则按照期望效用准则,也有证券 1 优于证券 2,与依 M-V 准则所得的结果一致。

以上我们从投资收益率 R 的分布着手研究 M-V 准则与期望效用准则的等价关系。从另一个角度来看，由于经营活动的有限责任制以及税收的影响等，R 的分布很难是对称的，因而不大可能使其服从正态分布。

如果我们不从投资收益率 R 的分布方面着想，而是从效用函数方面来考虑，同样也能得出期望效用准则符合期望效用最大化准则。例如我们可以设投资者具有在有效范围内为二次三项式的效用函数，即可得到这个结论。

设 $r<R_0$，在范围内，投资者的效用函数为

$$U(R) = a + bR + cR^2$$

由于投资者是风险厌恶型的，故要求效用函数满足

$$U'(R) = b + 2cR \geqslant 0$$

$$U''(R) = 2c \leqslant 0$$

则得

$$c < 0, \quad b > 0$$

于是对上面的效用函数取期望，得

$$\begin{aligned} E[U(R)] &= a + bER + cER^2 \\ &= a + bER + c\sigma^2(R) + c(ER)^2 \end{aligned}$$

上式两边分别对 ER 和 $\sigma^2(R)$ 求偏导，得

$$\frac{\partial E[U(R)]}{\partial ER} = b + 2cER = E(b + 2cR) \geqslant 0$$

$$\frac{\partial E[U(R)]}{\partial \sigma^2(R)} = c < 0$$

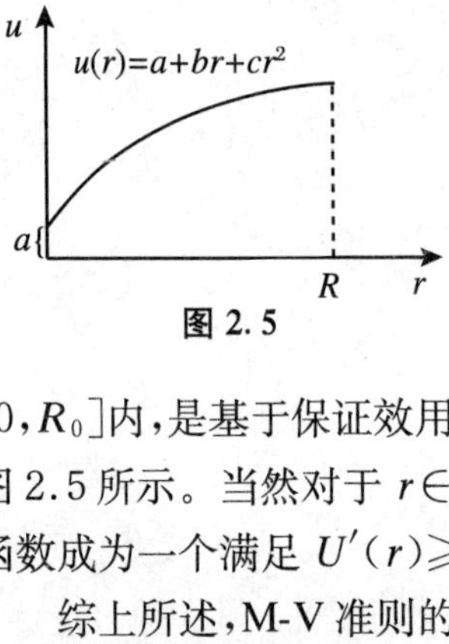

图 2.5

显然若投资者为风险厌恶型的，且具有如上所述的二次三项式型效用函数(图 2.5)，则投资者的期望效用随期望投资收益率的增大而增大，随投资收益率的方差的增大而减小，这正说明了 M-V 准则和期望效用最大化准则相符合。

上面的二次三项式效用函数被界定在区间 $[0,R_0]$ 内，是基于保证效用函数满足 $U'(r)\geqslant 0$ 和 $U''(r)\leqslant 0$ 这一要求的缘故，如图 2.5 所示。当然对于 $r\in[R_0,+\infty]$，我们还可以再定义一个函数，即使得效用函数成为一个满足 $U'(r)\geqslant 0$ 和 $U''(r)\leqslant 0$ 要求的分段函数。

综上所述，M-V 准则的基本思想是以投资收益率的方差作为投资风险来度量的。这已经得到了大多数主流经济学家的认同。在本章和下一章中，我们利用的均是这个定义。但需要指出的是，并不是所有学者都认同这个观念，如 Domar 认

为用投资收益率小于投资者预先设定的某一最低水平 r_0 的概率——$P\{R<r_0\}$来作为投资风险的量度，Boumol 则建议用 $ER-k\sigma$ 来作为风险度量，因为根据 Chebyshev 不等式有 $P\{R<ER-k\sigma\}<\frac{1}{k^2}$。实际上我们还可以用实线性空间上的一个泛函—凸范数来定义风险，使得上述量度方法只是它的特例。

第四节　两个例子

现在我们来根据期望效用最大化准则分析两个例子。第一个例子比较具体，从中可以得到研究收益与风险之间权衡关系的一些思路；第二个例子则要复杂得多，它实际上是介绍资产分配优化中的一个很重要的比率——Merton 比率的导出过程，顾名思义，该比率是由 1997 年诺贝尔奖得主——Merton 导出的。

例 2.3　设一个投资机会的收益是一个均值为 μ，方差为 σ^2 的随机变量。其他高阶矩 $\mu_3,\mu_4,\cdots$可以忽略不计。如果一个风险厌恶型投资者目前的财富水平为 W，则这位投资者为了避免损失 Y 而愿付出的最大代价是

$$\pi=\mu+\frac{\sigma^2}{2}R_A(W-\mu) \tag{2.7}$$

证明：按照临界状况考虑，这个代价必须满足

$$U(W-\pi)=E[U(W-Y)] \tag{2.8}$$

令 $Y=\mu+ZV$，这里 V 是一个零均值的随机变量，于是

$$U(W-\pi)=E[U(W-\mu-ZV)] \tag{2.9}$$

显然这里 π 可以表示成 Z 的函数。我们不妨在 $Z=0$ 附近将 π 表示成 Z 的 Taylor 级数，即

$$\pi=a+bZ+cZ^2+\cdots \tag{2.10}$$

如果 $Z=0$，代入式(2.9)和式(2.10)，则得

$$a=\mu$$

式(2.9)两边对 Z 求导，并注意到等式

$$\frac{\mathrm{d}Ef(t,X)}{\mathrm{d}t}=E\left[\frac{\mathrm{d}f(t,X)}{\mathrm{d}t}\right],\quad X\text{ 是随机变量}$$

于是有

$$U'(W-\pi)(-b-2cZ-\cdots)=E[U'(W-\mu-ZV)(-V)] \quad (2.11)$$

再令 $Z=0$,得

$$-bU'(W-\pi)=-U'(W-\mu)EV=0$$

即得 $b=0$,再将式(2.11)两边对 Z 求导,得

$$U''(W-\pi)(-b-2cZ-\cdots)^2-(2c+\cdots)U'(W-\pi)$$
$$=E[U''(W-\mu-ZV)V^2]$$

令 $Z=0$ 代入上式两端,得

$$-2cU'(W-\pi)=U''(W-\mu)EV^2=U''(W-\mu)\times DV$$

于是

$$c=-\frac{U''(W-\mu)}{2U'(W-\pi)}\times DV=\frac{1}{2}R_A(W-\mu)DV$$

注意到 $Y=\mu+ZV$,故 $\sigma^2=DY=Z^2DV$,所以

$$\pi=\mu+cZ^2=\mu+\frac{1}{2}R_A(W-\mu)DV\times Z^2=\mu+\frac{\sigma^2}{2}R_A(W-\mu)$$

这就是式(2.7),证毕。

例 2.4(Merton 比率的导出) 设投资者的效用函数为

$$U(X)=\frac{x^\alpha}{\alpha} \quad (2.12)$$

这里 $x>0,0<\alpha<1$,不失一般性,计算较为方便。再设投资者面对两种均为 1 个单位的资产,一个是无风险资产,其无风险利率是 i_f,因此一个周期末,无风险资产的价值是 $1+i_f$;另一个是风险资产,在一个周期末,它的价值或者以概率为 p、利率为 i_u 上升到 $1+i_u$,或者以概率为 $1-p$、利率为 i_d 下降(也许是上升,只是幅度小于 i_u,即 $i_d<i_u$),如图 2.6 所示。

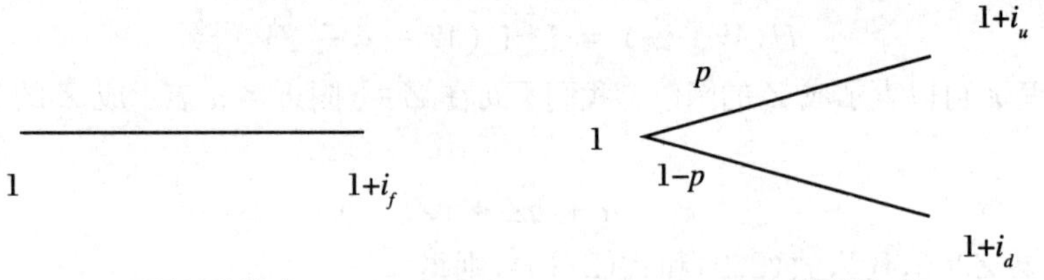

(a) 无风险资产 (b) 风险性资产

图 2.6

显然一个周期后,风险资产的收益率期望值为

$$m=pi_u+(1-p)i_d=p(i_u-i_d)+i_d$$

因此得概率

$$p = \frac{m - i_d}{i_u - i_d}$$

$$1 - p = \frac{i_u - m}{i_u - i_d} \tag{2.13}$$

下面考虑 i_u，i_d 和 m 之间的关系。我们设想 i_f 不能大于 i_u，否则谁也不投资风险性资产，因为 $i_f > i_u > i_d$。同样，i_f 不能小于 i_d，否则谁也不投资无风险资产，因为 $i_f < i_d < i_u$，所以我们得

$$i_u > i_f > i_d \tag{2.14}$$

另外，由于 $0 \leqslant p \leqslant 1$，故根据式(2.13)，有 $i_u > m > i_d$。同时由于风险资产有扰动(方差)存在，所以必有 $m > i_f$，将它和式(2.14)结合起来，我们有

$$i_u > m > i_f > i_d \tag{2.15}$$

得到了这个式子以后，Merton 比率就是回答这样的问题：如果具有形如式(2.12)的效用函数的投资者，其初始财富为 W_0，则他应将他的的财富按照什么样的比例投放到这两种资产上，使得在期末时他的财富期望效用最大？

设该投资者分配 aW_0 到风险性资产上，则分配到无风险资产上的数额为 $(1-a)W_0$，那么在一个周期后，当风险性资产价值上升时，该投资者的财富水平为

$$\begin{aligned} W &= aW_0(1 + i_u) + (1 - a)W_0(1 + i_f) \\ &= W_0[a(i_u - i_f) + 1 + i_f] \end{aligned}$$

当风险性资产下降时，该投资者的财富水平为

$$\begin{aligned} W &= aW_0(1 + i_d) + (1 - a)W_0(1 + i_f) \\ &= W_0[1 + i_f - a(i_f - i_d)] \end{aligned}$$

把它们综合得到该投资的期望效用为

$$\begin{aligned} E[U(W)] = {} & p\,\frac{\{W_0[a(i_u - i_f) + 1 + i_f]\}^\alpha}{\alpha} \\ & + (1 - p)\,\frac{\{W_0[1 + i_f - a(i_f - i_d)]\}^\alpha}{\alpha} \end{aligned} \tag{2.16}$$

由于

$$\begin{aligned} U(x) &= \frac{x^\alpha}{\alpha} \\ U'(x) &= x^{\alpha-1} > 0 \\ U''(x) &= (\alpha - 1)x^{\alpha-2} < 0 \end{aligned}$$

即 $U(x)$ 是向上凸的，因而 $E[U(W)]$ 关于 W，进而关于 a 也是向上凸的。因此将式(2.16)两边对 a 求导，并令它们都等于 0，得

$$a = \frac{(1+i_f)(\theta-1)}{i_u - i_f + \theta(i_f - i_d)} \tag{2.17}$$

这里

$$\theta = \left[\frac{p(i_u - i_f)}{(1-p)(i_f - i_d)}\right]^{\frac{1}{1-\alpha}}$$

即当给定上述条件时,向风险性资产投资的比例为式(2.17)所计算出的 a 时,投资者的期望效用函数最大。

根据式(2.13)和式(2.15),由于

$$\begin{aligned}\frac{p(i_u - i_f)}{(1-p)(i_f - i_d)} &= \frac{p}{1-p} \times \frac{i_u - i_f}{i_f - i_d} \\ &= \frac{m - i_d}{i_u - m} \times \frac{i_u - i_f}{i_f - i_d} \\ &= \frac{m - i_d}{i_f - i_d} \times \frac{i_u - i_f}{i_u - m} > 1 \end{aligned} \tag{2.18}$$

亦即

$$\theta = \left[\frac{p(i_u - i_f)}{(1-p)(i_f - i_d)}\right]^{\frac{1}{1-\alpha}} > 1$$

我们还可以看出,只要 $\theta>1$,恒有 $a>0$。而且当 $m \to i_f$ 时,根据式(2.18),$\theta \to 1$,此时 $a \to 0$,即只向无风险资产投资。而当 $\theta<\frac{1+i_u}{1+i_d}$ 时,$a<1$。所有这些是符合实际情况的。

以上我们给出了单期风险性资产最佳投资比率的计算公式,如果我们将这个周期分成 n 个小等份,每个等份的长度 $h=\frac{1}{n}$,则由于收益分布的平稳性,每个 h 中的 a 值依然由式(2.17)决定。如果连续型收益率的前二阶矩分别为 μ 和 σ,连续型无风险利率为 r,则我们可取

$$1+i_u = e^{\sigma\sqrt{h}},\quad 1+i_d = e^{-\sigma\sqrt{h}},\quad m = e^{\mu h} - 1,\quad e^{rh} = 1 + i_f$$

需要指出的是,这是且只是一种取法,并不唯一。根据这种取法,当 $n \to \infty$,$h \to 0$ 时,依据式(2.17)得

$$a = \frac{\mu - r}{\sigma^2(1-\alpha)} \tag{2.19}$$

这就是 Merton 比率公式。

观察 Merton 比率公式,我们至少会发现以下几点:

① $\mu - r$ 称为风险补偿。顾名思义,它是对投资者持风险资产而不是无风险

资产所冒风险的补偿。在其他情况不变时，$\mu - r$ 越大，则 a 越大，投资者更愿意多持风险性资产。如果 $\mu - r = 0$，则没有风险补偿，$a = 0$。这很好解释，因为此时风险性资产和无风险资产的收益一样了，人们当然愿意持无风险资产（注意 $U'(x) \geqslant 0$，$U''(x) \leqslant 0$，投资者为风险厌恶型）。

② 方差 σ^2 越大，即风险越大，根据式(2.19)，a 越小，这是不言自明的。

③ 注意到相对风险厌恶

$$R_R(x) = -x \times \frac{U''(x)}{U'(x)} = -x \frac{(\alpha - 1)x^{\alpha-2}}{x^{\alpha-1}} = 1 - \alpha$$

故 a 和 $1-\alpha$ 成反比，即投资者对风险厌恶，则 a 越小，向风险性资产投资的比率越小。

Merton 比率在金融投资分析中的地位很重要，无论是对机构投资者（如养老金保险公司）还是单个投资者都有很重要的指导作用。例如进行投资决策时，怎样合理安排股票（对应于风险资产）和质量较高的债券（对应于无风险资产）的比例，我们就可以参考式(2.19)来解决这个问题。

参考文献

[1] Sharpe W F. A linear programming approximation for the general portfolio analysis problem[J]. Journal of Financial and Quantitative Analysis, 1971, 6(5): 1263-1275.

[2] Ohlson J A. Quadratic approximations of the portfolio selection problem when the means and variances of returns are infinite[J]. Management Science, 1977, 23(6): 576-584.

[3] Buser S A. Mean-variance portfolio selection with either a singular or nonsingular variance-covariance matrix[J]. Journal of Financial and Quantitative Analysis, 1977, 12(3): 347-361.

[4] Gonzales N, Litzenberger R, Rolfo J. On mean variance models of capital structure and the absurdity of their predictions[J]. Journal of Financial and Quantitative Analysis, 1977, 12(2): 165-179.

[5] Brito N O. Portfolio selection in an economy with marketability and short sales restrictions[J]. The Journal of Finance, 1978, 33(2): 589-601.

[6] Kihlstrom R E, Laffont J J. A general equilibrium entrepreneurial theory of firm formation based on risk aversion [J]. The Journal of Political Economy, 1979: 719-748.

[7] Daniel W E, Terrell J C. Business statistics: concepts and methodology [M]. 2nd. Boston: Houghton Mifflin, 1979.
[8] Honshergeer D V, Croft D J, Billingsley P. Statistics for Management and Economics[M]. Boston: Allyn and Bascon, 1980.
[9] Ben-Horim M, Levy H. Statistics: Decisions and Applications in Business and economics[M]. New York: McGraw-Hill, 1984.
[10] Schmee J. Introductory statistics for business and economics[J]. Technometrics, 1984, 26(3): 296-296.
[11] Newbold P, Carlson W L, Thorne B. Statistics for Business and Economics [M]. New Jersey: Person Prentice Hall, 2007.

第三章　组合投资模型

1952 年，Markotwitz 发表了他的著名论文《证券组合选择》，标志着现代组合投资理论(The Portfolio Theory)的问世。从那时起许多经济学家、数学家对该理论做了进一步的细致研究，使得该理论的内容不断地充实，形式也日益完美。

本章分五节来讨论基本的组合投资模型：第一节介绍绝对风险厌恶模型，第二至五节研究各个条件下的有效集的获得。

第一节　绝对风险厌恶模型

所谓绝对风险厌恶模型，是指投资者不考虑收益，而只考虑适当的组合系数 $\boldsymbol{X}$，使得它的组合的收益率的方差(风险)最小。按第一章所述，如果投资者面对的 n 种证券投资收益率的协方差矩阵 $\boldsymbol{\Sigma}$ 给定，且构造 n 维向量

$$\boldsymbol{i} = (1,1,\cdots,1)' \tag{3.1}$$

那么对最优组合系数 $\boldsymbol{X}$ 的选取就是对下面的绝对风险厌恶型的求解：

$$\begin{aligned} &\min\ \boldsymbol{X}'\boldsymbol{\Sigma X} \\ &\text{s.t.}\ \ \boldsymbol{i}'\boldsymbol{X} = 1 \end{aligned} \tag{3.2}$$

现在我们来求解这个模型，具体的矩阵(向量)的微分内容读者可参考附录 1。

显然这是一个条件极值问题，我们可用 Lagrange 方法来求解。作 Lagrange 函数

$$L(\boldsymbol{X}) = \boldsymbol{X}'\boldsymbol{\Sigma X} + \lambda(\boldsymbol{i}'\boldsymbol{X} - 1) \tag{3.3}$$

注意到 $\boldsymbol{\Sigma}$ 是对称矩阵，故根据式(3.2)和式(3.3)，我们得

$$\frac{\partial L(\boldsymbol{X})}{\partial \boldsymbol{X}} = \frac{\partial}{\partial \boldsymbol{X}}(\boldsymbol{X}'\boldsymbol{\Sigma X}) + \lambda\frac{\partial(\boldsymbol{i}'\boldsymbol{X} - 1)}{\partial \boldsymbol{X}} = 2\boldsymbol{\Sigma X} + \lambda \boldsymbol{i} = 0 \tag{3.4}$$

$$\frac{\partial L(\boldsymbol{X})}{\partial \lambda} = \boldsymbol{i}'\boldsymbol{X} - 1 = 0 \tag{3.5}$$

由式(3.4)得

$$\boldsymbol{X} = -\frac{1}{2}\lambda\boldsymbol{\Sigma}^{-1}\boldsymbol{i} \tag{3.6}$$

将其代入式(3.5),得

$$\frac{1}{2}\lambda\boldsymbol{i}'\boldsymbol{\Sigma}^{-1}\boldsymbol{i} + 1 = 0$$

$$\lambda = -2(\boldsymbol{i}'\boldsymbol{\Sigma}^{-1}\boldsymbol{i})^{-1} = -\frac{2}{(\boldsymbol{i}'\boldsymbol{\Sigma}^{-1}\boldsymbol{i})}$$

因此,$\boldsymbol{i}'\boldsymbol{\Sigma}^{-1}\boldsymbol{i}$ 已是一个标量了,于是

$$\boldsymbol{X} = -\frac{1}{2}\lambda\boldsymbol{\Sigma}^{-1}\boldsymbol{i} = \frac{\boldsymbol{\Sigma}^{-1}\boldsymbol{i}}{\boldsymbol{i}'\boldsymbol{\Sigma}^{-1}\boldsymbol{i}}$$

将其代入目标函数,且注意到对称矩阵 $\boldsymbol{\Sigma}$ 有 $\boldsymbol{\Sigma}^{-1} = (\boldsymbol{\Sigma}^{-1})'$,则得该组合收益率的 R_p 的期望为

$$E(R_p) = \boldsymbol{X}_1E(R_1) + \boldsymbol{X}_2E(R_2) + \cdots + \boldsymbol{X}_NE(R_N) \tag{3.7}$$

最小方差为

$$\begin{aligned}\sigma^2(R_p) &= \boldsymbol{X}'\boldsymbol{\Sigma}\boldsymbol{X} \\ &= \left(\frac{\boldsymbol{\Sigma}^{-1}\boldsymbol{i}}{\boldsymbol{i}'\boldsymbol{\Sigma}^{-1}\boldsymbol{i}}\right)'\boldsymbol{\Sigma}\left(\frac{\boldsymbol{\Sigma}^{-1}\boldsymbol{i}}{\boldsymbol{i}'\boldsymbol{\Sigma}^{-1}\boldsymbol{i}}\right) \\ &= \frac{\boldsymbol{i}'\boldsymbol{\Sigma}^{-1}\boldsymbol{\Sigma}\boldsymbol{\Sigma}^{-1}\boldsymbol{i}}{(\boldsymbol{i}'\boldsymbol{\Sigma}^{-1}\boldsymbol{i})^2} \\ &= \frac{1}{\boldsymbol{i}'\boldsymbol{\Sigma}^{-1}\boldsymbol{i}}\end{aligned} \tag{3.8}$$

以上结果告诉我们,如果不考虑组合的收益水平,则应按照 $X = \frac{\boldsymbol{\Sigma}^{-1}\boldsymbol{i}}{\boldsymbol{i}'\boldsymbol{\Sigma}^{-1}\boldsymbol{i}}$ 所规定的比例向各证券进行投资,此时组合的风险最小。

下面我们举一个例子来说明本方法的应用。

例 3.1 某投资公司准备向两种证券同时进行投资,假定甲证券收益率的标准差是 $\sigma(R_1) = 15\%$,乙证券的标准差是 $\sigma(R_2) = 12\%$,而且根据历史资料测算,得到这两种证券收益率之间的相关系数是 $\rho = 0.4$,试确定投资风险最小的组合系数。

解:不难看出,这两种证券收益率的协方差矩阵为

$$\boldsymbol{\Sigma} = \begin{bmatrix} (0.15)^2 & 0.15 \times 0.12 \times 0.4 \\ 0.15 \times 0.12 \times 0.4 & (0.12)^2 \end{bmatrix}$$

$$=\begin{bmatrix}0.0225 & 0.0072\\0.0072 & 0.0144\end{bmatrix}$$

则

$$\boldsymbol{\Sigma}^{-1}=\begin{bmatrix}52.046 & -26.023\\-26.023 & 81.322\end{bmatrix}$$

依据式(3.6),解得

$$\boldsymbol{X}=\begin{pmatrix}0.32\\0.68\end{pmatrix}$$

即向甲证券投资32%,向乙证券投资68%,此时总的投资风险为

$$\sigma(R_p)=\sqrt{\frac{1}{\boldsymbol{i}'\boldsymbol{\Sigma}^{-1}\boldsymbol{i}}}=11.1\%$$

对任意种数风险证券形式的组合,我们都可以采取上述方法来选择最优组合系数,使总的投资风险最小。但应该明白的是,这种风险也不是无限减小的,它有一个下限。现在我们来看定理3.1。

定理3.1 若一个组合的系数向量为 n 维列向量

$$\boldsymbol{X}=(X_1,X_2,\cdots,X_n)'$$

该组合收益率向量 $\boldsymbol{R}$ 的方差矩阵为$\boldsymbol{\Sigma}$,那么有

$$D(\boldsymbol{X}'\boldsymbol{R})=\boldsymbol{X}'\boldsymbol{\Sigma}\boldsymbol{X}\geqslant\frac{\lambda_{\min}}{n}$$

这里 $\lambda_{\min}$是正定矩阵 $\boldsymbol{\Sigma}$ 的最小特征根。

证明:由不等式

$$\sqrt{\frac{c_1^2+c_2^2+\cdots+c_n^2}{n}}\geqslant\frac{c_1+c_2+\cdots c_n}{n}$$

我们得

$$\frac{C_1^2+C_2^2+\cdots+C_n^2}{n}\geqslant\frac{C'\boldsymbol{i}}{n^2}=\frac{1}{n^2}$$

即

$$C_1^2+C_2^2+\cdots+C_n^2\geqslant\frac{1}{n}$$

由于 $\boldsymbol{\Sigma}$ 是对称矩阵,且是正定的,根据引理1.1,则存在正交矩阵 $\boldsymbol{P}$,作正交变换

$$\boldsymbol{Y}=(y_1,y_2,\cdots,y_n)=\boldsymbol{P}'\boldsymbol{C}$$

则必满足

$$
\begin{aligned}
\boldsymbol{C}'\boldsymbol{\Sigma}\boldsymbol{C} &= \boldsymbol{C}'\boldsymbol{P}\boldsymbol{P}^{-1}\boldsymbol{\Sigma}\boldsymbol{P}\boldsymbol{P}^{-1}\boldsymbol{C} \\
&= \boldsymbol{C}'\boldsymbol{P}\boldsymbol{P}'\boldsymbol{\Sigma}\boldsymbol{P}\boldsymbol{P}'\boldsymbol{C} \quad (\because \boldsymbol{P}' = \boldsymbol{P}^{-1}) \\
&= \boldsymbol{C}'\boldsymbol{P}\begin{pmatrix} \lambda_1 & & & 0 \\ & \lambda_2 & & \\ & & \ddots & \\ 0 & & & \lambda_n \end{pmatrix}\boldsymbol{P}'\boldsymbol{C} \quad (\because \boldsymbol{P}'\boldsymbol{\Sigma}\boldsymbol{P} = \boldsymbol{\Lambda}) \\
&= \boldsymbol{Y}'\begin{pmatrix} \lambda_1 & & & 0 \\ & \lambda_2 & & \\ & & \ddots & \\ 0 & & & \lambda_n \end{pmatrix}\boldsymbol{Y} \\
&= \boldsymbol{\Sigma}_i\lambda_i y_i^2 \geqslant \lambda_{\min}\boldsymbol{\Sigma}_i y_i^2 \\
&= \lambda_{\min}\boldsymbol{\Sigma}_i C_i^2 \geqslant \frac{\lambda_{\min}}{n}
\end{aligned}
$$

上面倒数第 2 个等式依据的是正交变换的性质:向量经过正交变换后,其模不变。本定理所涉及的数学知识可参看有关代数书籍。

我们现在来考虑一种特殊的方差矩阵,对应于它的最优投资情况。

定理 3.2 如果 $\boldsymbol{\Sigma}$ 矩阵中每一行(列)中的所有元素之和均相等,就是

$$
\sum_{j=1}^{n}\sigma_{1j} = \sum_{j=1}^{n}\sigma_{2j} = \sum_{j=1}^{n}\sigma_{3j} = \cdots \sum_{j=1}^{n}\sigma_{nj} = C \tag{3.9}
$$

那么使其组合投资风险最小的组合系数为

$$
\boldsymbol{X} = \frac{1}{n}\boldsymbol{i}
$$

证明:这个组合是不言而喻的。注意到在对模型(3.2)的求解过程中有

$$
\boldsymbol{\Sigma X} = \lambda \boldsymbol{i}
$$

但根据条件(3.9),有

$$
\boldsymbol{\Sigma i} = C\boldsymbol{i}
$$

于是

$$
C\boldsymbol{\Sigma X} = \lambda C\boldsymbol{i} = \lambda\boldsymbol{\Sigma i}
$$

则得

$$
\boldsymbol{X} = \frac{\lambda}{C}\boldsymbol{i}
$$

即 X 的各个分量均相等,就是

$$
X = \frac{1}{n}\boldsymbol{i}
$$

对形如 $\boldsymbol{X}=\frac{1}{n}\boldsymbol{i}$ 这类情况，我们称之为等权投资。

迄今为止，我们已经对证券组合投资理论有了一个基本的认识，对选择证券进行投资的道理和方法也有了一个大致的了解。在这个基础上，我们将阐述分散投资的作用。

所谓分散投资就是投资者不是将全部资金投放在一种证券上，而是选择很多种彼此之间相关程度较低的高质量证券的一种投资方式。

所谓高质量证券是指那些高收益、风险小的证券。我们在前面曾介绍过，假设投资者都是风险厌恶类型的，则他们选择投资对象应是那些风险均一样但收益较高或收益均一样但风险较小的证券。当然最理想的是收益高、风险小的证券。但是在实际生活中，证券大都属于收益高、风险大或者收益低、风险小这两种类型的，所以在选择证券进行投资时，应当把收益和风险结合起来考虑。这个问题不是本章内容，我们暂且不谈。

先来看一个定理：

定理 3.3　对于不存在卖空的情况，即恒有 $x_i \geqslant 0$，那么任一组合的收益率的标准差不大于其内各个收益率的标准差的加权和，即

$$\sigma_p \leqslant \sum_{j=1}^{n} x_j \sigma_j$$

证明：根据模型(3.8)，有

$$\sigma^2(R_p) = \sum_{i=1}^{n}\sum_{j=1}^{n} x_i x_j \sigma_{ij} = \sum_{i=1}^{n}\sum_{j=1}^{n} x_i x_j \rho_{ij} \sigma_i \sigma_j$$

由于 $x_i \geqslant 0, \rho_{ij} \leqslant 1(i,j=1,2,\cdots,n)$，故有

$$\sigma^2(R_p) = \sum_{i=1}^{n}\sum_{j=1}^{n} x_i x_j \rho_{ij} \sigma_i \sigma_j \leqslant \sum_{i=1}^{n}\sum_{j=1}^{n} x_i x_j \sigma_i \sigma_j = \left(\sum_{j=1}^{n} x_j \sigma_j\right)^2$$

即

$$\sigma(R_p) \leqslant \sum_{j=1}^{n} x_j \sigma_j$$

得证。

我们可以用图 3.1 来集中表现分散的作用。从图中可以看出，股票 A 和股票 B 的收益随时间起伏不定，因为它们皆有一定的风险，但是股票 A 与 B 的收益的升降几乎完全相反，当 A 的收益上升时，B 的收益则下降；当 A 的收益下降时，B 的收益却上升，且它们同时上升和下降的幅度是一样的。因此我们可以粗略断言，这里 $\sigma(r_A)=\sigma(r_B)$，且 $\rho_{AB}=-1$，即完全负相关。于是我们可采用这样的分散策

略,向 A,B 各投资$\frac{1}{2}$资金,则所得的组合收益率的方差就是

$$\sigma(R_p) = \frac{1}{2}\sigma(r_A) + \frac{1}{2}\sigma(r_B) = 0$$

从图上看组合 $A+B$ 收益就非常平稳了,这样就达到了降低风险的作用。

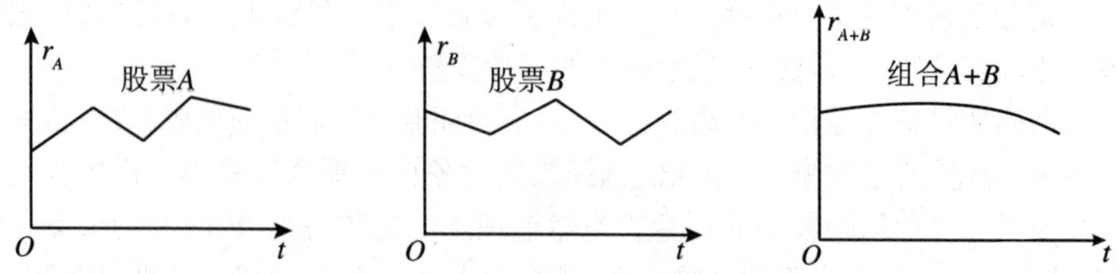

图 3.1

严格来说,上述推理是基于不容许卖断这个条件之上的。如果容许卖断,则上述推理未必能成立。好在我们可应用数学规划这个工具来求解,应该说也是不难的。

按照分散投资的要求,我们在选择证券进行组合时,还要注意所选证券的总数 n,即要求 n 足够大。

对于这个问题的阐述是不难做到的,假定某个证券组合中含有 n 种互不相关的证券,向他们投资的比例均一样,都为$\frac{1}{n}$,且风险均为 σ,于是根据前面所述有

$$R_p = \frac{1}{n}r_1 + \frac{1}{n}r_2 + \cdots + \frac{1}{n}r_n$$

按照假定条件 $\sigma(r_1) = \sigma(r_2) = \cdots = \sigma(r_n) = \sigma$ 且 $\rho_{ij} = 0(i \neq j)$,可得

$$\begin{aligned}\sigma^2(R_p) &= \frac{1}{n^2}\sigma^2(r_1) + \frac{1}{n^2}\sigma^2(r_2) + \cdots + \frac{1}{n^2}\sigma^2(r_n) \\ &= \frac{1}{n}\sigma^2\end{aligned}$$

于是

$$\sigma(R_p) = \sqrt{\frac{1}{n}}\sigma$$

这个结果是根据上面比较特殊的条件(几乎是不存在的)导出的,具有很大的局限性。但是,借助该式,我们至少有一个定性理解,就是证券组合的风险将随着组合内证券种数的增加而减少。

但是,投资理论和实践都证明,虽然证券组合的风险可随其内证券种数的增加

而减少，可这种减少并不是没有止境的。且不说种类较多的证券的选择及比例的确定本身就是个非常复杂的事，一般来说，当 n 较小时，增加一种证券会使其组合的风险有一个较大的减少；但是，随着 n 的增大，这种减少的作用已不明显。美国学者根据很多人的实验，绘制了一条反映证券组合投资风险与其内包含的证券种类数之间关系的曲线，如图 3.2 所示。

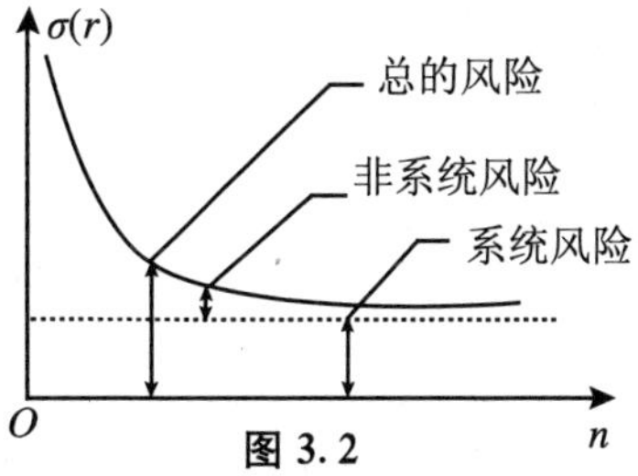

图 3.2

由图 3.2 可以看出，任一组合的风险都可分成两部分：系统风险和非系统风险（后文还要讨论这个问题）。凡能够用分散的方法消除掉的风险叫做非系统风险，不能消除的风险则称为系统风险。很明显，随着组合内证券种数的增加，证券组合风险的减少程度越来越小，并无限趋于水平，再增加证券种数，它也不会减少了。这是由于非系统风险被逐渐消耗掉，证券组合的风险仅仅等于其系统风险的缘故。

一个比较好的证券组合究竟应该包含多少种证券？对于这个问题，人们做了许多研究（包括仿真研究）。一般认为，随机地选取 10 种证券组合时，组合的风险可以减少到能接受的水平，如选择 15～20 种，组合的风险将不会再随着证券种数的增加而明显减少。因此我们建议，一个较好的"证券组合"至少应包含 10 种证券，以 15 种为好。即使资金数额很大，考虑到证券选择工作，也不需要超过 25 种。

以上我们较全面地叙述了分散投资的原理。分散投资作为一种投资策略，不仅在金融业、保险业中经常被用到，而且在其他产业部门也常常得到应用。如美国 Northwest 工业公司，直接或间接地管理着一批业务单位，从事工业品、化学物品和消费品的生产经营活动。该公司的做法是：第一，生产一些基本需求领域内的各种用品，显然它们是复杂的，是比较分散的，这样可以保证满足市场上始终不衰的需求；第二，在所经营的领域内取得领先地位。这一分散化战略使得不同业务单位之间的相关程度很小（如工业用品和消费品部门），并由于采用了统一商标，使得收益比较稳定，从而降低了各业务单位收益率的标准差，进而降低了整个公司的风险。

第二节　有效集模型

我们已经给出了最优组合权数的计算方法，即按这样的投资比例可使投资组合的风险最小。但是，在投资理论的实践中，人们的着眼点并不仅仅是投资风险，除了风险之外，人们的注意力还要集中在收益上面。换句话说，如果人们仅仅考虑投资风险的话，那么人们就会把钱拿来购买政府债券或存入银行，而不会去购买风险很大的股票。

因此，和前一节相比，本节将对证券组合理论作进一步的深化，即在选择最优组合系数时，既考虑到组合的收益，又考虑到组合的风险。具体来讲，就是在期望收益率给定的情况下，选择风险最小的组合，这就产生了有效集。

1. 有效集的导出

我们在前面一节已经知道，在 $\boldsymbol{\Sigma}$ 和 ER 已知的情况下，当给定一个 $\boldsymbol{X}$ 时，根据式(3.7)和式(3.8)，就有一个相应的 ER_p 和 $\sigma(R_p)$。但如果给定一个 $ER_p = r$，那么根据 $X'ER = r$ 和 $X'i = 1$，显然，有许多 $\boldsymbol{X}$ 与之相适应，即有许多期望收益率等于 r 的组合。在这些组合中，我们可寻找一个方差最小的组合。如果让 r 变化，则会产生新的相应的最小方差组合；这样，当 r 连续变化时，会得到一系列最小方差组合，我们称之为有效集。

从这个思路出发，我们不难得到求有效集的模型：

$$\min \boldsymbol{X}'\boldsymbol{\Sigma}\boldsymbol{X}$$
$$\text{s.t.} \begin{cases} (ER)'\boldsymbol{X} = r \\ \boldsymbol{i}'\boldsymbol{X} = 1 \end{cases} \tag{3.10}$$

现在我们来求解这个模型。作 Lagrange 函数，有

$$L = \boldsymbol{X}'\boldsymbol{\Sigma}\boldsymbol{X} + \lambda_1[(ER)'\boldsymbol{X} - r] + \lambda_2(\boldsymbol{i}'\boldsymbol{X} - 1)$$

故根据 Lagrange 条件极值定理有

$$\frac{\partial L}{\partial \boldsymbol{X}} = 2\boldsymbol{\Sigma}\boldsymbol{X} + \lambda_1 ER + \lambda_2 \boldsymbol{i} = 0 \tag{3.11}$$

$$\frac{\partial L}{\partial \lambda_1} = (ER)'\boldsymbol{X} - r = 0 \tag{3.12}$$

$$\frac{\partial L}{\partial \lambda_2} = \boldsymbol{i}'\boldsymbol{X} - 1 = 0 \tag{3.13}$$

由式(3.11)得

$$\boldsymbol{X} = -\frac{1}{2}\boldsymbol{\Sigma}^{-1}(ER,\boldsymbol{i})(\lambda_1,\lambda_2)' \tag{3.14}$$

而根据式(3.12)和式(3.13)有

$$(ER,\boldsymbol{i})'\boldsymbol{X} = (r,1)' \tag{3.15}$$

将式(3.14)代入式(3.15)中,得

$$-\frac{1}{2}(ER,\boldsymbol{i})'\boldsymbol{\Sigma}^{-1}(ER,\boldsymbol{i})(\lambda_1,\lambda_2)' = (r,1)'$$

注意到 $\boldsymbol{\Sigma}$ 矩阵正定和有关因子的阶数,则设二阶正定矩阵

$$\boldsymbol{A} = (ER,\boldsymbol{i})'\boldsymbol{\Sigma}^{-1}(ER,\boldsymbol{i})$$

那么得

$$(\lambda_1,\lambda_2)' = -2\boldsymbol{A}^{-1}(r,1)'$$

代入式(3.14)有

$$\boldsymbol{X} = \boldsymbol{\Sigma}^{-1}(ER,\boldsymbol{i})\boldsymbol{A}^{-1}(r,1)' \tag{3.16}$$

此时对应组合的方差为

$$\sigma^2(R_p) = \boldsymbol{X}'\boldsymbol{\Sigma}\boldsymbol{X} = (r,1)\boldsymbol{A}^{-1}(r,1)' \tag{3.17}$$

上式的诠释是,如果给定任一收益率 $r\in(0,+\infty)$,那么在期望收益率为 r 的众多组合中,按照式(3.16)构造的组合方差最小,其值由式(3.17)来表示。

如果以 σ^2(或 σ)为横轴、r 为纵轴建立直角坐标系,那么式(3.17)则表示抛物线(或双曲线),如图 3.3 所示。该图反映了当给定一个方差(或标准差)时,我们从对应于这个方差组合的诸多组合中所得到的具有很高期望收益的组合,显然它是式(3.10)对偶问题的解:

$$\max\ \boldsymbol{X}'\boldsymbol{\Sigma}\boldsymbol{X}$$
$$\text{s.t.}\begin{cases}\boldsymbol{X}'\boldsymbol{\Sigma}\boldsymbol{X} = \sigma^2 \\ \boldsymbol{X}'\boldsymbol{i} = 1\end{cases} \tag{3.18}$$

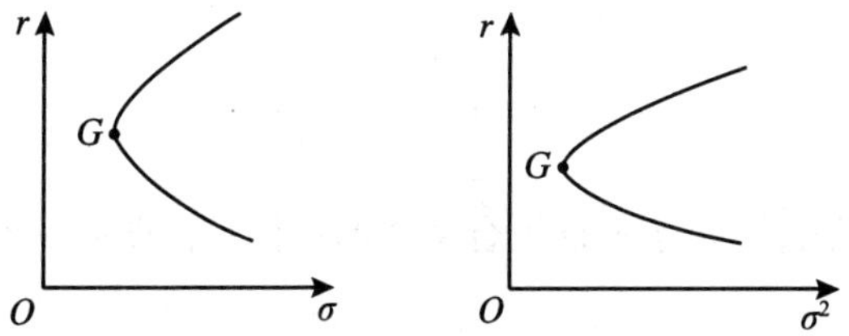

图 3.3

2. 有效集的性质

在叙述有效集的性质时，我们首先介绍一个公式：设有两个证券组合 p 和 q，它们的系数向量分别是同维的 X_p 和 X_q，那么这两个组合收益率之间的协方差为

$$\begin{aligned}\sigma_{pq} &= \operatorname{cov}(R_p, R_q)\\ &= E[(R_p - ER_p)(R_q - ER_q)']\\ &= \boldsymbol{X}'_p E[(R - ER)(R - ER)']\boldsymbol{X}_q\\ &= X'_p \boldsymbol{\Sigma} X_q\end{aligned} \tag{3.19}$$

性质 3.1　如果定义 $a = ER'\boldsymbol{\Sigma}^{-1}ER$，$b = ER'\boldsymbol{\Sigma}^{-1}\boldsymbol{i}$，$c = \boldsymbol{i}'\boldsymbol{\Sigma}^{-1}\boldsymbol{i}$，则正定对称矩阵

$$\boldsymbol{A} = \begin{pmatrix} a & b \\ b & c \end{pmatrix}$$

那么在均值-方差坐标系上，有效集(3.17)则表示为一条抛物线：

$$\begin{aligned}\sigma^2 &= (r, 1)\boldsymbol{A}^{-1}(r, 1)'\\ &= \frac{a - 2br + cr^2}{ac - b^2}\end{aligned} \tag{3.20}$$

性质 3.2(绝对方差组合)　图 3.3 中 G 点表示的组合的方差为

$$\sigma_g^2 = \frac{1}{c}$$

均值为

$$r_g = \frac{b}{c}$$

该组合的系数向量为

$$\boldsymbol{X}_g = \frac{1}{c}\boldsymbol{\Sigma}^{-1}\boldsymbol{i} \tag{3.21}$$

根据图 3.3 和式(3.20)，我们不难得出

$$\frac{\mathrm{d}\sigma^2}{\mathrm{d}r} = \frac{2cr - 2b}{ac - b^2} = 0$$

解得

$$r_g = \frac{b}{c},\quad \sigma_g^2 = \frac{1}{c}$$

又，不允许卖短的条件下对于最优组合系数的选择是根据以下模型：

$$\min \sigma^2(R_p) = \boldsymbol{X}'\boldsymbol{\Sigma}\boldsymbol{X}$$
$$\text{s.t.}\begin{cases}\boldsymbol{i}'\boldsymbol{X} = 1\\ \boldsymbol{X} \geqslant 0\end{cases} \tag{3.22}$$

可解得

$$\boldsymbol{X} = \frac{1}{\sigma_1^2 + \sigma_2^2 - 2\sigma_{12}}\begin{pmatrix}\sigma_2^2 - \sigma_{12}\\ \sigma_1^2 - \sigma_{12}\end{pmatrix} \tag{3.23}$$

与式(3.23)比较我们可以看出，G 点表示的组合就是式(3.22)的解，即不考虑收益的模型的解。因此我们把 G 点称之为绝对最小方差组合，它的系数向量如式(3.21)，为

$$\boldsymbol{X}_g = \frac{1}{c}\boldsymbol{\Sigma}^{-1}\boldsymbol{i}$$

由此引进了绝对方差组合，则对偶问题(3.18)的解就可表示成

$$r = \frac{b}{c} + \frac{1}{2c}\sqrt{4b^2 + 4c\sigma^2(ac - b^2) - 4ac} \tag{3.24}$$

现在我们来看一个有趣的事实：设 X_j 是任一组合 j 的系数向量，根据式(3.19)，组合 j 和组合 g 的协方差

$$\sigma_{jg} = \boldsymbol{X}_j'\boldsymbol{\Sigma}\boldsymbol{X}_g = \boldsymbol{X}_j'\boldsymbol{\Sigma}\frac{1}{c}\boldsymbol{\Sigma}^{-1}\boldsymbol{i} = \frac{1}{c}\boldsymbol{X}_j'\boldsymbol{i} = \frac{1}{c} = \sigma_g^2 \tag{3.25}$$

上式说明任一组合与绝对最小方差组合收益率之间的协方差就等于后者的方差。

性质 3.3(有效组合和相关性)　除了绝对最小方差组合外，对最小方差集中任意一个有效组合，都存在唯一的一个与之正交的有效组合。如果前者的期望收益率是 r_p，后者的期望收益率是 r_z，那么有

$$r_z = \frac{a - br_p}{b - cr_p}$$

证明：由于组合 p 和组合 z 均是有效组合，那么根据式(3.16)分别得两者的系数向量：

$$\boldsymbol{X}_p = \boldsymbol{\Sigma}^{-1}(ER,\boldsymbol{i})\boldsymbol{A}^{-1}(r_p,1)'$$
$$\boldsymbol{X}_z = \boldsymbol{\Sigma}^{-1}(ER,\boldsymbol{i})\boldsymbol{A}^{-1}(r_z,1)'$$

于是两者之间的协方差

$$\begin{aligned}\sigma_{pz} &= \boldsymbol{X}_p'\boldsymbol{\Sigma}\boldsymbol{X}_z = (r_p,1)\boldsymbol{A}^{-1}(ER,\boldsymbol{i})'\boldsymbol{\Sigma}^{-1}\boldsymbol{\Sigma}\boldsymbol{\Sigma}^{-1}(ER,\boldsymbol{i})\boldsymbol{A}^{-1}(r_z,1)'\\ &= (r_p,1)\boldsymbol{A}^{-1}(r_z,1)'\end{aligned}$$

由于这两个组合是正交的，即

$$\begin{aligned}\sigma_{pz} &= (r_p, 1)\mathbf{A}^{-1}(r_z, 1)' \\ &= (r_p, 1)\begin{pmatrix} c & -b \\ -b & a \end{pmatrix}\begin{pmatrix} r_z \\ 1 \end{pmatrix} \\ &= 0\end{aligned}$$

整理得

$$r_z = \frac{a - br_p}{b - cr_p}$$

性质 3.3.A 如性质 3.3 中所述的组合 z 和 p 一定在有效集中 G 点的上下两侧。

证明:设组合 z 在 G 点的下侧,那么我们有

$$r_z < r_g = \frac{b}{c}$$

同时设 p 也在 G 点的下侧,则

$$r_p < \frac{b}{c}$$

注意到 $c>0$,因而得

$$b - cr_p > 0$$

又由于

$$r_z = \frac{a - br_p}{b - cr_p} < \frac{b}{c}$$

且

$$a - br_p < \frac{b}{c}(b - cr_p) = \frac{b^2}{c} - br_p$$

故

$$a < \frac{b^2}{c}$$

即

$$b^2 > ac$$

但二阶矩阵 $\mathbf{A} = \begin{pmatrix} a & b \\ b & c \end{pmatrix}$ 为正定矩阵,即应该有 $ac - b^2>0$,故 z 和 p 一定不在 G 点的同侧。

性质 3.3.B 在 r-σ^2 坐标系中,过最小方差集中组合 p 和 G 的直线交 r 轴于 r_z(p,z 均如上所述),在 r-σ 坐标系中,过 p 点的切线交 r 轴于 r_z。

证明:设上面两种情况,割线和切线均交 r 轴于 r^*,在 r-σ^2 坐标系中,过 p 和

G 点割线的方程为

$$r - r^* = \frac{r_p - r_g}{\sigma_p^2 - \sigma_g^2}\sigma^2$$

因 G 点在直线上，故有

$$r_g - r^* = \frac{r_p - r_g}{\sigma_p^2 - \sigma_g^2}\sigma_g^2$$

$$r^* = r_g - \frac{r_p - r_g}{\sigma_p^2 - \sigma_g^2}\sigma_g^2 = \frac{cr_pr_g - a}{cr_p + cr_g - 2b}$$

$$= \frac{a - br_p}{b - cr_p} = r_z \quad \left(\because r_g = \frac{b}{c}\right)$$

在 r-σ 坐标系中，最小方差集在 p 点的切线斜率应为$\frac{\mathrm{d}r}{\mathrm{d}\sigma}\big|_p$，注意到

$$\sigma^2 = \frac{a - 2br + cr^2}{ac - b^2}$$

两边对 r 求导，得

$$2\sigma\frac{\mathrm{d}\sigma}{\mathrm{d}r} = \frac{2cr - 2b}{ac - b^2}$$

则

$$\frac{\mathrm{d}r}{\mathrm{d}\sigma}\Big|_p = \frac{(ac - b^2)\sigma_p}{cr_p - b}$$

但

$$\frac{\mathrm{d}r}{\mathrm{d}\sigma}\Big|_p = \frac{r_p - r^*}{\sigma_p}$$

即

$$\frac{r_p - r^*}{\sigma_p} = \frac{(ac - b^2)\sigma_p}{cr_p - b}$$

注意到

$$\sigma_p^2 = \frac{a - 2br_p + cr_p^2}{ac - b^2}$$

则上式得

$$r^* = \frac{a - br_p}{b - cr_p} = r_z$$

性质 3.4　在最小方差集中 G 点之上的所有组合均为正相关。

证明：用反证法，假设有效组合 p 和 q 是负相关的，那么有

$$\sigma_{pq} = (r_q, 1)\begin{pmatrix} c & -b \\ -b & a \end{pmatrix}\begin{pmatrix} r_p \\ 1 \end{pmatrix}\frac{1}{ac - b^2} < 0$$

整理得

$$r_p < \frac{br_q - a}{cr_q - b}$$

假定 p 和 q 均在 G 点之上，那么有

$$r_p > r_g = \frac{b}{c}, \quad r_q > r_g = \frac{b}{c}$$

即

$$cr_q - b > 0$$

于是

$$\frac{br_q - a}{cr_q - b} > r_p > \frac{b}{c}$$

得

$$bcr_q - ac > bcr_q - b^2$$

$$ac < b^2$$

然而，正定矩阵 $\boldsymbol{A}$ 的行列式为

$$|\boldsymbol{A}| = ac - b^2 > 0$$

所以 p 和 q 不可能是负相关的。

同样在 G 点下侧的所有组合之间亦正相关。

一般来说，只有分居在 G 点上下两侧的组合之间才可能是负相关的。注意不同侧只是组合之间为负相关的必要条件而非充分条件。

性质 3.5（两基金定理） 每一个有效组合的系数向量均可以表示成其他两个均值不一样的组合的系数向量的线性组合。

证明：根据式(3.16)知，最优系数向量只与给定的收益率水平 r 有关，我们不妨设 $N\times 2$ 阶矩阵（N 为组合中的证券数目）

$$\boldsymbol{B} = \boldsymbol{\Sigma}^{-1}(\boldsymbol{ER}, \boldsymbol{i})\boldsymbol{A}^{-1}$$

显然它是个常数矩阵，如果存在三个有效组合 p_1，p_2 和 p_3，它们的均值分别为 r_1，r_2 和 r_3，令 $\alpha = \frac{r_3 - r_2}{r_1 - r_2}$，则有

$$r_3 = \alpha r_1 + (1 - \alpha) r_2$$

进而得到

$$\boldsymbol{X}_{p3} = \boldsymbol{B}\begin{pmatrix} r_3 \\ 1 \end{pmatrix} = \boldsymbol{B}\begin{pmatrix} \alpha r_1 + (1 - \alpha) r_2 \\ \alpha + (1 - \alpha) \end{pmatrix}$$

$$= \alpha \boldsymbol{B}\begin{pmatrix} r_1 \\ 1 \end{pmatrix} + (1-\alpha)\boldsymbol{B}\begin{pmatrix} r_2 \\ 1 \end{pmatrix} = \alpha \boldsymbol{X}_{p1} + (1-\alpha)\boldsymbol{X}_{p2} \tag{3.26}$$

无论是在金融理论研究中，还是在实际应用时，两基金定理都是一个极其重要的工具。对于风险厌恶型投资者来说，只要能找到两个最小方差组合，那么就可以利用式(3.26)来导出整个最小方差集。

一般来说，当我们在确定最初的两个最小方差组合时，首先是根据式(3.21)导出绝对最小方差组合的系数向量，然后寻找一个均值是 a/b 的有效组合，它的方差根据式(3.17)为 a/b^2，我们更关心的系数向量为

$$\boldsymbol{X} = \frac{1}{b}\boldsymbol{\Sigma}^{-1}ER$$

显然这个组合的系数向量是正比于均值向量的，故很好计算。

3. 一个实例

现在我们来计算一个实例，以加深对最小方差集的理解。

例 3.2　已知某三种股票的期望收益率分别是

$$ER_1 = 5\%\,,\quad ER_2 = 10\%\,,\quad ER_3 = 15\%$$

它们彼此之间的协方差矩阵为

$$\boldsymbol{\Sigma} = \begin{pmatrix} 0.25 & 0.15 & 0.17 \\ 0.15 & 0.21 & 0.09 \\ 0.17 & 0.09 & 0.28 \end{pmatrix}$$

将它们分别代入式(3.16)和式(3.17)，得

$$\boldsymbol{X} = \boldsymbol{\Sigma}^{-1}(ER, i)\boldsymbol{A}^{-1}(r,1)' = \begin{pmatrix} 1.44 - 12r \\ 0.12 + 4r \\ -0.56 + 8r \end{pmatrix}$$

$$\sigma^2 = (r,1)\boldsymbol{A}^{-1}(r,1)' = 0.37 - 3.68r + 16r^2$$

第三节　有效集的几何算法

上一节给出了最小方差集的概念、性质以及求解方法，求解时采用的是代数方法。本节我们来介绍求解的几何算法。引入几何方法，不仅因为它能简化计算(当

N 足够大时,这种方法确实简单),而且几何算法比较直观、明了。通过对几何算法的应用,可以使我们对最小方差集的性质有更深刻、更全面的理解。

我们还是以例 3.2 中的三种证券组合为例,来介绍这种几何算法。

已知如前所述的三种证券,有

$$ER = \begin{pmatrix} 5\% \\ 10\% \\ 15\% \end{pmatrix}, \quad \boldsymbol{\Sigma} = \begin{pmatrix} 0.25 & 0.15 & 0.17 \\ 0.15 & 0.21 & 0.09 \\ 0.17 & 0.09 & 0.28 \end{pmatrix}$$

让这三种证券以 x_1,x_2 和 $1-x_1-x_2$ 为比例来进行组合,那么该组合的期望收益率和方差为

$$\begin{aligned} ER_p &= 0.05x_1 + 0.10x_2 + 0.15(1-x_1-x_2) \\ \sigma^2(R_p) &= 0.25x_1^2 + 0.21x_2^2 + 0.28 \times (1-x_1-x_2)^2 \\ &\quad + 2 \times 0.15x_1x_2 + 2 \times 0.17x_1(1-x_1-x_2) \\ &\quad + 2 \times 0.09x_2(1-x_1-x_2) \end{aligned}$$

分别整理得

$$x_2 = -2x_1 - 20Er_p + 3 \tag{3.27}$$

$$0.19x_1^2 + 0.31x_2^2 + 0.34x_1x_2 - 0.22x_1 - 0.38x_2 + 0.28 - \sigma^2(r_p) = 0 \tag{3.28}$$

先来看式(3.27),我们以 x_1 为横轴、x_2 为纵轴来建立一个直角坐标系,那么该式表示的就是一族斜率为 -2、截距为 $-20Er_p+3$ 的直线。当 Er_p 取定值时,则得到一条直线,如取 $Er_p=16\%$,则对应的直线方程是

$$x_2 = -2x_1 - 0.2$$

如图 3.4 所示。

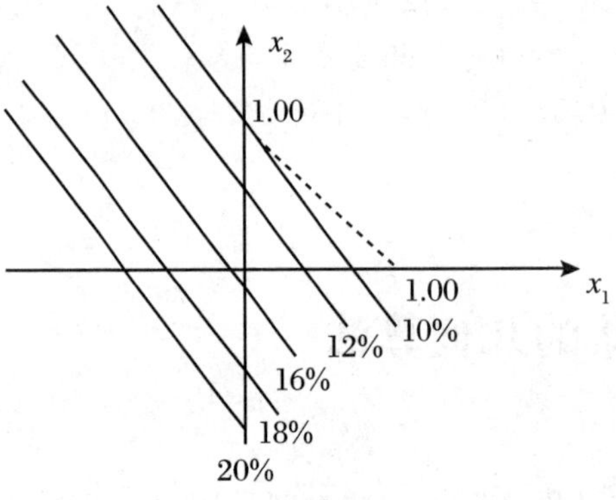

图 3.4

反之,该直线上任意一点所表示的组合,其期望收益率均为 16%。我们把这样的直线称为等收益线,它犹如物理学中的等压线、等位线一样。图 3.4 表示的就是一组这样的等收益线。从图中可以看出,直线的位置越靠右,对应的 Er_p 值越低,反之亦然。这是因为它们的斜率均为负,截距为 $-20Er_p+3$,故 Er_p 越大,截距越小。

我们再来看第二个例子——式(3.28)。

由解析几何知识知，当 $\sigma^2(r_p)$给定一个数值时，该式在 x_1-x_2 坐标系上是一个椭圆，故当 $\sigma^2(r_p)$变化取系列数值时，该式表示的是一组同心椭圆，每一个 $\sigma^2(r_p)$数值给定一个椭圆。例如 $\sigma^2(r_p)=21\%$，则决定了椭圆

$$0.19x_1^2+0.31x_2^2+0.34x_1x_2-0.22x_1-0.38x_2+0.77=0$$

如图 3.5 所示。反之，该椭圆上每一点所代表的组合收益率的方差均等于 21%，我们把这种椭圆称为等方差椭圆，由于它是闭合的，故如同地图上的等高线。在图 3.5 中，椭圆越大，所代表的方差就越大。

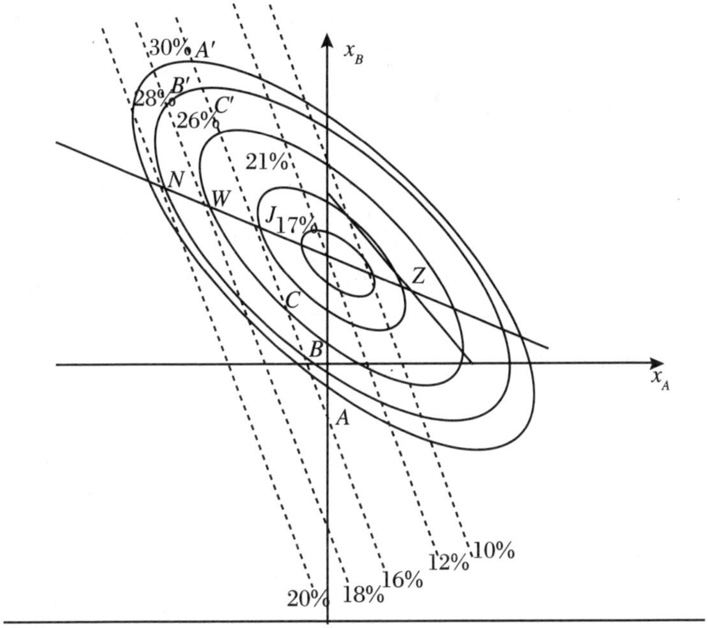

图 3.5

注意到图 3.5 的等收益线就是图 3.4 中的那组平行线，在图 3.5 中，我们把收益线和等方差椭圆结合在一起了。参照图 3.5，我们可以很直观地给出最小方差集的几何算法。

以 $Er_p=16\%$为例，它的等收益线如图 3.5 所示。该线表明其上所有点所有组合的期望收益率均为 16%。现在要在该线上找一个方差最小的组合，我们该怎样来找呢？不难看出，该收益线分别与方差为 30%，28%，26%和 21%的等方差椭圆相交，交点依次为 $A(A')$，$B(B')$，$C(C')$和 J 点（切点）。观察 A 和 A'点，由于它们是 16%等收益率与 30%等方差椭圆的交点，故它们所代表的组合的期望收益率均为 16%，方差均为 30%，依此类推，B 和 B'点所代表的组合的期望收益率均为 16%，

方差均为 28%……，J 点所代表的组合的期望收益率均为 16%，方差均为 21%。将它们逐一进行比较，发现只有 J 点所表示的组合在期望收益率均为 16%的所有组合中方差为最小，故它就是最小方差组合，其组合系数可由下面两式联立求解：

$$\begin{cases} x_2 = -2x_1 - 0.2 \\ 0.19x_1^2 + 0.31x_2^2 + 0.34x_1x_2 - 0.22x_1 - 0.38x_2 + 0.07 = 0 \end{cases}$$

解得

$$x_1 = -0.48, \quad x_2 = 0.76, \quad x_3 = 1 - x_1 - x_2 = 0.72$$

更进一步，我们选定期望率水平为 r，则其等收益线为

$$x_2 = -2x_1 + 3 - 20r$$

它与方差为 $\sigma^2(R)$的等方差椭圆

$$0.19x_1^2 + 0.31x_2^2 + 0.34x_1x_2 - 0.22x_1 - 0.38x_2 + 0.28 - \sigma^2(R) = 0$$

的交点则由它们两式联立，得一关于 x_1 的一元二次方程：

$$0.75x_1^2 - 2.16x_1 + 18rx_1 + 124r^2 - 29.6r + 1.93 - \sigma^2(R) = 0$$

注意到最小方差组合应是该收益线与等方差椭圆相切的切点，也就是上面一元二次方程应该是重根，故根据重根条件得

$$(18r - 2.16)^2 - 4 \times 0.75[124r^2 - 29.6 + 1.93 - \sigma^2(R)] = 0$$

即

$$\sigma^2(R) = 16r^2 - 3.68r - 0.37$$

这就是所求的最小方差集，且组合系数为

$$x_1 = 1.44 - 12r$$

$$x_2 = 4r + 0.12$$

$$x_3 = 8r - 0.56$$

我们发现它们和上节的结果完全一样。

我们现将上述内容归纳一下，给出三种证券组合最小方差集几何算法的一般步骤：

① 把等收益线与等方差椭圆联立：

$$\begin{cases} X_1ER_1 + X_2ER_2 + (1 - x_1 - x_2)ER_3 = r \\ x_1^2\sigma^2(R_1) + x_2^2\sigma^2(R_2) + (1 - x_1 - x_2)^2\sigma^2(R_3) + 2x_1x_2\sigma_{12} \\ \quad + 2x_1(1 - x_1 - x_2)\sigma_{13} + 2x_2(1 - x_1 - x_2)\sigma_{23} = \sigma^2(R_p) \end{cases}$$

② 上面两式联立的结果得到一个关于 x_1 或 x_2 的一元二次方程：

$$Ax_1^2 + Bx_1 + C = 0$$

③ 利用重根条件：

$$B^2 - 4AC = 0$$

即得所求最小方差集。

对于四证券组合，如果已知

$$ER = (ER_1, ER_2, ER_3, ER_4)'$$

$$\boldsymbol{\Sigma} = \begin{pmatrix} \sigma_{11} & \sigma_{12} & \sigma_{13} & \sigma_{14} \\ \sigma_{21} & \sigma_{22} & \sigma_{23} & \sigma_{24} \\ \sigma_{31} & \sigma_{32} & \sigma_{33} & \sigma_{34} \\ \sigma_{41} & \sigma_{42} & \sigma_{43} & \sigma_{44} \end{pmatrix}$$

设对这四种证券投资的比例分别是 x_1, x_2, x_3 和 x_4，那么有

$$x_1 ER_1 + x_2 ER_2 + x_3 ER_3 + x_4 ER_4 = r$$

$$\begin{aligned} & x_1^2\sigma^2(R_1) + x_2^2\sigma^2(R_2) + x_3^2\sigma^2(R_3) + x_4^2\sigma^2(R_4) \\ & + 2x_1x_2\sigma_{12} + 2x_1x_3\sigma_{13} + 2x_1x_4\sigma_{14} \\ & + 2x_2x_3\sigma_{23} + 2x_2x_4\sigma_{24} + 2x_3x_4\sigma_{34} = \sigma^2(R) \end{aligned}$$

注意到 $x_1 + x_2 + x_3 + x_4 = 1$，故在上面两式中均消去 x_4，则在 x_1-x_2-x_3 直角坐标系中，分别获得收益平面

$$Ax_1 + Bx_2 + Cx_3 + D = 0$$

和等方差椭圆

$$\sigma^2(R) = F(x_1, x_2, x_3)$$

根据前述定理，我们应在它们的切点处得到最小方差组合，故根据解析几何有

$$\frac{A}{F'x_1} = \frac{B}{F'x_2} = \frac{C}{F'x_3}$$

将该式与 $Ax_1 + Bx_2 + Cx_3 + D = 0$ 联立，则得切点坐标 x_1, x_2, x_3，把它们代入 $\sigma^2(R) = F(x_1, x_2, x_3)$，则得所求的最小方差集。

对 $N>4$ 的组合，我们可以模仿上面的方法，由下面两式联立：

$$Ax_1 + Bx_2 + \cdots + Jx_{N-1} + M = 0 \tag{3.29}$$

$$\frac{A}{F'x_1} = \frac{B}{F'x_2} = \cdots = \frac{J}{F'x_{N-1}} \tag{3.30}$$

得到 $x_1, x_2, \cdots, x_{N-1}$，将其代入 $\sigma^2(R) = F(x_1, x_2, \cdots, x_{N-1})$ 即得最小方差集。

最后我们讨论一下标准线问题。

所谓标准线，就是如图 3.5 中那些表示最小方差组合的点的连线。这是一条直线，把它从图 3.5 中分离出来，得图 3.6。

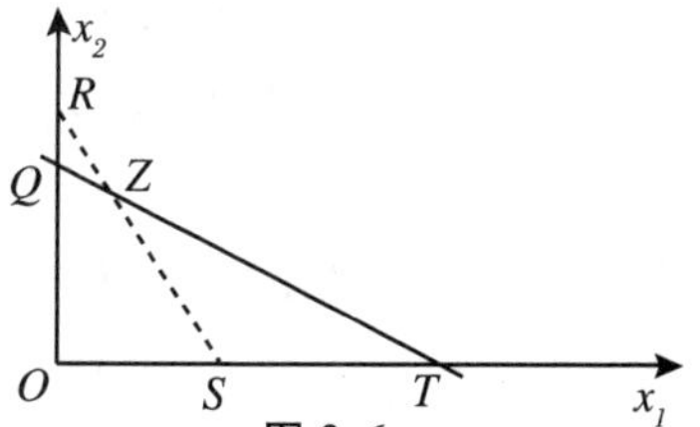

图 3.6

事实上，这条标准线是不难求得的。在我们的例子中，由于任一最小方差组合的组合系数可以表

示成 $x_1=1.44-12r$，$x_2=4r+0.12$，消去 r，就得这条标准线：

$$x_1+3x_2=1.8$$

更一般地，式(3.29)就是 N 种证券组合的最小方差的标准线。例如，在本例中：

$2x_1+x_2+20r-3=0$

$\sigma^2(R)=f(x_1,x_2)=0.19x_1^2+0.31x_2^2+0.34x_1x_2-0.22x_1-0.38x_2+0.28$

则有 $A=2$，$B=1$，

$$F'x_1=0.38x_1+0.34x_2-0.22$$
$$F'x_2=0.34x_1+0.62x_2-0.38$$

故该标准线为

$$\frac{2}{0.38x_1+0.34x_2-0.22}=\frac{1}{0.34x_1+0.62x_2-0.38}$$

即

$$x_1+3x_2=1.8$$

这和上面的结果一样。

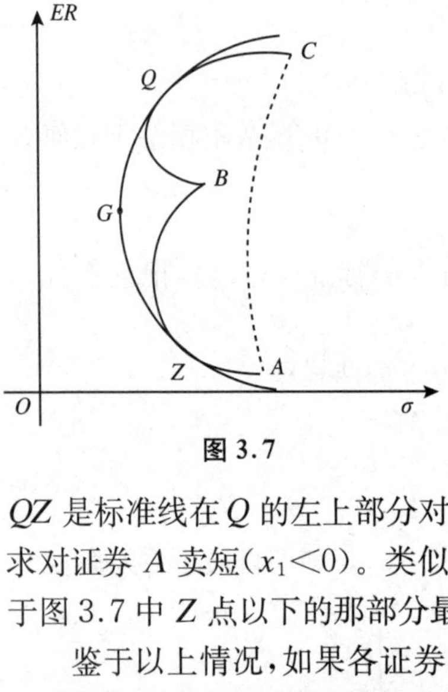

图 3.7

观察图 3.6，我们可以发现许多与图 3.7 相映成趣的现象，这会使我们对最小方差集的性质有一个更深的了解。

首先我们来看图 3.6 中△SRT 区域(包括其边界)，其内任意一点的 x_1，x_2 和 x_3 均不为负，即对这三种证券均不卖短。其中 ST 段表示 $x_1+x_3=1$，x_2 为 0；SR 段表示 $x_2+x_3=1$，x_1 为 0；RT 段表示 $x_1+x_2=1$，x_3 为 0。故在图 3.7 中，上述这三条直线(段)分别由闭合线 AC(虚线)，BQC 和 BZA 来表示。图 3.6 中一段直线 QZ 是标准线在 Q 的左上部分对应图 3.7 中 Q 点之上的最小方差集，显然此时要求对证券 A 卖短($x_1<0$)。类似地，图 3.6 中标准线在 Z 的右下方那部分则对应于图 3.7 中 Z 点以下的那部分最小方差集，此时要对证券 C 卖短($x_3<0$)。

鉴于以上情况，如果各证券不准卖短，则所得的最小方差集就是图 3.7 中的 $CQZA$ 这一段。不难看出，除了 QZ 段重合以外，其他部分均在无此约束的最小方差集的右侧。这是显然的，因为在模型(3.10)中加入一个 $x\geqslant0$ 的约束，则最优效果肯定要差一些。

第四节　非负性组合系数的求解

在第三节中我们研究了最小方差集的模型及其解，并对最小方差集的性质做了卓有成效的研究。本节研究最小方差集的非负性组合系数的求解，即解下列模型：

$$\begin{aligned} \min\ \sigma^2(R_p) &= \boldsymbol{X}'\boldsymbol{\Sigma}\boldsymbol{X} \\ \text{s.t.}\ (\boldsymbol{ER})'\boldsymbol{X} &= r \\ \boldsymbol{i}'\boldsymbol{X} &= 1 \\ X &\geqslant 0 \end{aligned} \tag{3.31}$$

这个问题的提出是有实际意义的，因为我国的证券市场是没有做空的功能的，不能像外国的证券市场，投资者按照一定比例的保证金，可以指派自己的经纪人出售自己账户上没有的且他估计价格要下降的股票。但即使在国外，这种做空的功能也要受到多种条件的制约。

对这一类问题的求解目前有很多种方法，考虑到具有代表性和有利于理解的原因，多用枚举法和改进的二次规划方法，其中后者详见本章参考文献。每个方法均列举出一个实例。

1. 枚举法

本模型的枚举算法如下：

① 求解式(3.16)，如果所得的解满足 $X\geqslant 0$，则停止；否则令 $k=1$，执行第②步。

② 在 X 的N 个分量中任取k 个分量$x_{i_1},x_{i_2},\cdots,x_{i_k}$，令它们都等于0，再求解式(3.31)，若所得的解满足 $X\geqslant 0$，则此解是一个局部最优解，保留此解；否则舍弃此解，重复执行这样的步骤，但要使任何两次所取得 k 个分量都不同，直到所有不同的 k 个分量都取完，才执行第③步。

③ 若 $k=N-1$，则执行第④步，否则使 k 增加1，再转到第②步。

④ 在所有保留的局部最优解中，选择目标函数最小的解，即作为式(3.31)的解，若对于$\binom{N}{1}+\binom{N}{2}+\cdots\binom{N}{N-1}$种组合均不存在非负解，则式(3.31)无解。

下面我们来举个实例(参见本章参考文献[6]),并给出运算结果。

在这个实例中,我们所收集的是在纽约交易所内交易的 10 种普通股,根据这些股票在 1956～1980 年这 25 年间的历史资料,估计得有关先决变量——每种股票收益率的期望值和方差,以及不同股票收益率之间的协方差,如表 3.1 和表 3.2 所示。

表 3.1　10 种美国股票的收益率(1956～1980)　　(单位:%)

名　称	代　号	均　值	标　准　差
1. Allied Chemical	ACD	8.199	30.404
2. Dow Chemical	DOW	11.366	27.592
3. Union Carbide	UK	6.298	22.139
4. Clereland Electric Illunination	CVX	8.014	16.858
5. Commonwealth Edison	CWE	7.341	17.470
6. Florida Power and Light	FPL	10.703	24.691
7. Interlake	IL	11.465	26.329
8. Republic Steel	RS	6.780	28.009
9. US Steel	X	7.858	33.018
10. Burroughs	BGH	16.526	40.805

表 3.2　10 种美国股票的协方差矩阵(1956～1980)　　(单位:%)

	1 ACD	2 DOW	3 UK	4 CVX	5 CWE	6 PL	7 IK	8 RS	9 X	10 BGH
ACD	924.41	458.52	202.22	135.62	55.59	89.90	157.61	268.84	408.08	50.31
DOW	458.52	761.29	452.99	72.25	149.14	327.08	348.09	402.77	586.42	326.01
UK	202.22	452.99	490.11	109.09	141.58	306.35	419.95	378.05	508.22	27.77
CVX	135.62	72.25	109.09	284.17	222.86	222.90	194.88	230.61	254.91	39.42
CWE	55.59	149.14	141.58	222.86	305.19	332.63	139.08	194.32	288.68	24.13
FPL	89.9	327.08	306.35	222.9	332.63	609.63	166.95	338.95	488.11	124.88
IK	157.61	348.09	419.95	194.88	139.08	166.95	693.21	427.62	497.85	120.28
RS	268.84	402.77	378.05	230.61	194.32	338.955	427.62	784.5	716.8	385.32
X	408.08	586.42	508.22	254.91	288.68	488.11	497.85	716.8	1090.17	197.69
BGH	50.31	326.01	27.77	39.42	24.13	124.88	120.28	385.32	197.69	1665.02

我们的目标收益率 r 是取初值为 6.5%,终值为 16.5%,步长为 0.5%的 21 组数,所得的相应标准差及组合系数列于其后。为了加以比较,我们给出了可以卖短和不可以卖短两种解,分别整理成表 3.3 和表 3.4。

表 3.3 最优组合权数(允许卖短)

序号	r	标准差	ACD	DOW	UK	CVX	CWE	FPL	IK	RS	X	BGH
1	0.065	0.121966	0.121996	−0.131496	0.596329	0.266873	0.539667	−0.233686	−0.114214	−0.043407	−0.171766	0.144278
2	0.070	0.122360	0.122360	−0.109601	0.536912	0.273304	0.499420	−0.187882	−0.074021	−0.056688	−0.175585	0.146479
3	0.075	0.123252	0.147913	−0.087706	0.477494	0.279734	0.459173	−0.145078	−0.033828	−0.069970	−0.179405	0.148671
4	0.080	0.124656	0.148164	−0.065810	0.418076	0.286165	0.418926	−0.096274	0.006365	−0.083251	−0.183224	0.150863
5	0.085	0.126562	0.148415	−0.043915	0.358658	0.292596	0.378679	−0.050470	0.046558	−0.096532	−0.187004	0.153054
6	0.090	0.128938	0.148666	−0.022020	0.299241	0.299026	0.338433	−0.004666	0.086751	−0.109814	−0.190864	0.155246
7	0.095	0.131765	0.149917	−0.000125	0.239823	0.305457	0.298186	0.041138	0.126945	−0.123095	−0.194683	0.157438
8	0.100	0.135015	0.149168	0.021771	0.180405	0.311888	0.257939	0.086942	0.167138	−0.136376	−0.198503	0.159629
9	0.105	0.138658	0.149418	0.043666	0.120987	0.318318	0.217692	0.132746	0.207331	−0.149658	−0.202322	0.161821
10	0.110	0.142657	0.149669	0.065561	0.061570	0.324749	0.177445	0.178550	0.247524	−0.162939	−0.206142	0.164013
11	0.115	0.146993	0.149920	0..087457	0.002152	0.331180	0.137198	0.224353	0.287717	−0.176220	−0.209962	0.166204
12	0.120	0.151631	0.150171	0.109352	−0.057266	0.337610	0.096952	0.270157	0.327910	−0.189502	−0.213781	0.168396
13	0.125	0.156547	0.150422	0.131247	−0.116683	0.344041	0.056705	0.315961	0.368103	−0.202783	−0.217601	0.170588
14	0.130	0.161713	0.150672	0.153142	−0.176101	0.350472	0.164458	0.368103	0.408297	−0.216064	−0.221420	0.172780
15	0.135	0.167108	0.150923	0.175038	−0.231159	0.356902	−0.023789	0.408297	0.448490	−0.229346	−0.225420	0.174971
16	1.140	0.172708	0.151174	0.196933	−0.294936	0.36333	−0.064036	0.448290	0.488683	−0.242627	−0.229060	0.177163
17	0.145	0.178496	0.151425	0.218828	−0.354354	0.369764	−0.104282	0.488683	0.528876	−0.255908	−0.232879	0.179355
18	0.150	0.184456	0.151676	0.240723	−0.413772	0.376194	−0.144529	0.528876	0.569069	−0.269190	−0.236699	0.181546
19	0.155	0.190568	0.151926	0.262619	−0.473189	0.382625	−0.184776	0.569069	0.609262	−0.282471	−0.240518	0.183738
20	0.160	0.196820	0.152177	0.284514	−0.532607	0.389056	−0.225023	0.649455	0.649455	−0.295752	−0.244338	0.185930
21	0.165	0.203197	0.152428	0.306409	−0.592024	0.395486	−0.265269	0.689648	0.689648	−0.309034	−0.248157	0.188121

表 3.4 最优组合权数(不允许卖短)

序号	r	标准差	ACD	DOW	UK	CVX	CWE	FPL	IK	RS	X	BGH
1	0.065	0.193473	0.0	0.0	0.806326	0.0	0.193674	0.0	0.0	0.0	0.0	0.0
2	0.070	0.155332	0.048287	0.0	0.414082	0.073483	0.464148	0.0	0.0	0.0	0.0	0.0
3	0.075	0.144194	0.091067	0.0	0.263585	0.290416	0.337476	0.0	0.0	0.0	0.0	0.017456
4	0.080	0.140153	0.094313	0.0	0.224068	0.313106	0.303076	0.0	0.0	0.0	0.0	0.065440
5	0.085	0.139496	0.097560	0.0	0.184551	0.335796	0.268671	0.0	0.0	0.0	0.0	0.113423
6	0.090	0.141556	0.106101	0.0	0.114957	0.302413	0.282197	0.0	0.058127	0.0	0.0	0.135507
7	0.095	0.145017	0.109704	0.013306	0.038013	0.273904	0.295640	0.000775	0.119265	0.0	0.0	0.149393
8	0.100	0.1149365	0.107331	0.021318	0.0	0.275021	0.224852	0.57686	0.154140	0.0	0.0	0.159651
9	0.105	0.155097	0.103812	0.001442	0.0	0.275509	0.119201	0.127128	0.182230	0.0	0.0	0.180679
10	0.110	0.162228	0.100293	0.001565	0.0	0.275996	0.013550	0.196569	0.210320	0.0	0.0	0.201707
11	0.115	0.171915	0.092164	0.0	0.0	0.190659	0.0	0.237302	0.247749	0.0	0.0	0.232127
12	0.120	0.181452	0.083185	0.0	0.0	0.092854	0.0	0.273629	0.286426	0.0	0.0	0.263906
13	0.125	0.193546	0.071131	0.0	0.0	0.0	0.0	0.307188	0.324035	0.0	0.0	0.355717
14	0.130	0.208625	0.013836	0.0	0.0	0.0	0.0	0.288838	0.341608	0.0	0.0	0.436750
15	0.135	0.226387	0.0	0.0	0.0	0.0	0.0	0.230167	0.333083	0.0	0.0	0.524804
16	1.140	0.249175	0.0	0.0	0.0	0.0	0.0	0.15883	0.316363	0.0	0.0	0.612859
17	0.145	0.275429	0.0	0.0	0.0	0.0	0.0	0.097498	0.299463	0.0	0.0	0.700913
18	0.150	0.304253	0.0	0.0	0.0	0.0	0.0	0.016164	0.282923	0.0	0.0	0.797274
19	0.155	0.335519	0.0	0.0	0.0	0.0	0.0	0.0	0.202726	0.0	0.0	0.896069
20	0.160	0.369703	0.0	0.0	0.0	0.0	0.0	0.0	0.103931	0.0	0.0	0.896069
21	0.165	0.406105	0.0	0.0	0.0	0.0	0.0	0.0	0.005136	0.0	0.0	0.994864

2. 改进的二次规划算法

目前的二次规划算法均基于 Kuhn-Tucker 定理之上，但是在应用该定理之前，我们要尽可能地做些简化工作。

首先，为了防止字母混淆，我们假设有 n 种股票，把这 n 种股票期望收益率按从小到大排列而成 $ER_1, ER_2, \cdots, ER_n$，并记

$$\boldsymbol{A} = \begin{bmatrix} 1 & 1 & \cdots & 1 \\ ER_1 & ER_2 & \cdots & ER_n \end{bmatrix}, \quad \boldsymbol{b} = \begin{pmatrix} 1 \\ r \end{pmatrix}, \quad \boldsymbol{A} = (\boldsymbol{B} \quad \boldsymbol{N})$$

$$\boldsymbol{X} = (\boldsymbol{X}'_B, \boldsymbol{X}'_N), \quad \boldsymbol{\Sigma} = \begin{pmatrix} \boldsymbol{\Sigma}_{11} & \boldsymbol{\Sigma}_{12} \\ \boldsymbol{\Sigma}_{21} & \boldsymbol{\Sigma}_{22} \end{pmatrix}$$

其中 $\boldsymbol{B}$ 是二阶方阵，且非奇异；$\boldsymbol{\Sigma}_{21} = \boldsymbol{\Sigma}_{12}{}'$，$\boldsymbol{\Sigma}_{11}$ 是二阶方阵。

$$\boldsymbol{D} = \boldsymbol{N}'(\boldsymbol{B}^{-1})'\boldsymbol{\Sigma}_{11}\boldsymbol{B}^{-1}\boldsymbol{N} - \boldsymbol{\Sigma}_{21}\boldsymbol{B}^{-1}\boldsymbol{N} - \boldsymbol{N}'(\boldsymbol{B}^{-1})'\boldsymbol{\Sigma}_{12} + \boldsymbol{\Sigma}_{22} \tag{3.32}$$

$$\boldsymbol{G} = \boldsymbol{\Sigma}_{21}\boldsymbol{B}^{-1} - \boldsymbol{N}'\boldsymbol{B}^{-1}\boldsymbol{\Sigma}_{11}\boldsymbol{B}^{-1} \tag{3.33}$$

$$\boldsymbol{C} = \frac{1}{2}b'\boldsymbol{B}^{-1}\boldsymbol{\Sigma}_{11}\boldsymbol{B}^{-1}b \tag{3.34}$$

下面我们给出该种方法的算法：

① 令

$$\boldsymbol{X}_n = 0, \quad \boldsymbol{\mu} = \boldsymbol{G}\begin{pmatrix} 1 \\ r \end{pmatrix} = (\mu_3, \mu_4, \cdots, \mu_n)$$

由

$$\begin{cases} \boldsymbol{G}(1, r)' \geqslant 0 \\ \boldsymbol{B}^{-1}(1, r)' \geqslant 0 \end{cases}$$

解得 r 的范围，得到 r 的边界。

② 在 r 的边界上，设 $\boldsymbol{\mu}$ 的某个分量 $\mu_j = 0$，则令 $\boldsymbol{\mu}$ 中除分量 μ_j 外均不为 0，$\boldsymbol{X}_N$ 中除分量 x_j 外均不为 0，由

$$\begin{cases} \boldsymbol{\mu} = \boldsymbol{D}\boldsymbol{X}_N + \boldsymbol{G}(1, r)' \\ \boldsymbol{X}_B = \boldsymbol{B}^{-1}(1, r)' \end{cases}$$

解出 x_j，$\boldsymbol{\mu}$ 和 $\boldsymbol{X}_B$。

③ 由

$$\begin{cases} x_j \geqslant 0 \\ \boldsymbol{\mu} \geqslant 0 \\ \boldsymbol{X}_B \geqslant 0 \end{cases}$$

解得 r 的范围，得到 r 的边界。

④ 检验 r 的取值范围是否到达$[ER_1, ER_n]$的边界，如果到达，则进入⑥；如果没有到达，则进入下一步。

⑤ 如果无论怎样选取 $\boldsymbol{X_B}$ 都未能使 r 达到边界，则宣布算法失败；否则在 r 的边界上，设 $\boldsymbol{X_B}$ 的分量 $x_R = 0$，则让 x_R 离开 $\boldsymbol{X_B}$，重新选一个 $\boldsymbol{X_N}$ 中的分量进入 $\boldsymbol{X_B}$，同时 x_R 进入 $\boldsymbol{X_N}$，相应的 $\boldsymbol{B}, \boldsymbol{N}, \boldsymbol{\Sigma}_{11}, \boldsymbol{\Sigma}_{12}, \boldsymbol{\Sigma}_{21}$ 与 $\boldsymbol{\Sigma}_{22}$ 均要做调整，计算出新的 $\boldsymbol{D}, \boldsymbol{G}, \boldsymbol{C}$，进入①。

⑥ 这时的 $\boldsymbol{X} = (\boldsymbol{X_B}', \boldsymbol{X_N}')'$，即为所求之非负的系数向量。

还是以上例为例，显然 $r \in [0.005, 0.15]$，我们经过如上计算，得到非负的组合系数向量：

a. 当 $0.05 \leqslant r \leqslant 0.07$ 时，$\boldsymbol{X} = (2 - 20r, 20r - 1.0)'$；

b. 当 $0.07 \leqslant r \leqslant 0.12$ 时，$\boldsymbol{X} = (1.44 - 12r, 4r + 0.12, 8r - 0.56)'$；

c. 当 $0.12 \leqslant r \leqslant 0.15$ 时，$\boldsymbol{X} = 0, 3 - 20r, 20r - 2)'$。

注意：当 $0.07 \leqslant r \leqslant 0.12$ 时，模型式(3.31)与式(3.16)同解。

第五节　含无风险资产的有效集

以上我们讨论了 N 个风险资产(股票)的有效集模型，但在实际生活中还存在无风险投资，如个体投资者向银行存款或购买政府债券。事实上从广义的角度来说，组合投资理论的倡导者们提倡应当把那些风险型资产(股票)和无风险资产(如存款和政府债券)组合起来进行投资。

现在我们仍然假定有 N 种股票，其收益率 R 的期望为 ER，协方差为 $\boldsymbol{\Sigma}$，但现在投资者还有一个无风险投资机会 I，其收益率为常数 i。注意到它对整个组合的风险没有影响。同样设向 N 种股票投资的组合系数为

$$\boldsymbol{X} = (x_1, x_2, \cdots, x_N)'$$

则向 I 投资的比例即为 $1 - \boldsymbol{i}'\boldsymbol{X}$，于是我们得到如下的含无风险资产的有效集模型：

$$\begin{aligned} &\min \boldsymbol{X}'\boldsymbol{\Sigma}\boldsymbol{X} \\ &\text{s.t. } (ER)'\boldsymbol{X} + (1 - \boldsymbol{i}'\boldsymbol{X})l = r \end{aligned} \tag{3.35}$$

这里的 r 仍是目标收益率，但 $\boldsymbol{i}'\boldsymbol{X} \neq 1$。

我们可仿前同样来解该模型，先将式(3.35)改写成

$$[(ER)' - li']\boldsymbol{X} = r - l \tag{3.36}$$

于是将 λ 和 X 的 Lagrange 函数写成：

$$L(\boldsymbol{X},\lambda) = \boldsymbol{X}'\boldsymbol{\Sigma}\boldsymbol{X} - 2\lambda\{[(ER)' - li']\boldsymbol{X} - (r - l)\} \tag{3.37}$$

令

$$\frac{\partial L(\boldsymbol{X},\lambda)}{\partial \boldsymbol{X}} = 2\boldsymbol{\Sigma}\boldsymbol{X} - 2\lambda(ER - l\boldsymbol{i}) = 0 \tag{3.38}$$

$$\frac{\partial L(\boldsymbol{X},\lambda)}{\partial \lambda} = -2\{[(ER)' - li']\boldsymbol{X} - (r - L)\} = 0 \tag{3.39}$$

分别得到

$$\boldsymbol{X} = \lambda\boldsymbol{\Sigma}^{-1}(ER - l\boldsymbol{i}) \tag{3.40}$$

$$(ER - l\boldsymbol{i})'\boldsymbol{X} = r - l \tag{3.41}$$

将式(3.40)代入式(3.41)，得

$$\lambda(ER - l\boldsymbol{i})'\boldsymbol{\Sigma}^{-1}(ER - l\boldsymbol{i}) = r - l$$

注意到 $(ER - l\boldsymbol{i})'\boldsymbol{\Sigma}^{-1}(ER - l\boldsymbol{i})$ 是标量，则得

$$\lambda = \frac{r - l}{(ER - l\boldsymbol{i})'\boldsymbol{\Sigma}^{-1}(ER - l\boldsymbol{i})}$$

即

$$\boldsymbol{X} = \frac{(r - l)\boldsymbol{\Sigma}^{-1}(ER - l\boldsymbol{i})}{(ER - l\boldsymbol{i})'\boldsymbol{\Sigma}^{-1}(ER - l\boldsymbol{i})}$$

如果援引第一节的有关符号：

$$ER'\boldsymbol{\Sigma}^{-1}ER = a, \quad ER'\boldsymbol{\Sigma}^{-1}\boldsymbol{i} = b, \quad \boldsymbol{i}'\boldsymbol{\Sigma}^{-1}\boldsymbol{i} = c$$

则得

$$\boldsymbol{X} = \frac{r - l}{a - 2bl + l^2c}\boldsymbol{\Sigma}^{-1}(ER - l\boldsymbol{i})$$

于是得到此种情况下的最小方差

$$\sigma^2 = \boldsymbol{X}'\boldsymbol{\Sigma}\boldsymbol{X} = \frac{(r - l)^2}{a - 2bl + l^2c} \tag{3.42}$$

式(3.42)我们也可以从另一个途径得到。对于本问题的求解，我们可如图 3.8 所示分阶段来求解。首先求 n 个风险资产的有效集。我们如前得到它的有效边界，然后将无风险投资 I 同该有效集进行组合，得到的最终有效边界如第一章所述，在 σ-r 坐标

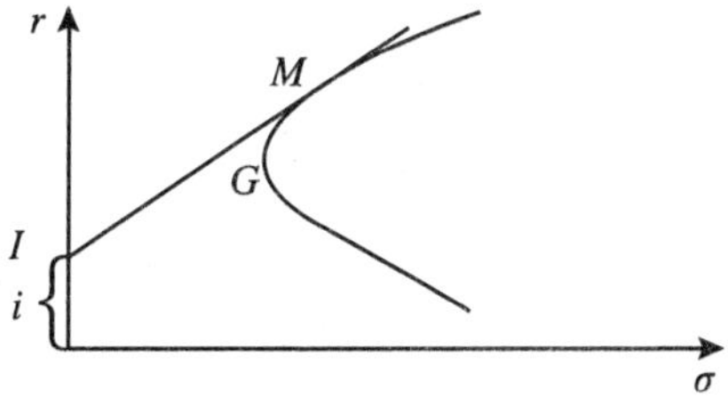

图 3.8

系下，任一无风险投资和风险投资的组合收益率的期望和标准差呈线性关系。于是过点 I 和 G 上和有效边界任何一点均可连成一条直线，显然最左边的一条，即过点 I 的风险资产组合的有效集的切线为最优。它就是最终的有效边界，应用解析几何的知识不难证明。这个有效边界的方程就是式(3.42)，读者可自行证明，这里不作赘述。

我们还可以把无风险资产扩展到两个。比如以银行存款来表示无风险投资活动，我们知道存贷款利率通常是银行确定的，在一定时间内是不变的，设贷款利率是 i_B，存款利率是 i_L，那么一定有

$$i_B > i_L$$

否则银行没有利润。

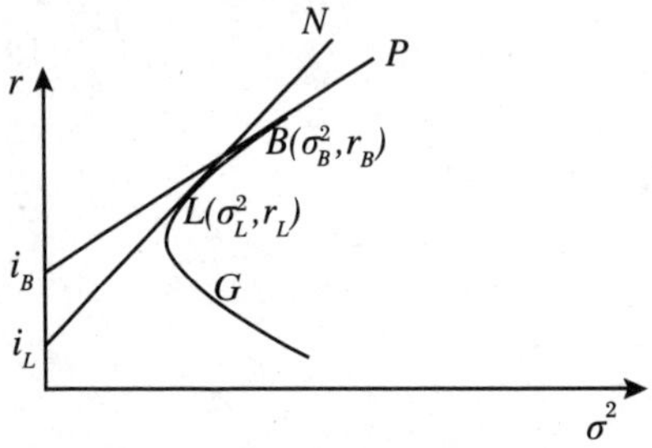

图 3.9

再设原来的 N 种股票的最小方差集上侧部分如图 3.9 中 G, L, B 所示。在 r 轴上自 i_L 点出发作最小方差集上侧部分的切线 LN，交其于 L 点，再自 i_B 点出发作其切线 BP，交其于 B 点。这样新的有效组合的集合就由三部分组成：第一部分是线段 $i_L L$，它表示投资者既向银行存款，又向投资组合 L 进行投资；第二部分是曲线 LB 段，它表示投资者既不贷款，也不存款，只向风险性证券组合的有效组合进行投资；第三部分是自 B 点出发的切线 BP，它表示投资者以利率 i_B 向银行贷款，再与自己的资本一起投放到组合 B 中。这样我们得含无风险投资的有效边界为

$$\sigma^2 = \begin{cases} 0, & r \leqslant i_L \\ \left(\dfrac{r - i_L}{r_L - i_L}\right)^2 \sigma^2, & i_L < r \leqslant r_L \\ \dfrac{a - 2br + cr^2}{ac - b^2}, & r_L \leqslant r < r_B \\ \left(\dfrac{r - i_B}{r_B - i_B}\right)^2, & r \geqslant r_B \end{cases}$$

其中 L 和 B 的坐标由下式给出：

$$r_K = \frac{a - bi}{b - ci}$$

$$\sigma_K^2 = \frac{1}{ac - b^2}(a - 2br_K + cr_K^2), \quad K = L, B$$

如果我们假设存贷款利率一样，那么图 3.9 中 i_L 和 i_B，L 点和 B 点重合。如

果我们再用 σ 作横轴，则得到新的有效组合的集合，如图 3.10 所示。我们通常称它为资本市场线，显然它的方程为

$$r = i + \frac{r_M - i}{\sigma_M}\sigma$$

这里还需要指出的是，图 3.10 中的 M 点表示的组合就是我们在第一节中所指的市场证券组合。它是基于市场上所有的具有相同收益——风险投资权衡关系的投资者的选择总和而成，或者说投资者所持的风险证券的组合系数均一样，当然市场证券组合也是有效组合。

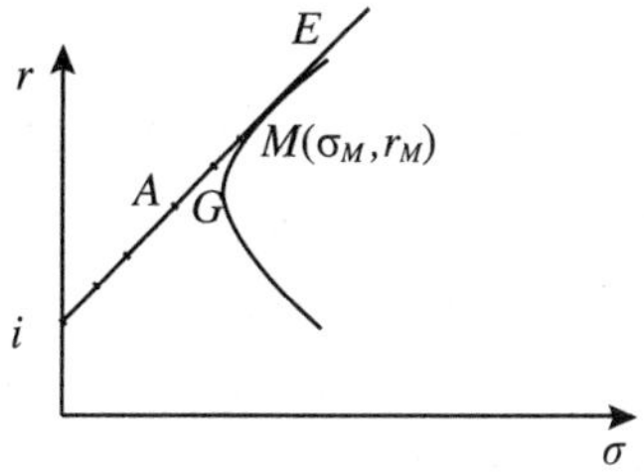

图 3.10

证券市场线的另一个妙用，在于它说明每一个投资者只向两种机会同时投资——无风险投资和市场证券组合，而不关注他的风险厌恶程度。例如，若一个投资者对风险非常厌恶，他可以存款多一点，向市场证券投资少一点(但不改变组合系数)，亦即 A 点沿直线向左下方移动。如果一个投资者对风险厌恶程度比较小，那么他就向市场证券组合多投资一点，存款少一点，相应地 A 点向右上方移动。特别地，他可能为了高的收益，而以利率 I 向银行借款，再连同自己的资本向 M 点投资，这个组合如图 3.10 中 E 点所示。

参考文献

[1] Sharpe W F. A linear programming approximation for the general portfolio analysis problem[J]. Journal of Financial and Quantitative Analysis, 1971, 6(5): 1263-1275.

[2] Ohlson J A. Quadratic approximations of the portfolio selection problem when the means and variances of returns are infinite[J]. Management Science, 1977, 23(6): 576-584.

[3] Buser S A. Mean-variance portfolio selection with either a singular or nonsingular variance-covariance matrix[J]. Journal of Financial and Quantitative Analysis, 1977, 12(3): 347-361.

[4] Gonzales N, Litzenberger R, Rolfo J. On mean variance models of capital structure and the absurdity of their predictions[J]. Journal of Financial and Quantitative Analysis, 1977, 12(2): 165-179.

[5] Brito N O. Portfolio selection in an economy with marketability and short sales restrictions[J]. The Journal of Finance, 1978, 33(2): 589-601.

[6] Pang J S. A new and efficient algorithm for a class of portfolio selection problems[J]. Operations Research，1980，28(3. Part-II)：754-767.

[7] Greene M T，Fielitz B D. Long-term dependence and least squares regression in investment analysis [J]. Management Science，1980，26(10)：1031-1038.

[8] Frankfurter G M，Phillips H E. Portfolio selection：an analytic approach for selecting securities from a large universe[J]. Journal of Financial and Quantitative Analysis，1980，15(2)：357-377.

[9] Carpenter M D，Henderson G V. Estimation Procedure and Stability of the Market Model Parameters[J]. Review of Business and Economic Research，1981，Fall.

[10] Grauer R R，Hakansson N H. Higher return，lower risk：Historical returns on long-run，actively managed portfolios of stocks，bonds and bills，1936-1978[J]. Financial Analysts Journal，1982：39-53.

第四章　资本资产定价模型

资本资产定价模型(Capital Asset Pricing Model，简记 CAPM)是 Sharpe 和 Lintner 在 1964 年前后提出来的。顾名思义，这个模型主要是用来阐述证券的风险价格及其均衡价格形成机理的。但是，由于其简洁的数学描述和缜密的逻辑推断，使得该模型在实际生活和理论分析中均受到广泛应用，Sharpe 本人也因此获得 1990 年的诺贝尔经济学奖。

必须指出的是，Sharpe 本人当初在建立这个模型时，曾经设想了一些重要的假想条件，或者说该模型是建立在这些假想条件之上的。然而，当今天我们再来评价这个模型时，就会发现，即使这些假想条件不成立，资本资产定价模型的基本理论还是正确的。几十年来，无论是理论阐述，还是实际数据的验证，该模型的解释与人们在证券市场所观察到的结果基本是一致的。

本章分五节来阐述资本资产定价模型及其相关内容。首先，我们给出在严格的假想条件基础上导出的 CAPM 模型；其次，介绍 CAPM 模型的应用价值；再次，对 CAPM 模型进行实证验证，在放宽上述假定条件对模型进行分析时，对 CAPM 模型进行推广；最后，在此基础上给出套利模型。

第一节　CAPM 模型及其条件

我们在第三章第五节中曾指出，如果存在 N 种具有风险的证券和一项无风险的证券投资机会，那么其有效组合均在直线 i_m 上。显然，所有投资者均在该直线上选择投资，这条直线称为资本市场线，不难看出它的方程为

$$ER_p = i + \frac{ER_m - i}{\sigma_m}\sigma(R_p) \tag{4.1}$$

显然,这条直线反映的是收益和风险的均衡关系,它分为两个部分:第一部分为截距,反映了投资资金的时间价值,即投资者延迟消费所得的对每单位时间的补偿。第二部分为投资所得的风险补偿,如果投资者每多冒一个标准差的风险,则他应该多得到一个相应的风险补偿$\frac{ER_m - i}{\sigma_m}$。如果他害怕风险,则他所得的风险报酬也少。

为了导出资本资产定价模型,在上述的基础上,我们还要假定下列条件成立:

① 证券市场包含许多的买者和卖者,他们中的任何一个人的买卖行为均不能影响市场上的价格,而且他们均有平等的投资机会;

② 没有交易费用和手续费;

③ 所有投资者都不需要任何费用即可得到所有的投资机会的信息,因此他们对所有投资机会的期望收益率和方差(协方差)均有相同的估计;

④ 在相应的范围内,所有投资者均能借或贷到任何数额的资金,而且还不影响利率,同时对所有投资者来说,借款利率等于贷款利率;

⑤ 对所有投资者来说,他们具有相同的投资期望。

上述条件说明,我们所假定的市场是个完全市场(Perfect Market)。在现实生活中,完全市场是不存在的,我们在第五节中将逐步放宽这些条件。

我们还是回到上面的资本市场线的讨论中去。我们知道,投资者总是选择资本市场线上的点进行投资。当点在 i,M 之间时,表示投资者既以 i 为利率贷出资金,又向 M 点所代表的组合进行投资;当点在 M 点的右上方时,则表示投资者以 i 为利率借进资金,再连同原有的资金一起向 M 点所代表的组合进行投资。一句话,所有投资者均是以不同的比例向 i,M 进行投资的。但是由于 M 点表示的是含有 N 种证券所形成的组合,故所有投资者向这 N 种证券投资的系数向量均是一样的,即如果 X_{ij} 表示的是第 j 个投资者向第 i 种证券投资的份额,那么在 M 点则有

$$(X_{11}, X_{21}, \cdots, X_{N1}) = (X_{12}, X_{22}, \cdots, X_{N2}) = (X_{13}, X_{23}, \cdots, X_{N3}) = \cdots$$

鉴于这样的事实,我们把 M 点所代表的组合称为市场证券组合,它的期望收益率和方差用下式表示:

$$ER_m = \sum_{j=1}^{N} X_j ER_j$$

$$\sigma_m^2 = \sum_{j=1}^{N}\sum_{k=1}^{N} X_j X_k \sigma_{jk}$$

我们在前面说过，在实际应用中上述数据是用一些大的股票价格指数来表示的。

根据上面的完全市场假设，对同一种证券的收益率的期望和方差，所有投资者均有相同的估计，或者说任一证券的收益率并不因人而异，而只取决于它自身的风险和市场，取决于它和市场的关系，描述这种证券的期望收益率与其风险（绝不仅仅是自身的风险）之间关系的方程就称为资本资产定价模型。下面我们来导出这个模型。

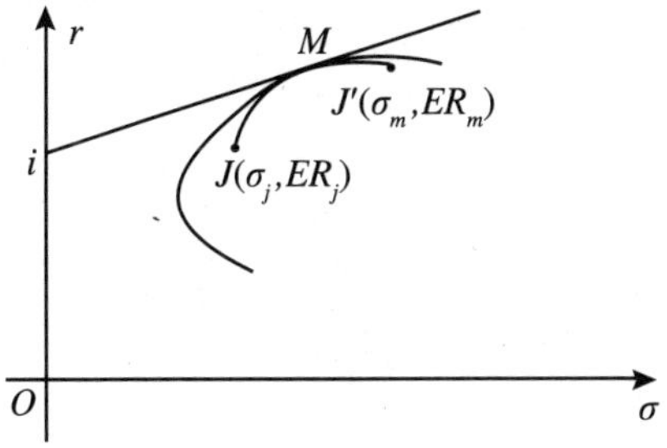

图 4.1

如图 4.1 所示，其双曲线是原 N 种风险证券组合的最小方差集，iM 与它相切，根据前面的叙述，$N+1$ 种"证券"的有效组合均在直线 iM 上，M 点的坐标为 (σ_m, ER_m)，无风险投资的利率为 i。

设任一证券 J，其坐标为 (σ_j, ER_j)，由于我们推导的是一般证券的期望收益率与其风险的关系，所以对 J 的选择应不失一般性，即它不一定是有效集组合。如图 4.1所示，所选择的 J 肯定不是有效组合。

现在让证券 J 和市场证券组合进行组合，那么其组合线除了 M 点以外，其他均在双曲线右内侧，也就是组合线 $\overset{\frown}{JMJ'}$ 和该双曲线相切于 M 点，因而也和资本市场线 iM 相切于 M 点，显然 $\overset{\frown}{JM}$ 段表示向 J 和 M 均进行投资——买多，而 $\overset{\frown}{MJ'}$ 段则表示卖空证券 J，所得的资金和原资金一起向 M 进行投资。

设证券 J 和市场证券组合 M 分别以 x_j 和 $1-x_j$ 的比例形成组合 P，那么根据第三章的内容，分别得到该组合的期望收益率 ER_p 和标准差 $\sigma(R_p)$ 为

$$ER_p = x_j ER_j + (1-x_j) ER_m$$

$$\sigma^2(R_p) = x_j^2\sigma_j^2 + (1-x_j)^2\sigma_m^2 + 2x_j(1-x_j)\sigma_{jm}$$

这可以看作是一个以 x_j 为参数的参数方程。

由于我们的目的是建立 ER_j 和 σ_j 的关系，所以要充分利用已知条件，先求 ER_p 在 M 点的导数，故有

$$\frac{\mathrm{d}ER_p}{\mathrm{d}x_j} = ER_j - ER_m$$

$$\frac{\mathrm{d}\sigma(R_p)}{\mathrm{d}x_j} = \frac{1}{2\sigma(R_p)}\left[2x_j\sigma_j^2 - 2(1-x_j)\sigma_m^2 + 2(1-2x_j)\sigma_{jm}\right]$$

但是，在 M 点处，$x_j=0$，$\sigma(R_p)=\sigma(R_m)$，则有

$$\frac{\mathrm{d}ER_p}{\mathrm{d}x_j}\bigg|_{x_j=0} = ER_j - ER_m$$

$$\frac{\mathrm{d}\sigma(R_p)}{\mathrm{d}x_j}\Big|_{x_j=0} = \frac{1}{2\sigma_m}(2\sigma_{jm} - 2\sigma_m^2) = \frac{\sigma_{jm} - \sigma_m^2}{\sigma_m}$$

于是

$$\frac{\mathrm{d}ER_p}{\mathrm{d}\sigma(R_p)}\Big|_m = \frac{\sigma_m}{\sigma_{jm} - \sigma_m^2}(ER_j - ER_m)$$

注意到 ER_p 在 M 点的导数应等于在 M 点和该组合线相切的切线的斜率,也就是等于资本市场线的斜率,因而得

$$\frac{\sigma_m}{\sigma_{jm} - \sigma_m^2}(ER_j - ER_m) = \frac{ER_m - i}{\sigma_m}$$

整理得

$$ER_j = i + (ER_m - i)\frac{\sigma_{jm}}{\sigma_m^2} \tag{4.2}$$

我们在前面曾定义 $\beta_j = \frac{\sigma_{jm}}{\sigma_m^2}$,则上式可写成

$$ER_j = i + (ER_m - i)\beta_j \tag{4.3}$$

这就是我们所要推出的资本资产定价模型。

从式(4.3)可以看出,任一证券的期望收益率均可分为两部分,一部分是无风险利率 i,另一部分是由于风险存在而增加的利率补偿 $(ER_m - i)\beta_j$。风险越大,则第二部分也越大,亦即对该股票的收益率就越大,这是与我们生活常理相符合的。

这里有必要对 β_j 多介绍几句,从式(4.3)我们显然看到,β_j 实际上已成为证券风险大小的衡量标志,因为 ER_m 和 i 是给定的。事实上,如果 $\beta_j>1$,则有

$$ER_j = i + (ER_m - i)\beta_j > i + (ER_m - i) = ER_m$$

我们在前一章曾定义市场证券组合的 β 系数为1。如果 $\beta_j>1$,则说明证券 J 的风险大于市场证券组合的风险,因而 ER_j 当然应该大于市场证券组合收益率的期望值 ER_m;反之若 $\beta_j<1$,同样得到 $ER_j<ER_m$,其道理不言自明。

对式(4.2)我们还可以深究一下,其结果是很有趣的。我们知道

$$\beta_j = \frac{\sigma_{jm}}{\sigma_m^2} = \frac{\rho_{jm}\sigma_j}{\sigma_m}, \quad \sigma_{jm} = \sigma_j\sigma_m\rho_{jm}$$

于是式(4.2)可改写成

$$ER_j = i + \frac{ER_m - i}{\sigma_m}\sigma_j\rho_{jm} \tag{4.4}$$

对式(4.4)右侧第二项风险补偿部分,可以做这样的解释:由于整个市场存在风险,那么对它给予的风险补偿应是 $ER_m - i$。注意到市场风险大小是用 σ_m 来表

征的，于是$\frac{ER_m - i}{\sigma_m}$就可理解为“平均单位市场风险”给予的补偿。现在证券J的风险为σ_j，将它“折算”为市场风险，则其折算值为$\sigma_j \rho_{jm}$，将“平均单位市场风险”$\frac{ER_m - i}{\sigma_m}$与证券$J$的市场风险$\sigma_j\rho_{jm}$相乘，其乘积$\frac{ER_m - i}{\sigma_m}\sigma_j\rho_{jm}$当然就是证券$J$的风险补偿了。

利用式(4.3)，我们可以对任一证券的收益率作出估计(期望)，这里的关键是要先估计出β。通常的做法是，假定证券市场是平稳、有序地向前发展，那么我们可以利用历史数据(R_{mt}，R_{jt})来做回归，从而得出β的估计值。基于同样的道理，我们用$\overline{R_m}$来代替ER_m，这样就可以得到ER_j。

下面我们来举个例子说明一下。某地有一家股份有限公司，在过去的10年内平均无风险利率$i = 5\%$，其普通股收益率和相应的市场证券组合收益率如表4.1所示。

表4.1　某公司10年内普通股收益率和相应的市场证券组合收益率

年　份	R_t	R_{mt}
1	0.14	0.12
2	0.12	0.09
3	0.11	0.08
4	0.12	0.11
5	0.11	0.10
6	0.14	0.13
7	0.15	0.14
8	0.18	0.17
9	0.10	0.05
10	0.10	0.06

根据前面所述，我们先求得

$$ER_m = \overline{R_m} = 10.5\%$$

$$\beta = \frac{\hat{\sigma}_{im}}{\hat{\sigma}_m^{\ 2}} = 0.657$$

于是根据式(4.3)得该股票的期望收益率为

$$ER_j = 0.05 + (0.105 - 0.05) \times 0.657 = 8.6\%$$

第二节 CAPM 模型的另一种推导方法

上一节我们按 Sharpe 的方法导出了 CAPM 模型，本节我们按照 Lintner 的方法来导出 CAPM 模型。事实上，Lintner 和 Sharpe 是彼此独立地导出 CAPM 模型的，我们给出 Lintner 的方法，是基于二者思路不一样，这样可以开阔我们的视野。

按照 Lintner 的方法，欲要对证券的风险定价，则我们必须要首先确定出最优组合 M 中各个证券 j 的系数 x_j，然后才能完成定价，即风险和收益的补偿关系。

设单位投资的收益的期望值为 ER_p，标准差为 σ_p，这里 p 是风险股票的组合。那么根据前述有

$$ER_p = \sum_{j=1}^{N} x_j ER_j$$

$$\sigma_p = \sqrt{\sum_j \sum_k x_j \sigma_{jk} x_k}$$

这里：x_i——向股票 i 投资的比例；

N——风险股票的种数；

σ_j^2——向股票 j 单位投资收益的方差；

ER_j——向股票 j 单位投资收益的期望；

σ_{jk}——证券 j 和证券 k 收益之间的协方差。

这里要注意的是，单位投资的收益即是收益率，我们这样说是基于后面的总量收益率的原因。另外这个组合未必是最优风险组合，因为上面的公式是一般的公式。还需说明的是，这里一般 $\sum_j x_j \neq 1$，因为这个组合仅仅是风险组合，事实上不存在无风险组合。如果设向无风险证券投资的比例系数为 x_r，那么才有 $\sum_j x_j + x_r = 1$；如果投资者借钱向组合 P 投资，那么 $x_r < 0$，$\sum_j x_j > 1$；如果投资者在向组合 P 投资的同时还储蓄，那么 $x_r > 0$，$\sum_j x_j < 1$；如果投资者既不借钱也不存款，只向风险组合 P 投资，这时才有 $\sum_j x_j = 1$。

如果我们以 σ 为横轴、r 为纵轴，且假定无风险投资利率为 i，那么就可以在

σ-r 坐标系中标出这个无风险投资和风险投资组合 P，如图 4.2 所示。

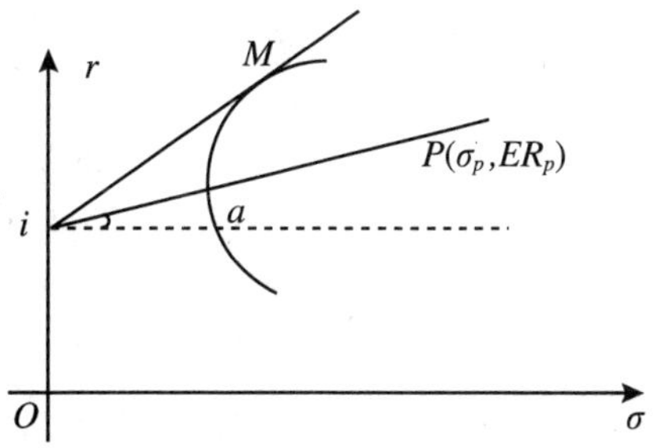

图 4.2

由于 i 是无风险投资，故直线 iP 就是上一章第二节中所讨论的投资组合线，直线 iP 上任意一点均是投资者的一个组合，注意到 i 是一个固定点，那么投资者所面临的决策问题，就是如何保证在收益率水平一定的条件下，使他得到的收益的标准差最小。从几何上反映，应该选择使 iP 与 σ 轴之间的夹角 α 最大的 $x_j(j=1,\cdots,N)$，就是使得下式最大的 x_j：

$$\tan\alpha = \frac{ER_p - i}{\sigma_p} = \frac{\sum_{j=1}^{N} x_j ER_j - i}{\sqrt{\sum_j \sum_k x_j \sigma_{jk} x_k}}$$

把它写成我们熟悉的模型，即

$$\min \sigma_p = \sqrt{\sum_j \sum_k x_j \sigma_{jk} x_k}$$

$$\text{s.t. } ER_p = \sum_{j=1}^{N} x_j ER_j + (1 - \sum_{j=1}^{N} x_j) i \tag{4.5}$$

注意此时的 P 是 $N+1$ 种证券的组合，它是 iP 上任一点，于是作 Lagrange 函数：

$$L = \sigma_p + \lambda\left[ER_p - \sum_{j=1}^{N} x_j ER_j - (1 - \sum_{j=1}^{N} x_j) i\right]$$

这里 λ 是 Lagrange 乘子，于是分别让 L 对 $x_j(j=1,2,\cdots,N)$ 和 λ 求偏导，并使其等于零，得

$$\frac{\partial L}{\partial x_1} = \frac{1}{\sigma_p}\left(\sum_{j=1}^{N} x_j \sigma_{1j}\right) - \lambda(ER_1 - i) = 0$$

$$\frac{\partial L}{\partial x_2} = \frac{1}{\sigma_p}\left(\sum_{j=1}^{N} x_j \sigma_{2j}\right) - \lambda(ER_2 - i) = 0$$

$$\cdots$$

$$\frac{\partial L}{\partial x_j} = \frac{1}{\sigma_p}\left(\sum_{k=1}^{N} x_k \sigma_{jk}\right) - \lambda(ER_j - i) = 0 \tag{4.6}$$

$$\cdots$$

$$\frac{\partial L}{\partial x_N} = \frac{1}{\sigma_p}\left(\sum_{j=1}^{N} x_j \sigma_{Nj}\right) - \lambda(ER_N - i) = 0$$

$$\frac{\partial L}{\partial \lambda} = ER_p - \sum_{j=1}^{N} x_j ER_j - (1 - \sum_{j=1}^{N} x_j) i = 0$$

对于上面 $N+1$ 个等式中的前 N 个等式，令第 k 个等式两边乘以 $x_k(k=1,2,\cdots,N)$，然后使这 N 个等式两边均相加，得

$$\frac{1}{\sigma_p}(x_1 \sum_{j=1}^{N} x_j \sigma_{1j} + x_2 \sum_{j=1}^{N} x_j \sigma_{2j} + \cdots + x_N \sum_{j=1}^{N} x_j \sigma_{Nj})$$
$$- \lambda[x_1(ER_1 - i) + x_2(ER_2 - i) + \cdots + x_N(ER_N - i)] = 0$$

即

$$\frac{1}{\sigma_p}(\sum_{k=1}^{N} \sum_{j=1}^{N} x_j x_k \sigma_{jk}) - \lambda(\sum_{j=1}^{N} x_j ER_j - \sum_{j=1}^{N} x_j i) = 0$$

则得

$$\sigma_p = \lambda\left[\sum_{j=1}^{N} x_j ER_j + (1 - \sum_{j=1}^{N} x_j) i - i\right] = \lambda(ER_p - i)$$

因此

$$\frac{1}{\lambda} = \frac{ER_p - i}{\sigma_p} \tag{4.7}$$

这样根据式(4.6)解得的各个 x_i 所形成的组合 P 是有效组合，必须满足式(4.7)。总之，有效组合必须满足式(4.7)，于是对市场证券组合 $M(\sigma_m, ER_m)$，由于假定它是有效的，故它必须满足上式，即

$$\frac{1}{\lambda} = \frac{ER_m - i}{\sigma_m}$$

$\frac{1}{\lambda}$ 就是所谓的单位风险的价格，或者说当组合增加一个标准差的风险，收益率就必须增加 $\frac{1}{\lambda}$。考察式(4.6)中的第 j 个等式($j<N+1$)，取 $P=m$，则得

$$ER_j = i + \frac{1}{\lambda\sigma_m}(\sum_{k=1}^{N} x_j \sigma_{kj}) = i + \frac{ER_m - i}{\sigma_m^2}\sigma_{jm}$$

与上节类似定义

$$\beta_j = \frac{\sigma_{jm}}{\sigma_m^2}$$

则得 CAPM：

$$ER_j = i + (ER_m - i)\beta_j$$

这就是根据 Lintner 方法导出的 CAPM 模型。如果我们把式(4.6)写成

$$\frac{1}{\lambda}\frac{\partial \sigma_m}{\partial x_j} = ER_j - i$$

则

$$ER_j = i + \frac{1}{\lambda}\frac{\partial \sigma_m}{\partial x_j} \tag{4.8}$$

而这里的$\frac{\partial \sigma_m}{\partial x_j}$表示的是证券$J$对市场证券组合风险$\sigma_m$的边际贡献。而$\frac{1}{\lambda}$是单位投资的风险价格，我们得到和前面一样的结论。任一证券的收益率在平衡时均可分为两部分——无风险投资收益率i和风险报酬$\frac{1}{\lambda}\frac{\partial \sigma_m}{\partial x_j}$，前者体现了证券的时间价值，后者体现了风险价值。

第三节　CAPM 模型的应用

由于资本资产定价模型具有深刻的经济含义和简洁的数学形式，所以无论对于投资理论研究，还是在实际的金融业务中，它都有着广泛的应用。本节我们将择其主要的应用方面来作一番介绍。

1. 确定资本结构对企业基准收益率的影响

在企业金融中，人们往往对企业投放出去的资金有一个最低的收益率要求，就是所谓的企业基准收益率。人们在确定一个企业的基准收益率时，往往是从企业的资金来源方面考虑的，即为了保证企业不至于入不敷出，通常是以筹集资金的代价——综合资本费用，来作为企业的基准收益率的。但是，一般来说，企业的资金来源主要有二：一是自有资金（主要是发行股票得到的资金），二是债。对于前者计算其费用，即按 CAPM 模型来计算；对于后者，主要根据借债的利率和所得税来导出其费用。然后根据二者在总的资金来源中所占比重，把二者的费用加权相加，即得到综合资本费用——企业的基准收益率。

鉴于上述原因，在确定企业的基准收益率时，我们总是以对自有资金收益率的期望（即公司的普通股的期望收益率）来作为自有资金费用，而根据前两节的内容知，J公司的自有资金收益率R_j是根据 CAPM 模型——乃至根据其β_j来确定的。

但是，根据多年研究，人们发现，上述的β_j不但与自身和市场情况有关，而且还与该企业内的资金结构——负债和自有资金的比率$\frac{D}{S}$有关。也就是说，一个企业的自有资金费用与该企业的资金结构有关，这里就要给出这种关系的数学模型。

首先说明一下，我们的研究是基于股份公司的基础上的，且这种股份公司的资金来源是发行普通股和债券。那么前者是股本，是自有资金，后者是债。

假定有一个企业，原来其资金都是自有资金，债为 0。我们用 S_A 表示原来该企业的股本在市场均衡时的值，ES_A 表示该股本在一个时期后的期望值，$E(\text{div})$ 表示这个时期派发的期望股息，τ 表示公司税率，EX_A 表示期望盈利。但这个盈利没有扣除利息和税金，于是我们有

$$E[X_A(1-\tau)] = E(\text{div}) + ES_A - S_A$$

$$ER_A = \frac{E[X_A(1-\tau)]}{S_A} = \frac{E(\text{div}) + ES_A - S_A}{S_A} \tag{4.9}$$

这就是该企业股东的必需收益率，也就是该企业的自有资金费用。

现在假定该企业要改变它的资金结构，以 i 为利率来发行总值为 D_B 的债券，同时以发行债券所获得的钱来买回它的股票。令资本结构改变后的股本在市场均衡时的值为 S_B，那么该企业发行债券后的自有资金费用为

$$ER_B = \frac{E[(X_A - iD_B)(1-\tau)]}{S_B} \tag{4.10}$$

于是根据式(4.2)得

$$ER_A = \frac{E[X_A(1-\tau)]}{S_A} = i + (ER_m - i)\frac{\sigma_{Am}}{\sigma_m^2}$$

$$ER_B = \frac{E[(X_A - iD_B)(1-\tau)]}{S_B} = i + (ER_m - i)\frac{\sigma_{Bm}}{\sigma_m^2} \tag{4.11}$$

将上面两式中的 $E[X_A(1-\tau)]$消去，则得

$$S_A\left(i + (ER_m - i)\frac{\sigma_{Am}}{\sigma_m^2}\right) = S_B\left\{i\left[1 + \frac{D_B}{S_B}(1-\tau)\right](ER_m - i)\ \frac{\sigma_{Bm}}{\sigma_m^2}\right\}$$

注意到

$$\text{cov}(R_A, R_m) = \text{cov}\left(\frac{X_A(1-\tau)}{S_A}, R_m\right) = \frac{1-\tau}{S_A}\text{cov}(X_A, R_m)$$

以及

$$\text{cov}(R_B, R_m) = \text{cov}\left(\frac{(X_A - iD_B)(1-\tau)}{S_B}, R_m\right) = \frac{1-\tau}{S_B}\text{cov}(X_A, R_m) \tag{4.12}$$

将它们代入式(4.11)得

$$S_A = S_B + (1-\tau)D_B \tag{4.13}$$

我们现在来比较一下两式，不难发现有

$$\mathrm{cov}(R_B, R_m) = \frac{S_A}{S_B}\mathrm{cov}(R_A, R_m) \tag{4.14}$$

再把式(4.14)连同式(4.13)代入式(4.11)，得

$$\begin{aligned} ER_B &= i + (ER_m - i)\frac{\sigma_{Bm}}{\sigma_m^2} \\ &= i + (ER_m - i)\frac{\sigma_{Am}S_A}{\sigma_m^2 S_B} \\ &= i + (ER_m - i)\frac{\sigma_{Am}}{\sigma_m^2}\left[1 + \frac{D_B}{S_B}(1 - \tau)\right] \end{aligned} \tag{4.15}$$

由于$\frac{\sigma_{Am}}{\sigma_m^2}$表示该企业无债($D=0$)经营时的风险系数，而且 ER_B 为该企业负债经营的自有资金的费用，其对应的资金结构为$\frac{D_B}{S_B}$，所以我们将式(4.15)的符号改变一下，让 β_{j0} 表示企业无债经营时的风险系数，就得到一个资金结构为$\frac{D}{S}$的企业的自有资金费用计算公式：

$$ER_j = i + (ER_m - i)\beta_{j0}\left[1 + \frac{D}{S}(1 - \tau)\right] \tag{4.16}$$

这就是我们所要的广义 CAPM 模型。

以上我们给出了资金结构对企业的普通股的期望收益率影响的关系式，下面再对这个公式的本身进行一番说明和推广，从而得到一些有用的结果：

① 从式(4.16)可以看出，如果其他各个因素不变，企业自有资金的期望收益率与该企业资金结构呈同方向的线性关系，即$\frac{D}{S}$越大，则 ER_j 越大；$\frac{D}{S}$越小，则ER_j也就越小。直观地来看这是不难理解的，因为企业盈利后，首先要支付债权所有者利息，然后才以股息的形式把一部分盈利派发给股东，所以在$\frac{D}{S}$比值比较大的情况下，股东得到股息的风险要比$\frac{D}{S}$较小的情况下股东所冒的风险要大。由于风险大，其风险报酬也就相应较大，故$\frac{D}{S}$较大情况下股东的期望收益水平要高一些，也就是此种情况下的自有资金费用应大一些。

② 如果我们仍用 β_j 来表示 R_j 的风险系数，则此时它为

$$\beta_j = \beta_{j0}[1 + \frac{D}{S}(1 - \tau)]$$

我们把它分为两个部分，则得

$$\beta_j = \beta_{j0} + \frac{D}{S}(1-\tau)\beta_{j0}$$

这个式子右边的第一项，我们称之为企业的经营风险(Business Risk)，第二项称之为财务风险(Financial Risk)，因为它与企业的资金结构有关。这样我们就可以看出，作为一个度量风险的系数，β_j 不仅包括了经营风险，而且还包括财务风险；如果 $D=0$，则 $\beta_j=\beta_{j0}$，即企业的风险仅为经营风险。所以从这里同样可以看出，ER 之所以随着$\frac{D}{S}$值的增大而增大，是因为其财务风险越来越大的缘故。

③ 严格来说，式(4.16)的主要意义是它能够给出一个企业的资金结构变化后的自有资金的期望收益率。比如，一个企业原来的资金结构为$\frac{D}{S}$，其普通股的期望收益率为 ER，现在该企业的资金结构改变为$\frac{D'}{S'}$，则其自有资金的期望收益率 ER' 的计算推导如下：

根据式(4.16)有

$$\frac{ER-i}{(ER_m-i)\beta_{j0}} = 1+\frac{D}{S}(1-\tau)$$

$$\frac{ER'-i}{(ER_m-i)\beta_{j0}} = 1+\frac{D'}{S'}(1-\tau)$$

于是有

$$\frac{ER'-i}{ER-i} = \frac{1+\frac{D'}{S'}(1-\tau)}{1+\frac{D}{S}(1-\tau)}$$

即

$$ER' = \frac{1+\frac{D'}{S'}(1-\tau)}{1+\frac{D}{S}(1-\tau)}(ER-i)+i \tag{4.17}$$

2. 市场平衡条件和证券平衡值

利用资本资产定价模型，我们可以导出市场的平衡条件。

设向证券市场上的普通股投资的资金总额为 S，其中向第 j 种股票投资的比例为 x_j，在现期出售的第 j 种股票的市场值为 V_{j0}，那么显然有

$$S \times x_j = V_{j0}$$

故有

$$x_j = \frac{V_{j0}}{S}$$

但是,向市场投资的资金总额 S 一定等于所有已经出售的股票的市场值,即

$$S = \sum_{j=1}^{N} V_{j0} = T_0$$

因而

$$x_j = \frac{V_{j0}}{S} = \frac{V_{j0}}{T_0}$$

另一方面,我们知道,ER_j 是由市场和股票 j 本身来确定的,具体来说,是由资本资产定价模型决定的,故我们对 R_j 也有同样的估计,进而对股票 j 在期末的市场价值 V_{j1}(期望值、方差)也将有同样的估计。于是第 j 种股票的现行市场价值 V_{j0}必须满足下式:

$$ER_j = \frac{V_{j1} - V_{j0}}{V_{j0}} \tag{4.18}$$

如果给定了已知条件,则满足式(4.18)的 V_{j0}就是 j 公司股票的市场均衡价值。

由于我们对 j 公司股票的期末市场值 V_{j1}(随机变量)的分布均有相同的估计,故设$\overline{\sigma_j^2}$表示投资者对第 j 种股票市场值的方差的估计,$\overline{\sigma_{JK}}$表示第 j 种股票市场值和第 k 种股票市场值的协方差,那么显然

$$\sigma_j^2 = \frac{\overline{\sigma_j^2}}{V_{j0}^2}$$

$$\sigma_{jk} = \frac{\overline{\sigma_{Jk}}}{V_{j0} V_{k0}}$$

于是根据式(4.2)和式(4.18)有

$$\frac{V_{j1} - V_{j0}}{V_{j0}} = ER_j = i + (ER_m - i)\frac{\sigma_{jm}}{\sigma_m^2}$$

注意到

$$\sigma_{jm} = \text{cov}(R_j, R_m) = \text{cov}\left(R_j, \sum_{k=1}^{N} X_k R_k\right) = \sum_{k=1}^{N} X_k \sigma_{jk}$$

则得

$$\begin{aligned}\frac{V_{j1} - V_{j0}}{V_{j0}} &= i + \frac{(ER_m - i)}{\sigma_m^2}\sum_{k=1}^{N} X_k \sigma_{jk} \\ &= i + \frac{(ER_m - i)}{\sigma_m^2}\sum_{k=1}^{N} \frac{1}{V_{j0}} \frac{X_k}{V_{k0}} \overline{\sigma_{JK}}\end{aligned}$$

$$= i + \frac{(ER_m - i)}{\sigma_m^2} \frac{1}{V_{j0}} \frac{1}{T_0} \sum_{k=1}^{N} \overline{\sigma_{JK}}$$

从而得到第 j 种股票的市场平衡条件为

$$V_{j1} - (1+i)V_{j0} = \frac{(ER_m - i)}{T_0 \sigma_m^2} \sum_{k=1}^{N} \overline{\sigma_{JK}} = \frac{(ER_m - i)}{\sigma_m^2} \frac{1}{T_0} \sum_{k=1}^{N} \overline{\sigma_{JK}} \quad (4.18')$$

根据式(4.18′),我们也可以推导出 j 公司在市场平衡时总的股本值 V_{j0}。

设市场所有股票投资 T_0,而不是一个单位,那么市场有效组合的参数就是 $T_0 ER_m$ 和 $T_0^2 \sigma_m^2$。先把式(4.18′)变换成

$$V_{j0} = \frac{V_{j1} - \frac{(ER_m - i)}{\sigma_m^2} \frac{1}{T_0} \sum_{k=1}^{N} \overline{\sigma_{JK}}}{1+i} \quad (4.19)$$

将式(4.19)分子中的$\frac{ER_m - i}{\sigma_m^2}$项的分子分母同乘以 T_0,得

$$V_{j0} = \frac{V_{j1} - \frac{(ER_m - i)}{\sigma_m^2} \frac{1}{T_0} \sum_{k=1}^{N} \overline{\sigma_{JK}}}{1+i}$$

$$= \frac{V_{j1} - \frac{T_0(ER_m - i)}{T_0 \sigma_m^2} \sum_{k=1}^{N} \overline{\sigma_{JK}}}{1+i} \quad (4.20)$$

这里,令

$$\gamma = \frac{T_0(ER_m - i)}{{T_0}^2 \sigma_m^2}$$

显然它表示投资 T_0(不是单位投资)的风险价格。注意这里的风险是以方差而不是以标准差来衡量的,则上式演变为

$$V_{j0} = \frac{V_{j1} - \gamma \sum_{k=1}^{N} \overline{\sigma_{JK}}}{1+i} \quad (4.21)$$

式(4.21)分子中的 V_{j1}是期末 j 公司总的股票价值。它的风险为$\sum_{k=1}^{N} \overline{\sigma_{JK}}$,而风险价格为 γ,那么等效地,确定性的 j 公司在期末总的股票价值则为

$$V_{j1} - \gamma \sum_{k=1}^{N} \overline{\sigma_{JK}}$$

因为这个值是确定性的、无风险的,则该公司期初的股票总值应等于上面的确定性期末值,以无风险利率折算之,这就是式(4.21)。

相应地,该公司未来的收益率为

$$\frac{V_{j1}-V_{j0}}{V_{j0}}=i+\frac{\gamma\sum_{k=1}^{N}\overline{\sigma_{JK}}}{V_{j0}} \tag{4.22}$$

显然式(4.22)有着类似的解释,不言自明。

3. 均衡价格和理论价格

上面介绍的是整个 j 公司股票的均衡价值 V_{j0} 的计算,现在我们来导出该公司单张股票的均衡价格 P_{j0}。

设 j 公司的普通股票有 N_j 股,投资期末的期望价格为 P_{j1},σ_j^2 表示单张该种股票在投资期末的值的方差,σ_{jk} 表示相应的单张股票 j 的值和股票 k 的值的协方差,这样就有

$$V_{j0}=N_j\times P_{j0}$$
$$V_{j1}=N_j\times P_{j1}$$

类似地有

$$\overline{\sigma_J^2}=N_j^2\sigma_j^2$$
$$\overline{\sigma_{Jk}}=N_jN_k\sigma_{jk}$$

于是根据式(4.21)得

$$N_jP_{j0}=\frac{N_jP_{j1}-\gamma\sum_{k=1}^{N}N_jN_k\sigma_{jk}}{1+i}$$

$$P_{j0}=\frac{P_{j1}-\gamma\sum_{k=1}^{N}N_k\sigma_{jk}}{1+i} \tag{4.23}$$

股票的理论价格则是建立在对未来的收益率合理期望的基础上的,如果估计第 t 年的收益率为 R_t,股息收入为 D_t,那么该股票的理论价格为

$$P_0=\sum_{i=1}^{\infty}\frac{D_t}{(1+R_t)^t} \tag{4.24}$$

如果估计各年的期望收益率均不变,则可利用历史资料,根据 CAPM 模型导出其期望收益率 $Er=r_0$,则其股票的理论价格为

$$P_0=\sum_{i=1}^{\infty}\frac{D_t}{(1+r_0)^t} \tag{4.24'}$$

如果我们进一步假定股息以比例 $g(g<r_0)$ 逐期增长,就是

$$D_{t+1}=(1+g)D_t\quad(t=1,2,\cdots)$$

那么有

$$P_0 = \frac{D_1}{1+r_0} + \frac{D_1(1+g)}{(1+r_0)^2} + \frac{D_1(1+g)^2}{(1+r_0)^3} + \cdots$$

注意到$\frac{1+g}{1+r_0}<1$，故得

$$P_0 = \frac{D_1}{r_0 - g} \tag{4.25}$$

特别地，如果 $g=0$，则 $D_1 = D$，那么

$$P_0 = \frac{D}{r_0} \tag{4.26}$$

需要特别指出的是，无论是股票的均衡价格还是其理论价格，从它们的计算式中，我们都可以看到它们均与股票的面值无关。

4. CAPM 模型对企业制订发展战略的指导作用

在经济生活中，常常要对一个公司进行估价，即这个公司"值"多少钱。通常对一个公司的估值可采用式(4.26)的形式来计算：

$$P_0 = \frac{R}{r_0}$$

这里，R 为年预期收益，r_0 为公司的期望收益率，它是按照 CAPM 模型来计算的。由这个式子我们可以看到，为了使得该公司的价值极大化，必须使期望收益率尽可能地小，而根据 CAPM 模型，就必须努力降低公司的风险。这一点是一个公司在制订发展战略时所要考虑的一个中心问题。一般来说，它可以通过经营多种不同的业务来达到这个目的。

假定有一个经营高度分散的企业集团 Z，它拥有 N 个经营业务不同的公司，设 X_j 为 j 公司的投资在整个集团的总投资中所占的比例，σ_j^2 为 j 公司收益率的方差，σ_{jk} 表示 j 公司与 k 公司收益率之间的协方差。那么根据 CAPM 模型(4.2)得到

$$ER_z = i + (ER_m - i)\frac{\rho_{zm}\sigma_z}{\sigma_m}$$

注意到集团 Z 含有 N 个公司，故它的收益率方差 σ_z^2 可表示为

$$\sigma_z^2 = \sum_{i=1}^{N} X_i^2\sigma_i^2 + 2\sum_{\substack{j,k \\ j>k}} X_j X_k \sigma_j \sigma_k \rho_{jk}$$

不难看出，要使集团 Z 的风险减小，我们不但要选择适当的 x_j，而且还要适当

地选择不同类型的公司，也就是要选择不同业务的公司来组成企业集团，这样使 ρ_{jk} 很小，甚至为负，从而使得整个集团的风险减小。

此外，我们还可以在 ρ_{zm} 上做点文章，总的思想是，虽然我们对 ρ_{zm} 只有部分控制能力，但我们可以尽量减小它。

第四节　关于 CAPM 模型的实证研究

我们在前面已经叙述过，描述一个证券的理论上的风险—收益关系——CAPM 模型是基于一系列的限制性假定的。其中一些假定太抽象，如市场证券组合；一些假定则与实际生活相矛盾，如不存在交易费用，不存在税。但是这些假设对于得到一个简单又易于理解的 CAPM 模型是必须的。因此如果一个模型能很好地解释证券的价格、收益等情况，或者在我们能够接受的误差范围内解释上述情况，则我们可以撇开其不切实际的假设而接受这个模型。如果模型与我们的实证研究结果相去甚远，则我们就应考虑放弃不切实际的假设而应对 CAPM 模型进行修正，直到完全推翻这个模型。

本节介绍 Lintner 等国外学者对 CAPM 模型的实证研究，在这个基础上，下节讨论放弃假定条件后的 CAPM 模型。

1. 解释变量的确定

在 CAPM 模型下，证券 j 的风险—收益衡量关系用下式表示：

$$ER_j = i + (ER_m - i)\beta_j$$

如前所述，实际是衡量证券 j 的风险表征，即

$$\beta_j = \frac{\sigma_{jm}}{\sigma_m^2}$$

注意到

$$\sigma_{jm} = \text{cov}(R_j, R_m) = \text{cov}\left(R_j, \sum_i x_i R_i\right) = \sum_i x_i \sigma_{ij} = x_j \sigma_j^2 + \sum_{i \neq j} x_i \sigma_{ij}$$

我们再记常系数 $\gamma_0 = i$，$\gamma_1 = ER_m - i$，则把它们与上式一并代入式(4.2)，则得

$$ER_j = \gamma_0 + \frac{\gamma_1}{\sigma_m^2}\left(x_j\sigma_j^2 + \sum_{i\neq j}x_i\sigma_{ij}\right)$$

因为市场证券组合方差 σ_m^2 对所有证券均相同,那么 $x_j\sigma_j^2$ 及 $\sum\limits_{i\neq j}x_i\sigma_{ij}$ 就显然成了证券 j 的风险表征了。一个很有趣的事实是,它包含了两部分,一部分是它自身的方差,另一部分是它与市场上所有其他证券收益率的协方差的和。但是在一个非常大的证券组合里,任一证券自身的方差相对于它同其他所有证券收益率的协方差之和来说,总是很小的,所以证券 j 的风险表征 σ_{jm} 基本就是上述的第二部分。

我们不妨举个例子,为了简化起见,假定投资者对 n 种股票各投资总额的 $\frac{1}{n}$,即等权投资,$x_i = \frac{1}{n}, i = 1,2,\cdots,n$,那么对于证券 j 有

$$\sigma_{jm} = \frac{1}{n}\sigma_j^2 + \frac{1}{n}\sum_{i\neq j}\sigma_{ij}$$

因为证券组合中有 n 种证券,上式右边第二项中有 $n-1$ 个协方差($i\neq j$),记为 $\overline{\sigma_{1J}}$ 这 $n-1$ 个协方差的算术平均值,即

$$\overline{\sigma_{1J}} = \frac{1}{n-1}\sum_{i\neq j}\sigma_{ij}$$

于是我们有

$$\sigma_{jm} = \frac{1}{n}\sigma_j^2 + \frac{n-1}{n}\sum_{i\neq j}\overline{\sigma_{1J}}$$

注意到

$$\lim_{N\to\infty}\frac{1}{n}\sigma_j^2 = 0$$

$$\lim_{N\to\infty}\frac{n-1}{n} = 1$$

则当 n 非常大时,σ_{jm} 近似地等于 $n-1$ 个协方差的算术平均值,因为在 CAPM 模型架构下,每个投资者均持有的是市场证券组合,其包含的证券数目是非常大的。

对 CAPM 模型进行实证研究的另一方法是把证券 j 的方差分为两部分。由第一章知,证券 j 在 t 期的收益率可由回归线加残差而得,即

$$R_{jt} = \hat{\alpha}_J + \hat{\beta}_j R_{mt} + e_{jt}$$

如前所述,$\hat{\alpha}_J$ 和 $\hat{\beta}_j$ 分别是对线性回归的截距和斜率的估计,e_{jt} 是 t 时刻观察值对相应回归线的残差,对上式两边方差且注意到

$$\mathrm{cov}(R_m, \varepsilon_j) = 0$$

则得到

$$\sigma_j^2 = \hat{\beta}_j^2 \sigma_m^2 + \sigma_e^2$$

这里 σ_e^2 是关于回归线的斜率方差。

由于$\hat{\beta}_j$进入了 CAPM 模型,即对证券 j 的期望收益率有很大影响。但 σ_e^2 没有出现在 CAPM 模型中,我们则可以认为在总方差中相当于 σ_e^2 的这一部分对期望收益率没有影响,因此在下面的包括所有具有 σ_e^2 的证券的横断面实证研究中,我们期望 σ_e^2 的系数为 0。

2. 两类回归方法

在计量经济学中,回归模型一般有两大类:一类是对个体的纵断面进行的回归,这就是时间序列分析;还有一类是横断面模型,即研究各个个体之间的关系,这就要用到横断面回归。

在下面的例子中,假定研究期为 j 年,市场上有 N 种证券,对每一种证券我们有一个 T 年的收益率序列和对应的市场证券组合收益率序列。为了检验 CAPM 模型,我们也同样用两种回归方法。

(1) 第一类回归——时间序列回归

对本例中 N 种证券的任一种,我们对时间进行回归:

$$R_{jt} = \hat{\alpha}_J + \hat{\beta}_J R_{mt} + e_{jt} \tag{4.27}$$

如果让$a_j = \hat{\alpha}_J$, $b_j = \hat{\beta}_J$,则上式变为

$$R_{jt} = a_j + b_j R_{mt} + e_{jt} \tag{4.28}$$

这里一切符号意义如前所述,由于每一种证券对应一个回归方程,则我们总共有 N 个第一类回归方程。

(2) 第二类回归——横断面回归

这是一个为了检验 CAPM 模型的简单回归,它的形式如下:

$$\bar{R}_J = \hat{\gamma}_0 + \hat{\gamma}_1 b_j + \mu_j$$

这里 $\bar{R}_J$ 是证券 j 的均值收益率的估计,b_j 是对证券 j 第一类回归式中 β_j 的估计,$\hat{\gamma}_0$ 和 $\hat{\gamma}_1$ 是待确定的第二类回归系数,μ_j 是残差。把上式与 CAPM 模型对照:

$$E\overline{R}_j = i + (ER_m - i)\beta_j$$

则我们看到$\hat{\gamma}_0$是对 i 的估计,$\hat{\gamma}_1$是对 $ER_m - i$ 的估计。在通常的实证检验中,有序对($\overline{R}_J$,$\overline{b}_J$)被用来做第 j 种证券未知真实参数(ER_j,β_j)的估计。这样,如果在证券市场中,CAPM 模型真的正确地解释了证券价格、收益率的确定,那么我们对于第二类回归系数就有以下结论:

①$\hat{\gamma}_0$ 和 i 没有显著性差;

②$\hat{\gamma}_1$ 和 $\overline{R}_m - i$ 没有显著性差别。

这里 $\overline{R}_m - i$ 是$ER_m - i$ 的一个估计。我们也可以作回归

$$\overline{R}_J = \hat{\gamma}_0 + \hat{\gamma}_1 b_j + \hat{\gamma}_2 \sigma_j^2 + \mu_j$$

或回归

$$\overline{R}_J = \hat{\gamma}_0 + \hat{\gamma}_1 b_j + \hat{\gamma}_2 \sigma_{ej}^2 + \mu_j$$

我们同样希望$\hat{\gamma}_2$ 和 0 没有显著的差别,因为根据前面的叙述,第 j 种证券的期望收益率与其自身的方差σ_j^2,或与其残余方差 σ_{ej}^2 并没有关系。

于是根据 CAPM 模型,为了验证期望收益率和 β 之间的线性关系,故对任何一类形如下式的回归式:

$$\overline{R}_J = \hat{\gamma}_0 + \hat{\gamma}_1 b_j + \hat{\gamma}_2 b_j^2 + \mu_j$$

我们总期望 b_j^2 的系数$\hat{\gamma}_2$ 和 0 没有显著性差别。

3. 实证检验结果

由于 Lintner 等人的实证研究大部分结果均是相似的,且对 CAPM 模型也指出了相同的问题,于是我们在下面只给出部分研究的结果,这同样也可以看出与此有关的问题。

Lintner 是以 1954～1962 年期间的数据来验证 CAPM 模型的,他的样本中共收集了 301 种股票在这一期间的各年收益率。从这 301 种证券的时间序列数据中,他估计出了各个 β_j 和平均收益率$\overline{R}_J$,然后又用横断面回归方法来检验 CAPM 模型。更确切地来说,他检验用了下面的回归式:

$$\overline{R}_J = \hat{\gamma}_0 + \hat{\gamma}_1 b_j + \hat{\gamma}_2 S_{ej}^2 + \mu_j$$

这里 b_j 是对第一类回归系数 β_j 的估计，S_{ej}^2 是对证券 j 第一类回归的残余方差的估计，$\hat{\gamma}_0$，$\hat{\gamma}_1$ 和 $\hat{\gamma}_2$ 分别是对第二类回归系数的估计。如果 CAPM 模型是正确的，那么 $\hat{\gamma}_2$ 应该和 0 没有显著性差别，但很不幸，Lintner 得到的结果如下：

$$\overline{R}_J = \underset{\substack{(0.009) \\ t=6.9}}{0.108 + 0.063 b_j} + \underset{\substack{(0.035) \\ t=6.8}}{0.237 S_{ej}^2}$$

且多元相关系数 $\rho = 0.541$，上面括号里的数值表示的是其上估计值的标准差，t 值衡量系数的显著性，等于所估计的系数值除以其标准差。例如 b_j 系数下面，标准差为 0.009，则有

$$t = \frac{0.063}{0.009} = 6.9 (\text{有小数点后面的有效数字的误差})$$

从这个结果，我们大致可以得到如下结论：

① $\overline{R}_J$ 和 b_j 之间有正相关关系，但是，$\hat{\gamma}_1 = 0.063 = 6.3\%$较之同期市场证券组合收益率与无风险收益率之差 $\overline{R}_m - i = 16.5\%$要小很多；

② $\hat{\gamma}_2 = 0.237$，且 $t = 6.8$，即 $\hat{\gamma}_2$ 与 0 有显著性差别，这与我们前面对 CAPM 模型的叙述相矛盾（因为残余方差也影响证券的期望收益率）；

③ 系数 $\hat{\gamma}_0 = 10.8\%$，比观察的同期平均无风险利率要大得多。

这样，Lintner 的研究结果一方面证实了平均收益率与 β 之间确实有显著性的正相关关系，但另一方面，由于 $\hat{\gamma}_1 = 0.063 = 6.3\% < \overline{R}_m - i = 16.5\%$，故它的回归线和 CAPM 模型直线相比要平坦得多，如图4.3所示，且残余方差也影响期望收益率。其他研究也提供了大致相同的结果。

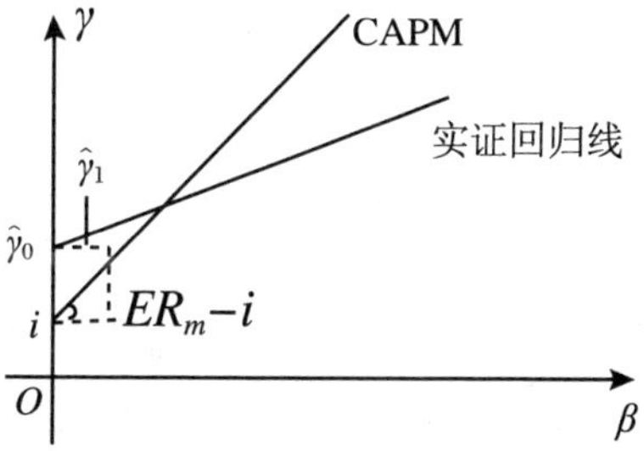

图 4.3

Miller 和 Scholes 分析了 CAPM 模型实证研究中可能出现的偏差和测量误差，他们是从重复 Lintner 的研究开始的，但样本要比 Lintner 的大得多，所得的第一类回归和第二类回归的结果如表 4.2 和表 4.3 所示。

表 4.2 第一类回归的样本值

	$\overline{R}_J$	b_j	b_j 的标准差	S_{ej}^2	ρ^2
样本均值	0.193	1.000	0.320	0.076	0.515
横断面标准差	0.089	0.548	0.182	0.119	0.218

表 4.3 第二类回归

$\overline{R}_J = \hat{\gamma}_0 + \hat{\gamma}_1 b_j + \hat{\gamma}_2 S_{ej}^2$	ρ^2
0.122　0.071 (0.007)　(0.006) $t = 18.6$　$t = 12.34$	0.19
0.63　0.393 (0.004)　(0.025) $t = 46.1$　$t = 15.74$	0.28
0.127　0.042　0.310 (0.006)　(0.006)　(0.026) $t = 21.31$　$t = 7.40$　$t = 11.76$	0.33

表 4.3 显示 Lintner 的基本结果没变：残余方差 S_{ej}^2 对证券 j 的平均收益率仍然起作用，它的系数为正，且和 0 有显著差别；系数 $\hat{\gamma}_1$ 也很低，只有 7.1%，较之同期市场证券组合收益率与无风险收益率之差 16.5% 要小得多。b_j 作为单一解释变量，其可决系数 $\rho^2 = 19\%$，S_{ej}^2 作为单一解释变量，其可决系数为 28%，而如果把 b_j 和 S_{ej}^2 均作为解释变量一并来考虑，其可决系数是 33%。这表明，如果从单独的解释能力来考虑，似乎 S_{ej}^2 比 b_j 的解释能力更强，这样就使得人们对 CAPM 模型的合理性产生了怀疑。

Miller 和 Scholes 在他们的研究中尽力想弄清楚导致这个出乎人们意料的结果的各种偏差来源。他们的一个最主要的解释是，回归所用的 β 不是真实的期望的 β，而且这个估计的测算也有错误。因此 b_j 的错误导致了 $\hat{\gamma}_1$ 估计的偏差。Miller 和 Scholes 认为，在上述实证检验中，$\hat{\gamma}_1$ 被严重低估了，只相当于实际参数 $\hat{\gamma}_1$ 的 64%，对这个偏差可用调整估计系数的方法，使得 $\hat{\gamma}_1$ 增加到 10.5%，但它仍然低于市场证券组合收益率与无风险收益率之差 16.5%，而且差距还很大。

因此，虽然 Miller 和 Scholes 提出了测算中的一些偏差和错误，但他们的结果却不能让人信服，因为人们根据他们所指出的偏差和错误，对所估计的参数进行了调整,可调整后的结果和 CAPM 模型的结果相比仍大相径庭。这就不得不使人们对 CAPM 的合理性持怀疑态度。

Black,Jensen 和 Scholes 用 1926～1966 年期间的日收益率序列资料来验证 CAPM 模型。为了使得测算的 β 错误最小,他们把所有股票分为 10 个组合。具有最大 β 的前 10%股票作为第一个组合,β 次大的前 10%放入第二个组合,以此类推,最后 10%股票组合 β 最小。对于 10 个股票组合的每一个组合,我们都能测算该组合的期望收益率和 β 系数,然后再进行第二次回归:

$$\overline{R}_J - i = \hat{\gamma}_0 + \hat{\gamma}_1 b_j + \mu_j, \quad j = 1,2,\cdots,10$$

注意这里的 $\overline{R}_J$ 和 b_j 是组合的估计,而不是单个股票的估计,所以有 $j=1,2,\cdots,10$,共有 10 个组合。

与 Lintner 的研究不同的是,在各种回归中,Black,Jensen 和 Scholes 采用的是月剩余收益率 $R_{jt}-i$ 而不是 R_{jt}。因此在这种形式下,由于 CAPM 模型是

$$ER_j = i + (ER_m - i)\beta_j$$

而这意味着

$$ER_j - i = (ER_m - i)\beta_j = \gamma_1\beta_j$$

故我们期望 $\hat{\gamma}_0 = 0$。

最后在对这 10 个组合的横断面回归中,Black,Jensen 和 Scholes 获得了各自选定的子期间的各种估计。尽管如此,对整个研究期(1926～1966)他们得到

$$\hat{\gamma}_0 = 0.00359$$

$$\hat{\gamma}_1 = 0.0108$$

这里 $\hat{\gamma}_0$ 和 $\hat{\gamma}_1$ 都和 0 有显著差别。另外相关系数非常大,$\rho^2 = 0.98$。

这个高相关系数似乎支持了 CAPM 模型。因为在剩余收益率与 β 之间,我们得到了一个近乎完美的拟合关系。但是这里要注意的是,CAPM 模型作为一个均衡的定价模型,它既可对单个证券定价,也适用于组合的定价。如果实证结果对于证券组合的收益率也与 CAPM 模型不相符,那么这个理论模型也应被抛弃。但是如果对于证券组合的实证结果支持这个模型,我们就不能说这个模型不成立,因为它也许只是对单个股票不适用。事实上对单个股票来说,以 ρ^2 为标志的解释能力是很低的,通常不到 20%,见表 4.2,所以尽管构造组合确实能够消除一些统计错误,但我们不能因为证券组合的实证结果支持了 CAPM 模型,就断言它对单个风

险股票也成立。

Fama 和 MacBeth 也用 1935～1968 年期间的月收益率资料来验证 CAPM 模型的合理性和残余方差在定价时的作用。他们构造了 20 个股票组合,并估计了它们的 β 系数,然后用这些组合的估计量 b_j 来进行下面的横断面回归:

$$\bar{R}_{Jt} = \hat{\gamma}_{0t} + \hat{\gamma}_{1t} b_j + \hat{\gamma}_{2t} b_j^2 + \hat{\gamma}_{3t} S_{ej} + \mu_{jt}$$

注意不像前面的实证研究,这里的各个系数 $\hat{\gamma}_l$ 还有一个时间下标,这就意味着它们是时变的,我们必须通过验证平均系数才能对 CAPM 模型的有效性做出结论。

如果理论模型 CAPM 成立,则我们希望 b_j^2 和 S_{ej} 的系数和 0 没有显著性差别,但是由于这些系数是时变的,所以 Fama 和 MacBeth 检验了所有月份的平均系数:

$$\bar{\hat{\gamma}}_j + \frac{1}{T}\sum_{t=1}^{T} \hat{\gamma}_{Jt}, \quad j = 1,2,3$$

这里 T 是第二类回归所跨越的月数。

Fama 和 MacBeth 发现平均系数 $\bar{\hat{\gamma}}_2$ 和 $\bar{\hat{\gamma}}_3$ 与 0 没有显著性差别。如果 $E\gamma_2 = 0$,那么我们就可以断言模型关于 β 是线性的,因为从平均意义上来说,b_j^2 的系数为 0;如果 $E\gamma_3 = 0$,那么残余方差对定价不起作用,这与先前介绍的研究有天壤之别。

Fama 和 MacBeth 的研究支持了 CAPM 模型的基本思想,他们的研究证明了风险—收益关系确实是一个关于 β 的线性关系,而且残余标准差在定价中不起作用。由于分散投资是整个组合投资理论的核心,所以这一发现尤其重要。如果证券自身方差或残余标准差是决定价格的一个因素(如 Lintner,Black 和 Scholes 所发现的那样),那么 CAPM 模型就应被淘汰。

于是在对证券自身的方差或者标准差是否对定价起作用这一点上,我们发现了两个不同的观点,当然不同的两方所采用的研究方法也不一样,对这个问题怎么看呢?

我们认为 CAPM 模型的基本理论是正确的,不妨假定证券自身的方差被发现在定价中起到了重要的作用。这是否意味着与组合证券投资理论相矛盾呢?是否意味着分散投资就不一定会有好处呢?不是的!这个发现仅仅说明了投资者基于一些约束(如交易费用)而没有持有股票种数很多的组合。实际上,一般的投资者出于交易费用等多方面的考虑只持有几种股票组成的组合,那么一种股票的方差就对其价格有至关重要的影响了。另外,这个发现也并不能证实分散投资没好处,它仅仅说明了分散投资是有代价的(交易费用的增加),这就对分散投资的好处有一定的削弱作用。

下面我们来举例说明。假定第 k 个投资者持有一个股票组合 k,其收益率为 R_k,还假定此股票组合包括三种股票,为简单起见,设向这三种股票投资的比例各占 1/3。那么在本例中,对第一种股票的风险—收益平衡关系如下式给出:

$$ER_1 = i + \frac{ER_k - i}{\sigma_k^2}\text{cov}(R_1, R_k)$$

但因为

$$R_k = \frac{1}{3}R_1 + \frac{1}{3}R_2 + \frac{1}{3}R_3$$

我们得到

$$\text{cov}(R_1, R_k) = \frac{1}{3}\sigma_1^2 + \frac{1}{3}\sigma_{12} + \frac{1}{3}\sigma_{13}$$

在这样的例子中,显然方差 σ_1^2 在解释风险—收益关系问题中起到了关键作用。更有甚者,我们会估计到个别方差在定价中的影响比 β_1 更大,因为按照本例,β_1 应包括股票 1 的收益率和市场上所有股票收益率的协方差,但是由于我们的组合非常之小,绝大多数股票均不在我们的股票组合中。

Blume,Crockett 和 Friend 通过对 1971 年的税务调查中 17056 人的个人所得税单分析,发现调查对象大量地持有非分散化证券组合,其中 34.1%的人只持有一种股票,50%的人不超过两种股票,只有不到 10.7%的人持有 10 种以上的股票。另一个来自 1967 年美联储的关于消费者金融特征的调查数据也同样表明了这一点。这次调查的范围不仅包括有纳税单的人,而且还包括没有纳税单的人,但调查结果表明平均每个人的证券组合的证券数目为 3.41。

这样问题就很清楚了,如果投资者持有的市场证券组合中的股票数目非常大,那么股票的自身方差就对其定价毫无影响,这时 β 系数是合适的衡量风险的表征。但是如果投资者持有的组合中股票数目非常少,比如说只有一种,那么股票的自身方差就成了很合适的风险表征,β 系数对它的定价也就没什么影响了。

那么,因素 β_j 和 σ_j^2 哪一个有更强的解释能力呢?让我们来回顾一下 Levy 的实证研究,Levy 对 1948～1968 年期间的 101 种股票的样本进行了几种回归。他用年收益率序列来计算第一类回归中的 b_j 和 S_{ej}^2 的估计,同时平均收益率 $\bar{R}_J$ 和方差 σ_j^2 也被计算出来了,然后用 σ_j^2,S_{ej}^2 和 b_j 的各种组合来解释各种证券的平均收益率 $\bar{R}_J$ 的差异。

Levy 是用回归 $\bar{R}_J - i = f(b_j)$（这里 f 是线性函数）来检验简单的 CAPM 模型的。回归 $\bar{R}_J - i = f(b_j)$ 和 Miller-Scholes 检验或 Lintner 的检验中所采用的回归方法类似。尽管如此，如表 4.3 所示，他增加了大量的回归计算。

表 4.3 Levy 的研究数据

$R_j =$	$\hat{\gamma}_0$	+ $\hat{\gamma}_1 b_j$	+ $\hat{\gamma}_2 S_{ej}^2$	+ $\hat{\gamma}_3 \sigma_j^2$	ρ^2
	0.109 (0.009) $t=12.0$	0.037 (0.008) $t=5.1$			0.21
	0.122 (0.005) $t=22.9$			0.219 (0.029) $t=7.7$	0.38
	0.126 (0.005) $t=23.4$		0.248 (0.036) $t=6.8$		0.32
	0.117 (0.008) $t=14.9$	0.008 (0.009) $t=0.9$		0.197 (0.038) $t=5.2$	0.38
	0.106 (0.008) $t=13.2$	0.024 (0.007) $t=3.3$	0.201 (0.038) $t=5.3$		0.39

其主要结果如下：虽然使用的数据样本不同，但得到的结果却与 Miller 和 Scholes 所得到的结果很相似。我们发现，回归 $\bar{R}_J - i = f(b_j)$ 得到 $\rho^2 = 21\%$，而后者得到的是 19%；回归 $\bar{R}_J - i = f(S_{ej}^2)$ 得 $\rho^2 = 32\%$，而后者的 $\rho^2 = 28\%$；最后回归 $\bar{R}_J - i = f(b_j, S_{ej}^2)$ 得 $\rho^2 = 39\%$，而后者为 33%。采用年度数据，从表 4.3 中可以看出，与 Miller 和 Scholes 的研究一样，所有的回归系数均为正，且具有显著性，但是表 4.3 中有两个回归在 Miller 和 Scholes 论文中没有。这些回归表明：① 简单回归 $\bar{R}_J - i = f(\sigma_j^2)$ 的 $\rho^2 = 38\%$，它仅比大多数实证研究来检验 CAPM 模型有效性的回归 $\bar{R}_J - i = f(b_j, S_{ej}^2)$ 的可决系数少 1%；② 当用回归 $\bar{R}_J - i = f(b_j, \sigma_j^2)$ 而不是 $\bar{R}_J - i = f(b_j, S_{ej}^2)$ 时，我们发现传统的系统风险估计 β 并不能给价格行为的解释增加点什么，系统风险系数很小，而且统计上没有显著性（$t = 0.9$）；③ 如果必

须在传统的 CAPM 模型 $\bar{R}_J - i = f(b_j)$ 和简单模型 $\bar{R}_J - i = f(b_j, \sigma_j^2)$ 中选择一个的话，我们当然认为后者比前者好，因为前者 $\rho^2 = 21\%$，后者 $\rho^2 = 38\%$。

总之，完全分散投资和无交易费用的假设，导致所有投资者将持有由市场上所有证券所组成的市场证券组合的理论结果。但是这些假设显然和现实不相符，因为许多投资者只持有 1 家公司的股票，大部分投资者持有不超过 4 家公司的股票。

至于第二类回归的实证研究，似乎对 CAPM 模型的有效性产生了怀疑，其实我们认为它并不能表明 CAPM 模型是不成立的。而之所以出现这样的结果，是因为交易费用、信息费用和许多其他非完全市场特征的存在而导致投资者不像 CAPM 模型假设的那样持有所有证券所构成的证券组合的缘故。

第五节　条件放宽下的 CAPM 模型

从本章第一节起，我们就指出 CAPM 模型的成立是有条件的，并给出几个假设条件，但是通过上节的实证研究，我们知道在实际生活中这些条件并不成立。尽管如此，即使把这些引进的假定条件一一放宽，CAPM 模型的基本理论还是正确的，本节我们就来证明这个问题。

1. 不存在无风险投资

在前面推导 CAPM 模型时，我们总是假定一个利率为 i 的无风险投资，在一定的限度内，人们可以自由地以利率 i 借或贷资金。但是，在实际生活中，这些是不存在的，其理由如下：

① 在全球性的通货膨胀中，即使对于政府发行的国库券，虽然其利率是不变的，但这个利率是名义利率，由于存在通货膨胀，其利率仍是在变化的，因此也是有风险的。

② 要求借款和贷款的利率是一样的，这不可能。一般情况下借款的利率高于贷款的利率，所以不存在一个无风险的投资。

现在我们先来考虑第一种情况下（不存在无风险投资）的 CAPM 模型的形式，后面再讨论第二种情况。

在图 4.4 中，SS' 是最小方差集，SG 是其上半部分，M 是市场证券组合，因而

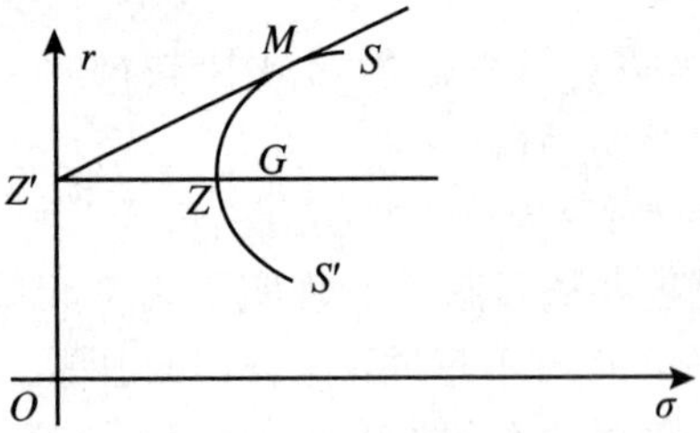

图 4.4

它是有效的。过 M 点做切线 MZ'，交纵轴于 Z'，通过 Z' 作横轴的平行线交 SS' 于 Z，显然 M 点的坐标是(σ_m, ER_m)，Z 点的坐标是(σ_z, ER_z)，而点 Z' 的坐标是$(0, ER_z)$。

下面我们就可以导出在此种情况下，任一证券（或组合）的期望收益率和标准差的关系具有和前所述的 CAPM 模型一样的数学表述。

我们假定所求的一个证券组合，其期望收益率就等于市场证券组合收益率的期望值，那么在其期望收益率的水平下，使其组合风险最小的组合权数可用下面的模型求得

$$\min \sigma^2(R_p) = \sum_{j=1}^{N}\sum_{k=1}^{N} x_j x_k \sigma_{jk}$$

$$\text{s.t.} \sum_{j=1}^{N} x_j ER_j = ER_m$$

$$\sum_{j=1}^{N} x_j = 1$$

这里 x_j，ER_j 和 σ_{jk} 的意义与前面相同。做 Lagrange 函数，则得

$$L = \sum_{j=1}^{N}\sum_{k=1}^{N} x_j x_k \sigma_{jk} - 2\lambda_1\left(\sum_{j=1}^{N} x_j ER_j - ER_m\right) - 2\lambda_2\left(\sum_{j=1}^{N} x_j - 1\right)$$

分别对 $x_j(j=1,2,\cdots,N)$ 和 λ_1，λ_2 求偏导，得到下面的方程组：

$$\begin{aligned}
&\sum_{j=1}^{N} x_j \sigma_{1j} - \lambda_1 ER_1 - \lambda_2 = 0 \\
&\sum_{j=1}^{N} x_j \sigma_{2j} - \lambda_1 ER_2 - \lambda_2 = 0 \\
&\cdots \\
&\sum_{j=1}^{N} x_j \sigma_{Nj} - \lambda_1 ER_N - \lambda_2 = 0 \\
&\sum_{j=1}^{N} x_j ER_j - ER_m = 0 \\
&\sum_{j=1}^{N} x_j = 1
\end{aligned} \tag{4.29}$$

将前面 N 个方程中的第 k 个式子乘以 $x_k(k=1,2,\cdots,N)$，然后将它们相加（共 N

个)，得

$$\sum_{j=1}^{N}\sum_{k=1}^{N} x_j x_k \sigma_{jk} - \lambda_1 \sum_{j=1}^{N} x_j ER_j - \lambda_2 \sum_{j=1}^{N} x_j = 0$$

即

$$\sigma_m^2 - \lambda_1 ER_m = \lambda_2 \tag{4.30}$$

把这个结果代入方程组(4.29)中第 j 个式子，就可得

$$\sum_{k=1}^{N} x_k \sigma_{jk} - \lambda_1 ER_j = \sigma_m^2 - \lambda_1 ER_m$$

但根据协方差的性质，我们知道

$$\begin{aligned}\sum_{k=1}^{N} x_k \sigma_{jk} &= x_1 \sigma_{j1} + x_2 \sigma_{j2} + \cdots + x_N \sigma_{jN} \\ &= \operatorname{cov}(R_j, x_1 R_1 + x_2 R_2 + \cdots + x_N R_N) \\ &= \operatorname{cov}(R_j, R_m) \\ &= \sigma_{jm}\end{aligned}$$

于是

$$ER_j - ER_m = \frac{1}{\lambda_1}(\sigma_{jm} - \sigma_m^2) \tag{4.31}$$

现在来考虑消掉 λ_1，根据链式法则，应有

$$\frac{\partial \sigma_m^2}{\partial ER_m} = \sum_{k=1}^{N} \frac{\partial \sigma_m^2}{\partial x_k} \frac{\partial x_k}{\partial ER_m} \tag{4.32}$$

但根据前面正则方程组(4.29)，有

$$\frac{\partial \sigma_m^2}{\partial x_k} = 2\lambda_1 ER_k + 2\lambda_2 \tag{4.33}$$

而且因为 $\sum_{j=1}^{N} x_j ER_j = ER_m$ 和 $\sum_{j=1}^{N} x_j = 1$，故我们分别让这两式对 ER_m 求偏导，得

$$\sum_{k=1}^{N} \frac{\partial x_k}{\partial ER_m} ER_k = 1$$

$$\sum_{k=1}^{N} \frac{\partial x_k}{\partial ER_m} = 0$$

把这两个结果连同式(4.33)代入式(4.32)，得

$$\begin{aligned}\frac{\partial \sigma_m^2}{\partial ER_m} &= \sum_{k=1}^{N} \frac{\partial \sigma_m^2}{\partial x_k} \frac{\partial x_k}{\partial ER_m} \\ &= \sum_{k=1}^{N} \left[(2\lambda_1 ER_k + 2\lambda_2) \frac{\partial x_k}{\partial ER_m} \right]\end{aligned}$$

$$= 2\lambda_1 \sum_{k=1}^{N} \frac{\partial x_k}{\partial ER_m} ER_k + 2\lambda_2 \sum_{k=1}^{N} \frac{\partial x_k}{\partial ER_m}$$

$$= 2\lambda_1 \tag{4.34}$$

另外根据链式法则,还应有

$$\frac{\partial \sigma_m^2}{\partial ER_m} = \frac{\partial \sigma_m^2}{\partial \sigma_m} \frac{\partial \sigma_m}{\partial ER_m} \tag{4.35}$$

注意到$\frac{\partial ER_m}{\partial \sigma_m}$就是最小方差集在 M 点的导数,故它应等于切线 MZ' 的斜率,所以有

$$\frac{\partial \sigma_m}{\partial ER_m} = \left(\frac{\partial ER_m}{\partial \sigma_m}\right)^{-1} = \frac{\sigma_m}{ER_m - ER_z}$$

同时

$$\frac{\partial \sigma_m^2}{\partial \sigma_m} = 2\sigma_m$$

故有

$$2\lambda_1 = \frac{\sigma_m}{ER_m - ER_z} 2\sigma_m$$

即

$$\lambda_1 = \frac{\sigma_m^2}{ER_m - ER_z}$$

把这个结果代入式(4.31),则得

$$ER_j - ER_m = \frac{ER_m - ER_z}{\sigma_m^2}(\sigma_{jm} - \sigma_m^2)$$

重新整理并让 $\beta_1 = \frac{\partial \sigma_{jm}}{\partial \sigma_m^2}$,得

$$ER_j = ER_z + (ER_m - ER_z)\beta_j \tag{4.36}$$

不难看出,这个式子和前面的式(4.3)有着非常相似的数学形式,只不过那里有一个无风险利率 i,这里是一个与点 M 相对应的组合 Z' 的期望收益率 ER_z。

最后,我们来考察一下组合 Z 的两个性质:

① 组合 Z 是一个零 β 组合,而且在所有 β 为零的风险组合中,它的风险最小。这是不难看出的,因为 $ER_m \neq ER_z$,故根据式(4.36),有 $ER_z = ER_z + (ER_m - ER_z)\beta_z$,则$(ER_m - ER_z)\beta_z = 0$ 当且仅当 $\beta_z = 0$。故组合 Z 是一个零组合。

由于 $\beta_z = \frac{\partial \sigma_{zm}}{\partial \sigma_m^2} = 0$,得 $\sigma_{zm} = 0$,所以组合 Z 和市场证券组合是线性无关的。另外,由图 4.4 可以看出,在直线 ZZ' 上只有 Z 的右侧部分所有的证券组合才是可

行组合，它们的期望收益率均为 ER_z，β 系数均为 0，但是只有 Z 具有最小风险（标准差）。

事实上，也正是因为组合 Z 的这个性质，我们通常把式(4.36)称为零 β 模型。

② 组合 Z 一定不在最小方差集的上半部分。我们在上面已经说过市场证券组合 M 是有效的，因此 MZ' 的斜率 $\dfrac{ER_m - ER_z}{\sigma_m}$ 为正，就是 $ER_m > ER_z$。观察绝对最小方差组合 G，根据前面的叙述，它可以表示为 Z 和 M 的线性组合，就是

$$R_G = x_z R_z + (1 - x_z) R_m$$

这里，x_z 是向组合 Z 投资的比例。注意到 Z 和 M 线性无关，则

$$ER_G = x_z ER_z + (1 - x_z) ER_m$$

$$\sigma_G^2 = x_z^2 \sigma_z^2 + (1 - x_z)^2 \sigma_m^2$$

我们现在要选择 x_z 使得 σ_G^2 最小，这样可以通过求导来得到，就是

$$\frac{\partial \sigma_G^2}{\partial x_z} = 2 x_z \sigma_z^2 - 2(1 - x_z) \sigma_m^2 = 0$$

故有

$$x_z = \frac{\sigma_m^2}{\sigma_m^2 + \sigma_z^2}$$

$$(1 - x_z) = \frac{\sigma_z^2}{\sigma_m^2 + \sigma_z^2}$$

显然这里两个权数均为正数。由于 $ER_m > ER_z$，那么有

$$ER_G = x_z ER_z + (1 - x_z) ER_m > x_z ER_z + (1 - x_z) ER_z = ER_z$$

另一方面，组合 G 在所有的可行组合中绝对是方差最小的组合，故有 $\sigma_G < \sigma_z$；但组合 G 是有效组合，于是根据 M-V 准则，Z 不一定是有效组合。

2. 借款利率高于贷款利率

我们在前面曾经讲过，一般来说，借款利率要高于贷款利率，否则人人都会借款而贷出，从而获得利率差。

如图 4.5 所述，r_B 为借款利率，r_L 为贷款利率，SG 上各点为有效组合。现在我们分别过 L 和 B 点作 SG 的切线，分别相切于 M_1 和 M_2 点，则得到存在两个无风险利率情况下的最小方差集。这个最小方差集包括直线 LM_1、曲线 M_1M_2 和直线 M_2C 三个部分。如前所述，其中 LM_1 部分表示投资者是贷款者，M_2C 部分表示投资者是借款者，曲线 M_1M_2 部分表示投资者既不贷也不借。

这里要注意的是，图 4.5 中虚线部分所代表的组合是不可行的。以 BM_2 为

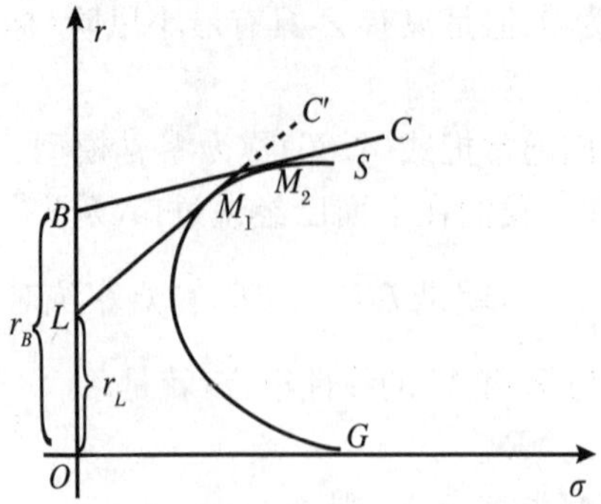

图 4.5

例,投资者总是以较高的利率贷款,例如以 r_B 为利率贷款再投资,但是银行对它们的存款仅仅以 r_L 付息。基于同样的道理,M_1C' 也是不可行的。

由于最小方差集分成了三个部分,则描述任一证券(或组合)的期望收益率和其风险部分也就分成了三个部分。

① 曲线 M_1M_2 部分。我们已经知道 M_1 和 M_2 所代表的组合均是有效组合,而市场证券组合 M 也是有效组合,它可以用 M_1 和 M_2 线性表示。注意,在 M_1M_2 这一段不存在无风险利率,故根据我们在第一个问题中的叙述,对应于市场证券组合 M,一定有一个和 M 线性无关的零 β 组合 Z,使得

$$ER_j = ER_z + (ER_m - ER_z)\beta_j \tag{4.37}$$

这里 β_j 的意义与前述相同。

② 直线 LM_1 部分。由于 M_1 是有效的证券组合,故我们根据前面所述的内容得

$$ER_j = r_L + (ER_{M1} - r_L)\beta_{jM_1} \tag{4.38}$$

这里

$$\beta_{jM_1} = \frac{\sigma_{jM_1}}{\sigma_{M_1}^2}$$

③ 直线 M_2C 部分。仿上得到

$$ER_j = r_B + (ER_{M_2} - r_B)\beta_{jM_2} \tag{4.39}$$

这里

$$\beta_{jM_2} = \frac{\sigma_{jM_2}}{\sigma_{M_2}^2}$$

3. 期望不一致(Heterogeneous Expectations)

到目前为止,我们都是假定所有的投资者对所有证券收益率的期望值、方差乃至协方差均有相同的估计。但是在实际生活中,不可能对这些情况有一致的估计,因此每个投资者都有自己的一个主观的最小方差集,即使不存在无风险利率,每个人持有的最优风险组合也不一样。

为了把这个问题说清楚,我们可以简单规定市场上只有 A,B 两种证券,且有

一个共同的无风险利率 i 的存在。考虑一个最简单的情况，我们假设只有两个投资者，他们对 ER_A，σ_A，σ_B 和 σ_{AB} 均有相同的估计，唯一的分歧就是对 ER_B 有不同的估计，分别为 ER_{B_1} 和 ER_{B_2}。因而根据前面的叙述，由于对 ER_B 的估计不一样，所以这两个投资者持有不同的最优风险组合。一个持有如图 4.6 中 M_1 所代表的组合，另一个持有如 M_2 点所代表的组合。一般情况下这两个组合是不一样的，因而投资市场线在他们眼中也不一样，分别为 I_{m_1} 和 I_{m_2}。

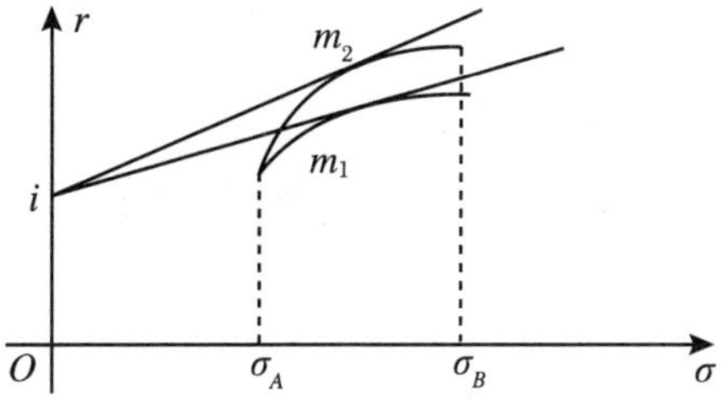

图 4.6

当然从理论上讲，每个投资者所持有的最优组合实际上是根据他们对备选证券收益率的主观参数（期望、方差和协方差）所确定的。但实际上我们可根据不同投资者的不同估计，把每一个证券的未来价格和收益率以这些对有关参数的不同估计作为权数来加权平均，从而得到一个形式上和 CAPM 模型相近的模型。下面我们来给出推导过程。

假定投资者看法一样时，根据式(4.23)，公司 j 的股价满足

$$P_{j_0}(1+i) = P_{j_1} - \gamma\sum_{i=1}^{N} N_j\sigma_{jt} \tag{4.40}$$

如果投资者对股票 j 的未来估计不一致，假定投资者 K，根据他的估计，$P_{j_1}(k)$，$N_i(k)$，$\sigma_{ji}(k)$这些估计必须按照式(4.23)满足现行价格 P_{j_0}（已知），即

$$P_{j_0}(1+i) = P_{j_1}(k) - \gamma_k\sum_{i=1}^{N} N_j\sigma_{jt}(k)$$

或者写成

$$P_{j_1}(k) - P_{j_0}(1+i) = \gamma_k\sum_{i=1}^{N} N_j\sigma_{jt}(k) = \gamma_k O_k \tag{4.41}$$

注意这里

$$\gamma_k = \frac{A_k}{B_k}$$

A_k 是第个投资者证券组合的风险补偿 $ER_m - i$ 的总值，B_k 是他的组合的期末方差，而 O_k 则定义为

$$O_k = \gamma_k\sum_{i=1}^{N} N_i(k)\sigma_{ji}(k)$$

根据 γ_k 的定义，且利用式(4.41)，得

$$B_k[P_{j_1}(k) - P_{j_0}(1+i)] = A_k O_k$$

关于上式两边对市场上所有投资者或者说对 k 求和,得

$$\sum_k B_k P_{j_1}(k) - P_{j_0}(1+i)\sum_k B_k = \sum_k A_k O_k$$

因此

$$P_{j_0}(1+i) = \frac{\sum_k B_k P_{j_1}(k)}{\sum_k B_k} - \frac{\sum_k A_k O_k}{\sum_k B_k}$$

但

$$\frac{\sum_k A_k O_k}{\sum_k B_k} = \frac{\sum_k A_k}{\sum_k B_k}\frac{\sum_k A_k O_k}{\sum_k A_k}$$

注意到 A_k 和 B_k 关于 k 均具有可加性,则有

$$\gamma_k = \frac{\sum_k A_k}{\sum_k B_k}$$

于是

$$P_{j_0}(1+i) = \frac{\sum_k B_k P_{j_1}(k)}{\sum_k B_k} - \frac{\gamma_k \sum_k A_k O_k}{\sum_k A_k} \tag{4.42}$$

比照式(4.8),我们不难发现它和 Lintner 方法导出的 CAPM 模型有相似的形式。

4. 私人赋税

与以前一样,我们在这里主要考虑的是所得税。由于所得税是分级的,各种投资者因收入不一样,故课税的税率也不一样,因此即使除了所得税以外其他假定条件均成立,每一个投资者也会因为自身的课税的税率而拥有自己独有的税后有效集合。

Brennan 导出了考虑所得税对证券的期望收益率与其风险的关系式:

$$ER_j = i + (ER_m - i)\beta_j + f(\delta_j, \delta_m, T) \tag{4.43}$$

其中 δ_j,δ_m 和 T 是与股息率等有关的三个变量。

很显然,式(4.43)和传统的 CAPM 模型还是相似的,只不过这里考虑到赋税而引进了一个修正量 $f(\delta_j, \delta_m, T)$。

5. 通货膨胀下的情况

在目前的情况下，通货膨胀几乎是全球性的，即使是国库券，其实际利率也是变化的。在这种情况下，我们理所当然地想起了采用零 β 模型来描述任一证券的期望收益率和风险的关系。这样对于借和贷的利率都必须经过通货膨胀率的调整而变成了风险性投资。事实上对于任一证券，我们都可以通过下式来计算经过通货膨胀率调整过的实际收益率：

$$R_R = \frac{1+R_N}{1+\pi} - 1$$

这里：R_N——名义收益率；

R_R——实际收益率；

π——通货膨胀率（随机变量）。

零 β 模型中的各种参数也要经过上述调整，这样，Frend 等人导出一个模型如下：

$$ER_j = i + \sigma_{j\pi} + \frac{ER_m - i - \sigma_{mt}}{\sigma_m^2 - \frac{\sigma_{mt}}{\alpha}}\left(\sigma_{jm} - \frac{\sigma_{j\pi}}{\alpha}\right)$$

这里：$\sigma_{j\pi}$——证券 j 的收益率与随机变量 π 的协方差；

σ_{mt}——市场证券组合与 t 的协方差；

α——名义风险证券的值和市场上所有证券名义总值的比率，

其他符号仿前可得出。

如果价格水平没有变化，则 $\sigma_{j\pi} = \sigma_{mt} = 0$，上式就变成传统的 CAPM 模型。

6. 交易成本

根据调查，在实际生活中，投资者并不像 CAPM 模型假设的那样，人人都持有一个市场证券组合。调查发现美国投资者平均持有 3.4 种风险证券，34%的投资者仅仅持有一种股票，50%的投资者的组合内不会超过两种股票，只有约 11%的投资者持有 10 种以上的股票。

之所以出现上述违反 CAPM 模型的情况，主要是由于交易费用的存在。如果持有股票的种数太多，则交易成本增加得很厉害，所以人们只购买较少的几种股票。在这种情况下，H. Levy 导出了证券 j 的期望收益率计算公式：

$$r_j = i + \frac{\sum_k T_k(\mu_k - i)}{\sum_k T_k}\beta_{kj} \tag{4.44}$$

这里：i——无风险利率；

T_k——投资者 K 的投资水平；

μ_k——投资者 K 所持组合收益率均值；

β_{kj}——证券 j 关于投资者 K 持有组合（不一定是市场证券组合）的 β 系数。

由式(4.44)可以看出，证券 j 的期望收益率等于无风险投资利率加上所有投资者的风险补偿的加权平均。如果所有投资者持有市场证券组合，则式(4.44)成为 CAPM 模型，在这种情况下 $\mu_k = r_m, \beta_{kj} = \beta_j$，这样

$$\frac{\sum_k T_k(\mu_k - i)}{\sum_k T_k}\beta_{kj} = (\mu_m - i)\beta_j$$

式(4.44)变为

$$r_j = i + (\mu_m - i)\beta_j$$

以上我们放宽了几个条件来讨论 CAPM 模型，也就是对传统的 CAPM 模型进行了推广。事实上，我们还有许多推广了的 CAPM 模型，最著名的就是套利定价模型（The Arbitrage Pricing Theory Model，简称 APT 模型），下节将研究这个模型。

第六节　套利定价模型

严格地说，套利定价模型只是把 CAPM 模型加以推广，但是由于它的形式简洁，特别是它不需要假定投资者都是风险厌恶型的，也不需要人们按照 M-V 标准来进行决策，故人们已经把它看做一个可以和 CAPM 模型媲美的模型了。下面我们来介绍这个模型。

按照 APT 模型，任一证券 j 的收益率是由下列过程产生的：

$$R_j = ER_j + \beta_j(I - EI) + e_j \tag{4.45}$$

其中：I——产生 j 证券收益的因素（随机变量），它的期望是 EI；

β_j——衡量因素 I 变化对 R_j 影响的系数，它等于$\frac{\sigma_{ij}}{\sigma_I^2}$；

e_j——随机误差（白噪声）。

这里要注意的是，I 是对所有证券起作用的共同因素，它不仅仅可以是市场组合收益率，也可以是国民生产总值（GNP）、道琼斯（Dow-Jones）指数等，显然这样比 CAPM 模型的范围更大了。

APT 模型的基本思想是允许投资者卖短，在这个前提下，应用零净投资（就是不花钱，如先卖后买股票等“套利”行为）可以构造一个零组合，就是

$$\sum_{j=1}^{N} x_j = 0$$

$$\sum_{j=1}^{N} x_j\beta_j = 0$$

上面第一个条件表明这个投资组合的净投资为零，第二个条件表明这个组合的 β 组合系数为零。对式(4.45)两侧同乘 x_j，然后再对 j 求和，得

$$\sum_{j=1}^{N} x_jR_j = \sum_{j=1}^{N} x_jER_j + \sum_{j=1}^{N} x_j\beta_j(I - EI) + \sum_{j=1}^{N} x_je_j$$

或者

$$R_p = ER_p + (I - EI)\sum_{j=1}^{N} x_j\beta_j + \sum_{j=1}^{N} x_je_j$$

注意到 e_j 是白噪声，故有 $\sum_{j=1}^{N} x_je_j = 0$。另外，由于

$$\sum_{j=1}^{N} x_j\beta_j = 0$$

则得

$$R_p = ER_p$$

这说明这个零净投资、零 β 组合没有风险。

这样我们就看清了，通过套利，我们可以不用投资就获得利润。但是如果人人都套利，则无利可套，因为市场会因为套利对象的供求关系而自动调节，所以再平衡时这种套利机会是没有的。因而，我们可得零净投资、零的组合的期望收益率为零，就是

$$ER_p = \sum_{j=1}^{N} x_jER_j = 0$$

注意到

$$\sum_{j=1}^{N} x_j = \sum_{j=1}^{N} x_j \times 1 = 0$$

$$\sum_{j=1}^{N} x_j \beta_j = 0$$

故 ER_j 肯定可以由 1 和 β_j 线性表示,就是

$$ER_j = a_0 + a_1 \beta_j \tag{4.46}$$

现在我们来导出 a_0 和 a_1。为了达到目的,我们构造一个 $\sum_{j=1}^{N} x_j = 1$ 的零 β 组合,用 x_j 分别来乘以式(4.46)的两边,再对 j 求和得

$$\sum_{j=1}^{N} x_j ER_j = a_0 \sum_{j=1}^{N} x_j + a_1 \sum_{j=1}^{N} x_j \beta_1 = a_0$$

就是 $\alpha_0 = ER_p$。注意这里的 $ER_p \neq 0$,因为它是零 β(不是净投资)组合,根据前面所述:

$$a_0 = ER_p = ER_z$$

现再构造一个 $\sum_{j=1}^{N} x_j = 1$,其系数 β 为 1 的组合,把 $a_0 = ER_z$ 代入式(4.46),有

$$ER_j = ER_z + a_1 \beta_j$$

同样对两边乘以 x_j,再对 j 求和得

$$\sum_{j=1}^{N} x_j ER_j = ER_z \sum_{j=1}^{N} x_j + a_1 \sum_{j=1}^{N} x_j \beta_j$$

即

$$ER_p = ER_z + a_1$$

$$a_1 = ER_p - ER_z$$

于是

$$ER_j = ER_z + (ER_p - ER_z)\beta_j \tag{4.47}$$

再次强调一下,ER_p 是 β 为 1 的组合的期望收益率,ER_z 是 β 零组合的期望收益率。

根据式(4.45),β 为 1 的组合的期望收益率应等于 EI,于是我们把式(4.47)写成

$$ER_j = ER_z + (EI - ER_z)\beta_j \tag{4.48}$$

这就是套利定价模型。如果共同因素 I 是 R_m,那么得

$$ER_j = ER_z + (ER_m - ER_z)\beta_j$$

这就是不存在无风险投资时的零 β 模型,即前面的式(4.36)。

从上面可以看出，APT 模型的主要优点在于投资者的注意力并不局限在市场上。事实上，任何因素或任何一些因素都可以作为共同因素而包括在内。因此我们可将式(4.45)扩展成

$$R_j = ER_j + \beta_{j1}(I_1 - EI_1) + \beta_{j2}(I_2 - EI_2) + \cdots + \beta_{jN}(I_N - EI_N) + e_j \tag{4.49}$$

这里各个符号意义同前。

参考文献

[1] Merton R C. Theory of finance from the perspective of continuous time [J]. Journal of Financial and Quantitative Analysis, 1975: 659-674.

[2] Kon S J, Jen F C. Estimation of Time-Varying Systematic Risk and Performance for Mutual Fund Portfolios: An Application of Switching Regression [J]. The Journal of Finance, 1978, 33(2): 457-475.

[3] Schlarbaum G G, Lewellen W G, Lease R C. The Common-Stock-Portfolio Performance Record of Individual Investors: 1964-70[J]. The Journal of Finance, 1978, 33(2): 429-441.

[4] Kymn K O, Page W P. A Microeconomic an Geometric Interpretation of Beta in Models of Discrete Adaptive Expectation [J]. Review of Business and Economic Research, 1978.

[5] Cornell B, Dietrich J K I. Mean-absolute-deviation versus least-squares regression estimation of beta coefficients [J]. Journal of Financial and Quantitative Analysis, 1978, 13(1): 123-131.

[6] Kon S J, Jen F C. The investment performance of mutual funds: An empirical investigation of timing, selectivity, and market efficiency [J]. Journal of Business, 1979: 263-289.

[7] Hill N C, Stone B K. Accounting betas, systematic operating risk, and financial leverage: A risk-composition approach to the determinants of systematic risk [J]. Journal of Financial and Quantitative Analysis, 1980: 595-637.

[8] Lizenberger R H, Ramswamy K. Dividends, Short Selling Restriction, Tax-Included Investor Clienteles and Market Equilibrium [J]. Journal of Finance. 1980.

[9] Hawawini G A, Vora A. The capital asset pricing model and the investment horizon: comment [J]. The Review of Economics and Statistics, 1981, 63(4): 633-636.

[10] Livnat J. A Generalization of the API Methodology as a Way of Measuring the Association Between Income and Stock Prices [J]. Journal of Accounting Research, 1981, 19(2): 350-359.

[11] Chen S N, Lee C F. The sampling relationship between Sharpe's performance measure and its risk proxy: sample size, investment horizon and market conditions[J]. Management Science, 1981, 27(6): 607-618.

[12] Henriksson R D, Merton R C. On market timing and investment performance. Ⅱ. Statistical procedures for evaluating forecasting skills[J]. Journal of business, 1981: 513-533.

[13] Stulz R M. A model of international asset pricing[J]. Journal of Financial Economics, 1981, 9(4): 383-406.

[14] Grauer R R, Hakansson N H. Higher return, lower risk: Historical returns on long-run, actively managed portfolios of stocks, bonds and bills, 1936-1978[J]. Financial Analysts Journal, 1982: 39-53.

[15] Ohlson J A, Rosenberg B. Systematic risk of the CRSP equal-weighted common stock index: A history estimated by stochastic-parameter regression [J]. Journal of Business, 1982: 121-145.

[16] Alexander G J, Benson P G. More on beta as a random coefficient [J]. Journal of Financial and Quantitative Analysis, 1982, 17(1): 27-36.

[17] Stambaugh R F. On the exclusion of assets from tests of the two-parameter model: A sensitivity analysis [J]. Journal of financial economics, 1982, 10 (3): 237-268.

[18] Levy H. The capital asset pricing model: Theory and empiricism [J]. The Economic Journal, 1983, 93(369): 145-165.

第五章　含消费的动态投资组合的最优化

本章与前面几章相比，将要更进一步，即我们在研究 Portfolio 的实际投资策略时，还要考虑投资者的消费策略，把投资策略和消费策略进行“一揽子”优化，从而使他们的期望效用最大；同时，研究的方法也较以前不同，采用的是连续的动态的模型。

本章的内容分为六节：第一节介绍最优化模型与控制规划；第二节介绍 Hamilton-Bellman（HJB）方程；在第三节讨论 HJB 方程的解法和第四节讨论线性二次型调制器后，我们把本章的中心内容——消费和投资的最优决策问题——作为第五节内容；最后一节讨论了动态情况下的两基金定理，之所以把它专门列为一节，是因为该定理是金融证券投资基金赖以存在的理论基础。

本章和下一章涉及的有关数学知识，读者可以参看相关章的参考文献。

第一节　最优化模型与控制规划

设一个经济决策者在初始状态 $t=0$ 时的财富值为 X_0，在时刻 t（$t\in[0,T]$），其财富值为 X_t，消费率为 $C_t\geqslant 0$，依然面对两种投资机会：

① 无风险投资，如银行账户 S_t^0，假定利率 r 是常数，那么有

$$\begin{cases} dS_t^0 = rS_t^0 dt \\ S_0^0 = 1 \end{cases} \tag{5.1}$$

② 风险投资，如股票，设其价格过程（S_t）为

$$\begin{cases} dS_t = \mu S_t dt + \sigma S_t dB_t \\ S_0 = s \end{cases}$$

这里 μ 和 σ 是常数，B_t 是 Brown 运动，由于本章中不考虑测度变换，故 B_t 永远是标准 Brown 运动。现在要对一个固定的时刻 $[0,T]$ 内如何投资、如何消费做出决策，从而在 $t=T$ 点期望效用最大。

我们再设该投资者在时刻 t 向无风险资产和风险资产投资的比例分别为 w^0 和 w^1，那么显然有

$$w_t^0 + w_t^1 = 1$$

丁是，我们得到该经济决策者的财富 X_t 的演化方程：

$$\mathrm{d}X_t = X_t(w_t^0 r + w_t^1 \mu)\mathrm{d}t - C_t \mathrm{d}t + w_t^1 \sigma X_t \mathrm{d}B_t$$

该经济决策者的目标函数应是他的期望效用，即

$$E\left[\int_0^T F(t,C_t)\mathrm{d}t + \Phi(X_T)\right]$$

这里 $F(\cdot)$是关于消费的瞬时效用函数，$\Phi(X_T)$是在时刻 T 积累的财富 X_T 带给他的效用的度量。

根据以上讨论，我们得到这个经济决策者的期望效用最大化模型：

$$\max_{w^0,w^1,C} E\left[\int_0^T F(t,C_t)\mathrm{d}t + \Phi(X_T)\right] \tag{5.2}$$

$$\mathrm{d}X_t = X_t(w_t^0 r + w_t^1 \mu)\mathrm{d}t - C_t \mathrm{d}t + w_t^1 \sigma X_t \mathrm{d}B_t \tag{5.3}$$

$$X_0 = x_0 \tag{5.4}$$

$$C_t \geqslant 0 \tag{5.5}$$

$$w_t^0 + w_t^1 = 1 \tag{5.6}$$

形如上面的模型，我们通常称之为随机最优控制模型。其内的 X_t 称为状态过程(变量)，w^0，w^1 和 C 称为控制过程，它们一起构成了本模型的控制约束。

在对上面的模型作一般的理解之后，我们现在对这个模型作一般化的推广。设状态过程 X_t 是一个 n 维过程，B_t 是一个 d 维标准 Brown 运动，k 维过程 u_t 是一个控制过程。再设 $\mu(t,x,u)$和 $\sigma(t,x,u)$是具有如下形式的已知函数

$$\mu: \mathbf{R}^+ \times \mathbf{R}^n \times \mathbf{R}^k \rightarrow \mathbf{R}^n$$

$$\sigma: \mathbf{R}^+ \times \mathbf{R}^n \times \mathbf{R}^k \rightarrow \mathbf{R}^{n\times k}$$

对于一个给定的点 $X_n \in \mathbf{R}^n$，我们考虑下面的受控随机微分方程：

$$\begin{cases} \mathrm{d}X_t = \mu(t,X_t,u_t)\mathrm{d}t + \sigma(t,X_t,u_t)\mathrm{d}B_t \\ X_0 = x_0 \end{cases} \tag{5.7}$$

在考虑这样一个一般的最优控制问题时，我们首先要建立一个允许控制过程的集合。在随机控制理论中，控制过程 u 是适应于状态过程 X_t 的，也就是在时刻 t 控制过程 u_t 的值仅赖于对这以前 X_t 的观察值。因此假定函数 $g(t,x)$是一个

确定性的函数

$$g:\mathbf{R}^{+}\times\mathbf{R}^{n}\to\mathbf{R}^{k}$$

然后定义控制过程：

$$u_t = g(t,X_t)$$

形如这样的函数 g，我们用一个控制专业的术语，称之为反馈控制规则（后文出现的控制规则均是专指反馈控制规则），因此我们写成

$$\mu_t = u(t,X_t)$$

这里左边的 μ 表示控制在某一时刻的值，即集合 $\mathbf{R}^k$ 中的一个点，而右边的 u 表示一个函数。

设我们现在选择了一个固定的控制规则 $u(t,X)$，那么可把它代入式(5.7)中得到一个标准的随机微分方程：

$$\mathrm{d}X_t = \mu(t,X_t,u(t,X_t))\mathrm{d}t + \sigma(t,X_t,u(t,X_t))\mathrm{d}B_t$$

在大多数控制问题中，都满足一些控制约束，所以对任一 t，我们有 $u_t\in U$，这里 U 表示这些控制元素的集合。在讨论了这些问题之后，我们现在给出允许控制规则的定义。

定义 5.1　一个控制规则是允许的，如果

① 对所有的 $t\in\mathbf{R}^{+}$ 和所有的 $X\in\mathbf{R}^{n}$ 均有 $u_1\in U$。

② 对任一给定的初始点 (t,x)，随机微分方程

$$\begin{cases}\mathrm{d}X_s = \mu(s,X_s,u(s,X_s))\mathrm{d}s + \sigma(s,X_s,u(s,X_s))\mathrm{d}B_s \\ X_t = x\end{cases}\tag{5.8}$$

有唯一解，我们通常用 U 来表示允许控制规则的集合。

从式(5.8)可以看出，如果 $\mu(\cdot)$ 和 $\sigma(\cdot)$ 给定，则上面的方程 X 完全取决于初始点 x 和所选择的控制规则 u，因此我们把方程(5.8)解的过程用 $X^{x,u}$ 来表示，有时为了强调，我们也可以把它写成 X^x 或 X^u。

为了把式(5.8)写成更明确的形式，我们还需要做出下列定义：

定义 5.2　观察式(5.8)，特别注意控制值 u 和控制规则 u 的区别，有

① 对于任一固定向量 $u\in\mathbf{R}^k$，我们作如下定义：

$$\mu^u(t,x) = \mu(t,x,u)$$

$$\sigma^u(t,x) = \sigma(t,x,u)$$

$$C^u(t,x) = \sigma(t,x,u)\sigma(t,x,u)'$$

② 对任一控制规则 u，我们定义：

$$\mu^u(t,x) = \mu(t,x,u(t,x))$$

$$\sigma^u(t,x) = \sigma(t,x,u(t,x))$$
$$C^u(t,x) = \sigma(t,x,u(t,x))\sigma(t,x,u(t,x))'$$
$$F^u(t,x) = F(t,x,u(t,x))$$

③ 对任一固定向量(值)$u \in \mathbf{R}^k$,我们定义偏微分算子 A^u:

$$A^u = \sum_{i=1}^{n} \mu_i^u(t,x) \frac{\partial}{\partial X_i} + \frac{1}{2}\sum_{i,j=1}^{n} C_{ij}^u(t,X) \frac{\partial^2}{\partial X_i \partial X_j}$$

④ 对任一控制规则 u,我们定义偏微分算子 A^u:

$$A^u = \sum_{i=1}^{n} \mu_i^u(t,X) \frac{\partial}{\partial X_i} + \frac{1}{2}\sum_{i,j=1}^{n} C_{ij}^u(t,X) \frac{\partial^2}{\partial X_i \partial X_j}$$

根据上面的定义,对于一给定的控制规则 u,我们可把式(5.8)写成:

$$\mathrm{d}X_t^u = \mu^u \mathrm{d}t + \sigma^u \mathrm{d}B_t$$

另外,对于一给定的控制规则和相应的受控过程 X^u,我们常用符号 u_t 来表示 $u(t,X_t^u)$。

现在我们转向讨论该控制模型的目标函数,考虑给定的两个函数:

$$F:\mathbf{R}^+ \times \mathbf{R}^n \times \mathbf{R}^k \to \mathbf{R}$$
$$\Phi:\mathbf{R}^n \to \mathbf{R}$$

我们定义模型的价值函数为函数 J_0:

$$J_0: U \to \mathbf{R}$$
$$J_0(u) = E\left[\int_0^T F(t,X_t^u,u_t)\mathrm{d}t + \Phi(X_T^u)\right]$$

这里 X^u 是式(5.8)的解,当然它也可写成 $X^{x,u}$。

因为如上的随机控制模型的实质就是对于所有的 $u \in U$,求 $J_0(u)$的最大值,所以如果我们定义最优值$\hat{J}_0$ 为

$$\hat{J}_0 = \sup_{u \in U} J_0(u)$$

如果存在一允许控制规则 $\hat{u}$,使得

$$J_0(\hat{u}) = \hat{J}_0$$

那么我们称这个允许控制规则是该随机控制问题的一个最优控制规则。

应该注意的是,形如上述的随机控制模型不一定存在最优控制规则。事实上,对于这种模型的主要任务是求解最优控制(如果存在的话),或对最优控制作一番定性的描述。如在本节最初的模型中,我们的主要任务就是求解 w^1, w^0 和 C,这就是投资最优策略(w^0, w^1)和消费最优策略 C_t 的决策问题。

第二节　HJB 方程的导出

一般来说，对于形如上节的最优控制问题，我们自然有两个问题要问：

① 该模型存在一个最优的控制规则吗？

② 如果存在，我们怎样来找到它？

本章主要回答第二个问题，所采用的方法就是动态规划中常用的方法，具体来说就是把上节中的规划问题扩展到更大一类的问题，然后把这些问题归入到一种偏微分方程——HJB 方程——的求解。

我们现在来考虑怎样把这个原始控制问题嵌入到 HJB 方程中去。设固定一点 $t\in[0,T]$，也在状态空间上固定一点 $x\in\mathbf{R}^n$，然后我们从这个二维点(t,x)开始来研究下面的控制问题。

定义 5.3　在给定状态方程

$$dX_s^u = \mu(s,X_s^u,u(s,X_s^u))ds + \sigma(s,X_s^u,u(s,X_s^u))dB_s \tag{5.9}$$

和约束

$$\begin{cases} X_t = x \\ u(s,y)\in U, \quad \forall (s,y)\in[t,T]\times\mathbf{R}^n \end{cases} \tag{5.10}$$

的条件下，我们可把控制问题 $P(t,x)$定义为对下式的最大化问题：

$$E_{t,x}\left[\int_t^T F(s,X_s^u,u_s)ds + \Phi(X_T^u)\right] \tag{5.11}$$

注意式(5.10)中，由于 t 和x 已经被选为固定点，所以我们对 u 中的变量相应地用字母 s 和 y 来代替，于是根据本定义，前面的最优控制问题就可以用 $P(0,X)$来表示。

我们现在来定义价值函数 J 和最优价值函数 V。

定义 5.4　我们分别定义价值函数 J 和最优价值函数 V 如下：

① 价值函数：

$$J:\mathbf{R}^+\times\mathbf{R}^n\times U\to\mathbf{R}$$

$$J(t,X,u) = E\left[\int_t^T F(s,X_s^u,u_s)ds + \Phi(X_T^u)\right]$$

这里 X_s^u 由式(5.9)给出。

② 最优价值函数：

$$V: \mathbf{R}^{+} \times \mathbf{R}^{n} \to \mathbf{R}$$
$$V(t,x) = \sup_{u \in U} J(t,x,u)$$

因此，当我们从点(t,x)开始时，价值函数$J(t,x,u)$就是控制规则为u时，在区间$[t,T]$内的全部期望效用，而最优价值函数则是在同样的初始条件下在区间$[t,T]$内的最优期望效用。

一般来说，我们最关心的是最优价值函数V，因此下面将要导出关于V的偏微分方程。在下面的推导过程中，不过多地讨论纯粹数学意义上的技术问题，而是给出一些有利于这种推导过程的硬性假定。

定理 5.1 我们做出了如下假定：

① 存在一个最优控制规则 $\hat{u}$；

② 最优价值函数 $V(t,X)$关于 t 具有一阶连续导数，关于 X 具有二阶连续导数，即 $V \in C^{1,2}$；

③ 在下面的论证中，存在许多合适的限定性过程。

我们现在来推导这个偏微分方程。贯穿于整个过程，我们均是固定$(t,X) \in [0,T] \times \mathbf{R}^{n}$。进一步我们选定一个实数 h 作为一个很小的时间增量，满足$t+h<T$，再选一个固定但是是任意选取的控制规则 u，定义一个如下的控制规则 u^{*}：

$$u^{*} = \begin{cases} u(s,y), & (s,y) \in [t,t+h] \times \mathbf{R}^{n} \\ \hat{u}(s,y), & (s,y) \in (t+h,T] \times \mathbf{R}^{n} \end{cases}$$

换句话说，当我们应用控制 u^{*} 时，在时间区间$[t,t+h]$内应用的是任意控制 u，在剩下的时间区间 $(t+h,T]$内应用的是最优控制规则 $\hat{u}$。贯穿于下面过程中的整个动态规划思想如下：

① 首先对于给定的如上所述的二维点(t,x)，我们考虑在时区 $[t,T]$ 内执行两个如下的策略：策略 1，应用最优控制 $\hat{u}$；策略 2，应用如上所定义的控制规则 u^{*}。

② 然后根据各个策略来分别计算所得的期望效用。

③ 最后，基于执行策略 1 至少不比执行策略 2 差这个事实，让 $h \to 0$，我们就得到了基本的偏微分方程。

下面具体地实现这个流程：

① 执行策略 1 所得的期望效用。根据最优控制的定义，则有 $J(y,u,\hat{u})$

$=V(t,x)$。

② 执行策略 2 所得的期望效用。我们可以依时区 $[t, T]$ 把它分成 $[t,t+h]$和 $(t+h,T]$ 两个子区间,对此实行如上定义的控制规则 u^*:

在时区$[t,t+h]$内,执行任选的但又是控制规则 u,所得的期望效用为

$$E_{t,x}\left(\int_t^{t+h} F(s,X_s^u,u_s)\mathrm{d}s\right)$$

在时区$(t+h,T]$ 内,由于在时刻 $t+h$ 所处的状态是 X_t^u+h,在这个时区内实行的是最优控制规则,故它的条件期望效用是

$$E_{t,x}(V(t+h,X_{t+h}^u))$$

因此在整个区间$[t,T]$内执行策略 2 所得的期望效用为

$$E_{t,x}\left(\int_t^{t+h} F(s,X_s^u,u_s)\mathrm{d}s + V(t+h,X_{t+h}^u)\right)$$

比较策略 1 和策略 2,由于我们定义策略 1 是施行最优控制,所以执行它的期望效用至少不比执行策略 2 所得期望效用小,即

$$V(t,X) \geqslant E_{t,x}\left(\int_t^{t+h} F(s,X_s^u,u_s)\mathrm{d}s + V(t+h,X_{t+h}^u)\right) \tag{5.12}$$

这里的不等式说明在区间$[t,t+h]$内所实行的控制规则 u 由于是任选的,故不可能是最优的。如果式(5.12)取等式,那么这里的控制规则是且只能是最优控制规则,注意这里的最优控制规则不一定唯一。

根据前面的假定,最优价值函数 $V\in C^{1,2}$是光滑的,故应用 Itô定理得

$$V(t+h,X_{t+h}^u) = V(t,X) + \int_t^{t+h}\left(\frac{\partial V}{\partial t}(s,X_s^u) + A^u V(s,X_s^u)\right)\mathrm{d}s + \int_t^{t+h} \nabla_x V(s,X_s^u)\sigma^u \mathrm{d}B_s \tag{5.13}$$

这里 A^u 是第一节所定义的偏微分算子,∇_x是如下所定义的梯度:

$$\nabla_x = \left(\frac{\partial}{\partial x_1},\frac{\partial}{\partial x_2},\cdots,\frac{\partial}{\partial x_n}\right)$$

我们对式(5.13)两边基于二维点(t,X)取期望,并假定$(\nabla_x V(\cdot)\sigma)\in H^2$,则有

$$E_{t,x}V(t+h,X_{t+h}^u) = V(t,X) + E_{t,x}\left(\int_t^{t+h}\left(\frac{\partial V}{\partial t}(s,X_s^u) + A^u V(s,X_s^u)\right)\mathrm{d}s\right)$$

将它代入式(5.12),则消去 $V(t,X)$,得

$$E_{t,x}\left(\int_t^{t+h}\left(F(s,X_s^u,u_s) + \frac{\partial V}{\partial t}(s,X_s^u) + A^u V(s,X_s^u)\right)\mathrm{d}s\right) \leqslant 0 \tag{5.14}$$

对式(5.14)取极限,让该式两边除以 h,并让其趋于 0,则根据 Fubini 定理和积分

的基本性质，基于 $X_t = x$，有

$$F(t,x,u) + \frac{\partial V}{\partial t}(T,X) + A^u V(t,x) \leqslant 0 \tag{5.15}$$

这里 $u = u(t,x)$，即它是基于点 (t,x) 的控制规则的值，由于控制规则 u 是任选的，故上面的控制规则对所有的 $u \in U$ 均成立，等式在且只在 $u = \hat{u}$ 为最优控制规则的情况下成立。因此我们有下面的方程：

$$\frac{\partial V}{\partial t}(t,x) + \sup_{u \in U}\{F(t,x,u) + A^u V(t,x)\} = 0 \tag{5.16}$$

注意到上述讨论中，点 (t,x) 是固定。但我们也不难看出，对所有的 $(t,X) \in [0,T] \times \mathbf{R}^n$，上式均是成立的。另外对于上述这样一个并不标准的偏微分方程，我们若要求解，还需要一些边界条件。一个显然的事实是，对于所有的 $x \in \mathbf{R}^n$，有 $V(T,x) = \Phi(x)$，于是我们就得到了所谓的 Hamilton-Jacobi-Bellman 方程，通常称之为 HJB 方程。

定理 5.2（HJB 方程） 在定理 5.1 的条件下，下列结论成立：

① V 满足下面的 HJB 方程：

$$\begin{cases} \dfrac{\partial V}{\partial t}(t,x) + \sup\limits_{u \in U}\{F(t,x,u) + A^u V(t,x)\} = 0, & \forall (t,x) \in [0,T] \times \mathbf{R}^n \\ V(T,x) = \Phi(x), & \forall x \in \mathbf{R}^n \end{cases}$$

② 对于每一个 $(t,X) \in [0,T] \times \mathbf{R}^n$，如果采取 $u = \hat{u}(t,x)$，则上面方程中的上界可以取到。

从上面的定理我们可以看到，它表现出的是一个必要性的条件，即如果 $V(\cdot)$ 是最优价值函数并且 $\hat{u}$ 是最优控制规则，那么 V 满足 HJB 方程，$\hat{u}$ 能达到其上界。

我们对于 HJB 方程特别感兴趣的另一个原因是，它还可以充当最优控制问题 (5.9) 和 (5.11) 有解的充分条件，而且不同于必要性条件。对它可作为充分条件的这个事实，我们可以给出严格的证明，于是就有如下的验证定理：

定理 5.3（验证定理） 设有两个函数 $H(t,x)$ 和 $g(t,x)$，以至于：

① H 是充分可积的——在本章中即：$\nabla_x H(s,X_s^u)\sigma^u(s,X_s^u) \in H^2$ 是如下的 HJB 方程的解：

$$\begin{cases} \dfrac{\partial V}{\partial t}(t,x) + \sup\limits_{u \in U}\{F(t,x,u) + A^u H(t,x)\} = 0, & \forall (t,x) \in [0,T] \times \mathbf{R}^n \\ H(T,x) = \Phi(x), & \forall x \in \mathbf{R}^n \end{cases}$$

② 函数 g 是一个允许控制规则；

③ 对于每一个固定的点(t,x)，选择 $u=g(t,x)$，则 HJB 方程中的上界可以达到。

那么我们得到下列结果：

① 这个控制问题的最优价值函数 $V(t,x)=H(t,x)$；

② 存在一个最优的控制规则 $\hat{u}$，而且有 $\hat{u}(t,x)=g(t,x)$。

下面给出验证定理的证明。

证明　设 H 和 g 如上给出，现在选择任一控制规则 $u\in U$，固定点(t,x)，我们在区间$[t,T]$上定义过程 X^u，它是如下方程的解：

$$\begin{cases} dX_s^u = \mu^u(s,X_s^u)ds + \sigma^u(s,X_s^u)dB_s \\ X_t = x \end{cases}$$

注意到 H 是 X 的函数，对 $H(T,X_T^u)$施行 Itô定理得

$$H(T,X_T^u) = H(t,x) + \int_t^T \left(\frac{\partial H}{\partial t}(s,X_s^u) + A^u H(s,X_s^u)\right)ds + \int_t^T \nabla_x H(s,X_s^u)\sigma^u(s,X_s^u)dB_S \tag{5.17}$$

既然 H 是 HJB 方程的解，则我们对所有的 $u\in U$，有

$$F(t,x,u) + \frac{\partial H}{\partial t}(t,x) + A^u H(t,x) \leqslant 0$$

于是对每一个 s，有

$$\frac{\partial H}{\partial t}(s,X_s^u) + A^u H(s,X_s^u) \leqslant - F^u(s,X_s^u) \tag{5.18}$$

根据 HJB 方程的边界条件，有

$$H(T,X_T^u) = \Phi(X_T^u) \tag{5.19}$$

将它代入式(5.17)，并注意到式(5.18)，得

$$H(t,x) \geqslant \int_t^T F^u(s,X_s^u)ds + \Phi(X_T^u) - \int_t^T \nabla_x H(s,X_s^u)\sigma^u(s,X_s^u)dB_S$$

根据 H 是充分可积的条件，我们对上式两边基于点(t,x)求期望：

$$H(t,x) \geqslant E_{t,x}\left(\int_t^T F^u(s,X_s^u)ds + \Phi(X_T^u)\right) = J(t,x,u)$$

既然 u 是任一允许规则，则得到

$$H(t,x) \geqslant \sup_{u\in U} J(t,x,u) = V(t,x) \tag{5.20}$$

为了得到相反的不等式，我们选用一个特别的控制规则：$u(t,x)=g(t,x)$，通过如前同样的运算和对 $g(t,x)$的假定，得

$$\frac{\partial H}{\partial t}(t,x) + F^g(t,x) + A^g H(t,x) = 0$$

进而得到等式

$$H(t,x) = E_{t,x}\left(\int_t^T F^g(s,X_s^g)\mathrm{d}s + \Phi(X_T^g)\right) = J(t,x,g) \tag{5.21}$$

另一方面,我们已有

$$V(t,x) \geqslant J(t,x,g) \tag{5.22}$$

因此综合式(5.21)和式(5.22),我们得到与式(5.20)相反的不等式:

$$H(t,x) = J(t,x,g) \leqslant V(t,x) \tag{5.23}$$

故将式(5.23)和式(5.20)结合起来,得

$$H(t,x) = V(t,x) = J(t,x,g) \tag{5.24}$$

这表明 $H = V$,$g(\cdot)$是最优控制规划,证毕。

在验证定理中,我们允许控制约束集是时间和状态相关的,即它可呈 $U(t,x)$ 的形式。另外,在随机控制问题中,有时我们并不是要求其目标函数最大化,而恰恰相反是目标函数最小化,这里对于价值函数和最优控制可给出明确的定义,且如果我们将 HJB 方程中的

$$\sup_{u\in U}\{F(t,x,u) + A^u V(t,x)\}$$

一项变为

$$\inf_{u\in U}\{F(t,x,u) + A^u V(t,x)\}$$

所有结果依然成立。

第三节　HJB 方程的求解思路

本节我们讨论 HJB 方程求解的一般思路。假定对于我们所要求解的最优控制问题,其对应的 HJB 方程为

$$\begin{cases} \dfrac{\partial V}{\partial t}(t,x) + \sup\limits_{u\in U}\{F(t,x,u) + A^u V(t,x)\} = 0 \\ V(T,X) = \Phi(X) \end{cases} \tag{5.25}$$

那么求解这个偏微分方程的一般步骤如下:

① 把这里的 HJB 方程看作未知函数 V 的偏微分方程。

② 固定一个任意点$(t,X)\in[0,T]\times\mathbf{R}^n$，对于这个固定的选择$(t,x)$，我们来解静态最优化问题：

$$\max_{u\in U}\{F(t,x,u)+A^u V(t,x)\}$$

注意这里的 t 和x 是固定参数，只有 u 是唯一的变量，同时我们假定函数 F，V 和 A 中的μ 和σ 均是给定的。

③ 对 u 的最优选择$\hat{u}$，不仅仅取决于对时间 t 和状态x 的选择，而且还取决于函数 V 和它的各阶偏导数(存在于 $A^u V$ 中)。为了表明这些依赖性，我们可以把 $\hat{u}$ 写成

$$\hat{u}=\hat{u}(t,x,V) \tag{5.26}$$

④ 虽然我们把 $\hat{u}(t,x,V)$作为最优控制规则的备选对象，但由于我们并不知道 V，所以式(5.26)的描述是不完整的。因此我们把关于 $\hat{u}$ 的式(5.26)代入偏微分方程(5.25)中，得到

$$\begin{cases}\dfrac{\partial V}{\partial t}(t,x)+F^{\hat{u}}(t,x,u)+A^{\hat{u}}V(t,x)=0\\ V(T,X)=\Phi(X)\end{cases} \tag{5.27}$$

⑤ 求解偏微分方程(5.27)。如果我们求得解 V 后，再把它代入式(5.26)中，根据验证定理(5.7)，我们能确认 V 是最优价值函数，而 $\hat{u}$ 则是最优控制规则。

熟悉动态规划的读者知道，在上面的各个步骤中，以第五步最难，因为式(5.27)一般是一个非线性的偏微分方程，一般来说对形如此类边值问题的求解是得不到解析解的，而只能用数值解的方法。当然对于一些具有特殊结构的偏微分方程，我们还是可以得到它的解析解的，下一节将给出这样的例子。

第四节　线性调制器

本节研究随机控制问题的一个经典案例——线性二次型调制器问题，把它作为我们求解 HJB 方程，并获得解析解的例子。

线性二次型调制器问题在所有的控制问题中是最著名的，它是一个工程问题。设给定的状态方程如下：

$$\mathrm{d}X_t = (\boldsymbol{A}\boldsymbol{X}_t + \boldsymbol{B}\boldsymbol{u}_t)\mathrm{d}t + \boldsymbol{C}\mathrm{d}\boldsymbol{B}_t$$

我们要求下列目标函数最大化：

$$E\left(\int_0^T (\boldsymbol{X}'_t\boldsymbol{Q}\boldsymbol{X}_t + \boldsymbol{u}'_t\boldsymbol{R}\boldsymbol{u}_t)\mathrm{d}t + \boldsymbol{X}'_T\boldsymbol{H}\boldsymbol{X}_T\right)$$

像通常一样，$\boldsymbol{X}\in\mathbf{R}^n$，$u_t\in\mathbf{R}^k$，关于 u，我们未施加任何约束。同时矩阵 $\boldsymbol{Q}$，$\boldsymbol{R}$，$\boldsymbol{H}$，$\boldsymbol{A}$，$\boldsymbol{B}$ 和 $\boldsymbol{C}$ 均是已知的。不失一般性，我们不妨设 $\boldsymbol{Q}$，$\boldsymbol{R}$，$\boldsymbol{H}$ 是对称的，矩阵 $\boldsymbol{R}$ 是正定的，于是该问题的 HJB 方程是

$$\begin{cases}\dfrac{\partial V}{\partial t}(t,x) + \inf\limits_{u\in\mathbf{R}^k}\{\boldsymbol{X}'\boldsymbol{Q}\boldsymbol{X} + \boldsymbol{u}'\boldsymbol{R}\boldsymbol{u} + (\nabla_x V)(t,x)(\boldsymbol{A}x + \boldsymbol{B}\boldsymbol{u})\} \\ \quad + \dfrac{1}{2}\sum\limits_{i,j}\dfrac{\partial^2 V}{\partial x_i\partial x_j}(t,x)(\boldsymbol{C}\boldsymbol{C}')_{i,j} = 0 \\ V(T,\boldsymbol{X}) = \boldsymbol{X}'\boldsymbol{H}\boldsymbol{X}\end{cases}$$

对于每一个固定的选择(t,x)，注意到如上所述，u 是唯一的变量。我们来解下面的静态无约束优化问题

$$\inf_{u\in\mathbf{R}^k}\{u'\boldsymbol{R}\boldsymbol{u} + (\nabla_x V)(t,x)\boldsymbol{B}\boldsymbol{u}\}$$

设

$$G(\boldsymbol{u}) = \boldsymbol{u}'\boldsymbol{R}\boldsymbol{u} + (\nabla_x V)(t,x)\boldsymbol{B}\boldsymbol{u}$$

两边对 $\boldsymbol{u}$ 向量求导，注意到 $\boldsymbol{R}$ 是对称且正定的，则有

$$\frac{\partial G(\boldsymbol{u})}{\partial \boldsymbol{u}} = 2\boldsymbol{R}\boldsymbol{u} + \boldsymbol{B}'(\nabla_x V)'(t,x)$$

于是让$\dfrac{\partial G(u)}{\partial u}=0$，则得

$$2\boldsymbol{R}\boldsymbol{u} + \boldsymbol{B}'(\nabla_x V)'(t,x) = 0$$

$$\hat{u} = -\frac{1}{2}\boldsymbol{R}^{-1}\boldsymbol{B}'(\nabla_x V)'(t,x)$$

这里为了解出最优控制，由于 $\boldsymbol{R}$，$\boldsymbol{B}$ 均为已知，唯一的问题是我们不知道最优价值函数 $V(\cdot)$的形式或结构。我们只能像在解微分方程中那样，对 V 的形式进行“猜”或者“凑”。我们注意到，已假定 $\boldsymbol{Q}$ 和 $\boldsymbol{H}$ 是对称的，那么 $\Phi(T,\boldsymbol{X}) = \boldsymbol{X}'\boldsymbol{H}\boldsymbol{X}$ 和目标函数中的被积函数 $\boldsymbol{X}'\boldsymbol{Q}\boldsymbol{X}$ 则应该是二次型函数，因此我们也假定 V 是一个如下的二次型函数：

$$V(t,\boldsymbol{X}) = \boldsymbol{X}'P(t)\boldsymbol{X} + q(t) \tag{5.28}$$

这里 $P(t)$是 t 的确定性对称的矩阵函数，$q(\cdot)$是 t 的一个确定性的标量函数，当然这里也包括如下的形式：

$$V(t,\boldsymbol{X}) = L(t)\boldsymbol{X}$$

只不过它不是必要的。

按照式(5.28)的形式,我们在该式两边对 t 求各项偏导,并且用 P 来表示 $\frac{\mathrm{d}P(t)}{\mathrm{d}t}$,则

$$\frac{\partial V}{\partial t}(t,\boldsymbol{X}) = \boldsymbol{X}'\dot{P}\boldsymbol{X} + \dot{q}$$
$$\nabla_x V(t,\boldsymbol{X}) = 2\boldsymbol{X}'\boldsymbol{P}$$
$$\nabla_{xx} V(t,\boldsymbol{X}) = 2\boldsymbol{P}$$

于是得到

$$\hat{u} = -\frac{1}{2}\boldsymbol{R}^{-1}\boldsymbol{B}'(\nabla_x V)' = \boldsymbol{R}^{-1}\boldsymbol{B}'\boldsymbol{P}\boldsymbol{X}$$

把上述各式代入上面 HJB 方程,我们得到

$$\begin{aligned}\boldsymbol{X}'\dot{\boldsymbol{P}}\boldsymbol{X} + \dot{q} + \boldsymbol{X}'\boldsymbol{Q}\boldsymbol{X} + \boldsymbol{X}'\boldsymbol{P}\boldsymbol{B}\boldsymbol{R}^{-1}\boldsymbol{R}\boldsymbol{R}^{-1}\boldsymbol{B}'\boldsymbol{P}\boldsymbol{X} + 2\boldsymbol{X}'\boldsymbol{P}\boldsymbol{A}\boldsymbol{X} \\ - 2\boldsymbol{X}'\boldsymbol{P}\boldsymbol{B}\boldsymbol{R}^{-1}\boldsymbol{B}'\boldsymbol{P}\boldsymbol{X} + \sum_{i,j}P_{ij}(\boldsymbol{C}\boldsymbol{C}')_{ij} = 0\end{aligned} \tag{5.29}$$

注意到

$$\operatorname{tr}(\boldsymbol{C}'p\boldsymbol{C}) = \sum_{j}P_{ij}(\boldsymbol{C}\boldsymbol{C}')_{ij} \tag{5.30}$$

这里 tr(·)是矩阵的迹,又因为 $\boldsymbol{X}'\boldsymbol{P}\boldsymbol{A}\boldsymbol{X}$ 是标量,则有

$$\boldsymbol{X}'\boldsymbol{P}\boldsymbol{A}\boldsymbol{X} = (\boldsymbol{X}'\boldsymbol{P}\boldsymbol{A}\boldsymbol{X})' = \boldsymbol{X}'\boldsymbol{A}'\boldsymbol{P}\boldsymbol{X}$$

于是有

$$2\boldsymbol{X}'\boldsymbol{P}\boldsymbol{A}\boldsymbol{X} = \boldsymbol{X}'\boldsymbol{P}\boldsymbol{A}\boldsymbol{X} + \boldsymbol{X}'\boldsymbol{A}'\boldsymbol{P}\boldsymbol{X} \tag{5.31}$$

将式(5.30)和式(5.31)代入式(5.29),加以整理得

$$\boldsymbol{X}'(\dot{\boldsymbol{P}} + \boldsymbol{Q} - \boldsymbol{P}\boldsymbol{B}\boldsymbol{R}^{-1}\boldsymbol{B}'\boldsymbol{P} + \boldsymbol{P}\boldsymbol{A} + \boldsymbol{A}'\boldsymbol{P})\boldsymbol{X} + \dot{q} + \operatorname{tr}(\boldsymbol{C}'\boldsymbol{P}\boldsymbol{C}) = 0 \tag{5.32}$$

如果上式对所有的 $\boldsymbol{X}$ 和 t 都成立,则有矩阵微分方程:

$$\dot{\boldsymbol{P}} = \boldsymbol{P}\boldsymbol{B}\boldsymbol{R}^{-1}\boldsymbol{B}'\boldsymbol{P} - \boldsymbol{P}\boldsymbol{A} - \boldsymbol{A}'\boldsymbol{P} - \boldsymbol{Q}$$

和标量微分方程:

$$\dot{q} = -\operatorname{tr}(\boldsymbol{C}'\boldsymbol{P}\boldsymbol{C})$$

为了了解这两个微分方程,我们必须要找出它们的边界条件。事实上不难从 HJB 方程得到

$$V(T,\boldsymbol{X}) = \boldsymbol{X}'\boldsymbol{H}\boldsymbol{X} = \boldsymbol{X}'P(T)\boldsymbol{X} + q(T)$$

则有

$$\begin{cases}P(T) = \boldsymbol{H} \\ q(T) = 0\end{cases}$$

于是我们得到下面两个边值问题：

$$\begin{cases}\dot{\boldsymbol{P}} = \boldsymbol{PBR}^{-1}\boldsymbol{B}'\boldsymbol{P} - \boldsymbol{PA} - \boldsymbol{A}'\boldsymbol{P} - \boldsymbol{Q} \\ P(T) = \boldsymbol{H}\end{cases} \tag{5.33}$$

和

$$\begin{cases}\dot{q} = -\operatorname{tr}(\boldsymbol{C}'\boldsymbol{PC}) \\ q(T) = 0\end{cases} \tag{5.34}$$

对于方程(5.34)求解，得

$$q(t) = -\int_t^T \operatorname{tr}(\boldsymbol{C}'P(s)\boldsymbol{C})\mathrm{d}s$$

而方程(5.33)即是所谓的 Riccati 方程，对这个方程的求解有一套成熟而有效的数值解法，感兴趣的读者可以自行查阅有关文献。

总之，我们得到了该问题的最优价值函数 V 和最优控制规则 $\hat{u}$，如下面两式所示，注意这里的最优控制规则和状态变量是线性关系：

$$\hat{u}(t,x) = -\boldsymbol{R}^{-1}\boldsymbol{B}'P(t)x \tag{5.35}$$

$$V(t,\boldsymbol{X}) = \boldsymbol{X}'P(t)\boldsymbol{X} + \int_t^T \operatorname{tr}(\boldsymbol{C}'P(s)\boldsymbol{C})\mathrm{d}s \tag{5.36}$$

第五节　最优消费和投资的决策

本节研究本章一开始提出的最优消费和投资的决策问题，我们指出这是一个最优控制问题：

$$\max_{w^0, w^1, C} E\left(\int_0^T F(t, C_t)\mathrm{d}t + \Phi(X_T)\right) \tag{5.2}$$

关于财富过程(X_t)的受控随机微分方程为

$$\mathrm{d}X_t = X_t(w_t^0 r + w_t^1 \mu)\mathrm{d}t - C_t\mathrm{d}t + w_t^1\sigma X_t\mathrm{d}B_t \tag{5.3}$$

本问题的约束

$$C_t \geqslant 0 \tag{5.5}$$

$$w_t^0 + w_t^1 = 1 \tag{5.6}$$

对于这类具体的问题，我们必须要结合一定的经济意义来讨论，否则得出的结果会令人啼笑皆非，而且从模型本身来说，也成了一个退化的模型。举一个最简单的例子，如果让 $\Phi(x)=0$，那么由于效用函数 F 关于 C_t 递增，而我们根据模型给出的“最优消费”策略就是让 C_t 尽可能大，C_t 越大，它带来的效用亦越大。于是坐吃山空，很快该消费者的财富降为 0，如果再消费，财富即变为负数。这个例子告诉我们，这个控制问题是无解的。

如果我们再把这个例子上升到一个理论高度，比如一个和谐的社会或家庭或具有“前顾后盼”能力的人，他在作决策时，应该要求把自己的状态过程——如财富过程——限制在一个区域 D 内，一旦这个变量触及 D 的边界 ∂D，则应引起社会或家庭或个人的警觉，原来的活动将要停止。

基于以上事实，我们以一个个人消费者为例，来研究他的消费—投资的决策问题。我们假定研究区间为 T，所设定的域 $D\subset[0,T]\times\mathbf{R}^n$，假定该消费者的财富为零时，他的一切活动均停止。当然这里的 $X_0=x$ 应该在域 D 内，于是我们定义停时

$$\tau=\inf\{t\geqslant 0 \mid (t,X_t)\in\partial D \mid X\in D\}\wedge T$$

如果我们把 D 写得更清楚，写成 $D=[0,T]\times\{X \mid X>0\}$，那么上面的停时则可以更清楚地定义成

$$\tau=\inf\{t>0 \mid X_t=0 \mid X>0\}\wedge T$$

那么原来的目标函数式(5.2)即成为

$$E\left(\int_0^\tau F(t,C_t)\mathrm{d}t\right) \tag{5.37}$$

它自动地保证，当消费者的财富为零时，一切活动均停止。

我们再对状态方程(5.3)进行简化，设 $w_t^1=w_t$，那么 $w_t^0=1-w_t$，于是给出状态方程：

$$\mathrm{d}X_t=w_t(\mu-r)X_t\mathrm{d}t+(rX_t-C_t)\mathrm{d}t+w_t\sigma X_t\mathrm{d}B_t \tag{5.38}$$

则得到对应的 HJB 方程：

$$\begin{cases}\dfrac{\partial V}{\partial t}+\sup\limits_{C\geqslant 0,\,W\in\mathbf{R}}\left\{F(t,C)+wx(\mu-r)\dfrac{\partial V}{\partial x}+(rx-C)\dfrac{\partial V}{\partial x}+\dfrac{1}{2}w^2\sigma^2\dfrac{\partial^2 V}{\partial x^2}\right\}=0\\ V(T,X)=0\\ V(t,0)=0\end{cases}$$

我们现在取一个效用函数，如下所示的特例：

$$F(t,x)=\mathrm{e}^{-\delta t}C^\gamma$$

这里 $0<\gamma<1$，这个效用函数的特点是，当 $C=0$ 时，它的边际效用为无穷大。这个特点迫使最优消费计划在整个计划时段内为正，使我们能更好地处理这个问题。

按第三节的有关内容，我们现在来考虑有关静态优化的问题，设

$$G(c,w)=\mathrm{e}^{-\delta t}C^{\gamma}+wx(\mu-r)\frac{\partial V}{\partial x}+(rx-C)\frac{\partial V}{\partial x}+\frac{1}{2}x^2w^2\sigma^2\frac{\partial^2 V}{\partial x^2}$$

那么欲求

$$\max G(c,w)$$

必须让

$$\frac{\partial G}{\partial C}=0,\quad \frac{\partial G}{\partial W}=0$$

这样我们得

$$\gamma C^{\gamma-1}=\mathrm{e}^{\delta t}V_x \tag{5.39}$$

和

$$W=-\frac{V_x}{xV_{xx}}\frac{\mu-r}{\sigma^2} \tag{5.40}$$

这里 V 的下标表示偏导数。

这样欲求得最优消费和投资(向风险资产的投资)，必须知道最优价值函数 $V(t,x)$的具体结构或形式。我们不妨假定 $h(t)$是 t 的确定性函数，$V(t,x)$可以表示成

$$V(T,x)=\mathrm{e}^{-\delta t}h(t)x^{\gamma} \tag{5.41}$$

于是根据 HJB 方程的边界条件得

$$V(T,x)=\mathrm{e}^{-\delta t}h(T)x^{\gamma}=0$$

即

$$h(T)=0 \tag{5.42}$$

在给定了函数 V 的形式(5.41)后，得

$$\frac{\partial V}{\partial t}=\mathrm{e}^{-\delta t}\dot{h}(t)x^{\gamma}-\delta\mathrm{e}^{-\delta t}h(t)x^{\gamma} \tag{5.43}$$

$$\frac{\partial V}{\partial x}=\gamma\mathrm{e}^{-\delta t}h(t)x^{\gamma-1} \tag{5.44}$$

$$\frac{\partial^2 V}{\partial x^2}=\gamma(\gamma-1)\mathrm{e}^{-\delta t}h(t)x^{\gamma-2} \tag{5.45}$$

这里 $\dot{h}(t)$指 $h(t)$对 t 的导数。

于是把上述三式代入式(5.39)和式(5.40)，我们得最优风险资产权数和最优消费：

$$\hat{w}(t,x)=\frac{\mu-r}{\sigma^2(1-\gamma)} \tag{5.46}$$

$$\hat{C}(t,x) = xh(t)^{-\frac{1}{1-\gamma}} \tag{5.47}$$

这里 $\hat{w}$ 是常数,它与本书第一章中的平衡定价模型的结论一致,而最优消费 $\hat{C}$ 和财富 x 呈线性关系。但这里还未求得 $h(t)$,我们不妨认为式(5.41)就是 HJB 方程的解,将式(5.43)～(5.47)代入本题的 HJB 方程,从而得到

$$X^{\gamma}\{\dot{h}(t) + Ah(t) + Bh(t)^{-\frac{1}{1-\gamma}}\} = 0 \tag{5.48}$$

这里 A 和 B 分别由下式给出:

$$A = \frac{\gamma(\mu - r)^2}{\sigma^2(1-\gamma)} + r\gamma - \frac{1}{2}\frac{\gamma(\mu - r)^2}{\sigma^2(1-\gamma)} - \delta$$

$$B = 1 - \gamma$$

如果方程(5.48)对所有的 t 和 x 均成立,则式(5.39)中的 $h(t)$ 就是下面普通偏微分方程的解:

$$\begin{cases} \dot{h}(t) + Ah(t) + Bh(t)^{-\frac{1}{1-\gamma}} = 0 \\ h(T) = 0 \end{cases}$$

这是一个 Bernoulli 方程,它可以直接解出。

总之,我们按照式(5.46)和式(5.47)来定义最优投资和消费,以 $h(t)$ 为上述 Bernoulli 方程的解,且如果我们按式(5.41)来定义最优价值函数 $V(t,x)$,那么 V 满足本问题所对应的 HJB 方程,$\hat{w}$ 和 $\hat{C}$ 均达到了方程的上界,则根据验证定理,我们的确找到了最优解。

第六节　两基金定理

两基金定理是 Merton 在 1971 年给出的,如同我们在第三章第二节中的性质 5 所指出的,它的基本思想就是任意两个基金的线性组合,是一个最优投资组合。按照这个理论,作为芸芸众生的个体投资者,虽然他对现代投资理论可能一窍不通,但他可以通过购买基金来达到他的最优投资组合,所以这个理论也部分地解释了为什么各种互助基金在美国、加拿大等国长盛不衰。本节我们简单地讨论一下两基金定理,为了叙述清晰起见,我们分不含无风险资产的市场和含有无风险资产的市场两种情况来讨论。

1. 不含无风险资产的情况

我们考虑一个不含无风险资产的市场,其内有 n 种风险资产,其价格过程记为

$$\boldsymbol{S}(t) = (S_1(t), S_2(t), \cdots, S_n(t))'$$

在测度 $\boldsymbol{P}$ 下,它具有下面的演化方程:

$$\mathrm{d}S = D(s)\mu\mathrm{d}t + D(S)\sigma\mathrm{d}B_t \tag{5.49}$$

这里 $\boldsymbol{B}$ 仍然是 $\boldsymbol{P}$ ——k 维标准 Brown 运动,$\boldsymbol{D}(\boldsymbol{S})$是如下的对角阵:

$$\boldsymbol{D}(\mathbf{s}) = \mathrm{diag}(S_1, S_2, \cdots, S_n)$$

同时 $\boldsymbol{\sigma}$ 是一个 $n \times k$ 阶矩阵,$\boldsymbol{\mu} = (\mu_1, \mu_2, \cdots, \mu_n)$。

根据向量随机微分方程(5.47)我们得到第 i 个资产的价格演化方程:

$$\mathrm{d}S_i(t) = S_i(t)\mu_i\mathrm{d}t + S_i(t)\sigma_i\mathrm{d}B_t$$

这里 σ_i 是$\boldsymbol{\sigma}$ 的第i 行。

我们现在用向量 $\boldsymbol{w} = (w_1, w_2, \cdots, w_n)'$来表示投资策略,注意这里 $\boldsymbol{w}$ 是组合系数向量,满足

$$\boldsymbol{i}'\boldsymbol{w} = 1$$

这里的人造向量

$$\boldsymbol{i} = \overbrace{(1,1,\cdots,1)}^{n}$$

用 c 来表示消费计划,则对于给定的 $\boldsymbol{w}, c$,根据式(5.3),我们得出财富过程 X_t 的演化方程:

$$\mathrm{d}X_t = \boldsymbol{X}_t\boldsymbol{w}'\mu\mathrm{d}t - c_t\mathrm{d}t + \boldsymbol{X}_t\boldsymbol{w}'\sigma\mathrm{d}\boldsymbol{B}_t \tag{5.50}$$

我们也设一个瞬时效用函数为 $\boldsymbol{F}(t, C_t)$,我们的目标是期望效用最大化:

$$E(\int_0^T \boldsymbol{F}(t, c_t)\mathrm{d}t)$$

这里 T 是给定的时间区域。同样为了不使最优化模型退化,我们不允许财富过程为负。那么如上节所述,引进停时

$$\tau = \inf\{t \geqslant 0 \mid X_t = 0\} \wedge T$$

于是我们的最后问题,就是在给定了 S_t 与X_t 的演化方程(5.49)、(5.50)和

$$\boldsymbol{i}'\boldsymbol{w} = 1 \tag{5.51}$$

$$c_t \geqslant 0 \tag{5.52}$$

的约束下,使得下面的目标函数最大化:

$$E(\int_0^T \boldsymbol{F}(t, c_t)\mathrm{d}t)$$

则这个问题的HJB方程就是

$$\begin{cases}\dfrac{\partial V}{\partial t}(t,x,S)+\sup\limits_{i'w=1,c\geqslant 0}\{F(t,c_t)+A^{c,w}V(t,x,\boldsymbol{S})\}=0\\ V(T,x,S)=0\\ V(t,0,S)=0\end{cases}$$

这里的函数 V 中又多了一个自变量——资产的价格 S，这是因为在一般的情况下，参数 $\boldsymbol{\mu}$ 和 $\boldsymbol{\sigma}$ 均与价格 S 有关，而同时 V 与 $\boldsymbol{\mu},\boldsymbol{\sigma}$ 有关。

但是出于简化问题的目的，我们假设 $\boldsymbol{\mu}$ 和 $\boldsymbol{\sigma}$ 与价格过程 S_t 无关，它们关于时间是确定的，是常数。这样我们就得到财富过程 X_t 是Markov过程，同时由于价格过程既不出现在目标函数中，也不出现在停时的定义中，故只有 X_t 才能充当状态过程的角色，对于价格过程 S_t，我们则可以把它暂时忘却。

在这样的假定后，我们可把最优价值函数写成与价格过程无关的形式 $V(t,x)$，经过一些简单的计算后，$A^{c,w}V$ 这一项就可以写成

$$A^{c,w}V=xw'\boldsymbol{\mu}\frac{\partial V}{\partial x}-c\frac{\partial V}{\partial x}+\frac{1}{2}x^2\boldsymbol{w}'\boldsymbol{\Sigma}\boldsymbol{w}\frac{\partial^2 V}{\partial x^2}$$

这里的矩阵 $\boldsymbol{\Sigma}$ 由下式给出：

$$\boldsymbol{\Sigma}=\boldsymbol{\sigma}'\boldsymbol{\sigma}$$

现在我们来总结假设。

假设 5.1　我们假定：

① 向量 $\boldsymbol{\mu}$ 是确定性的常数向量；

② 矩阵 $\boldsymbol{\sigma}$ 是确定性的常数矩阵；

③ 矩阵 $\boldsymbol{\sigma}$ 的秩是 n，特别的矩阵 $\boldsymbol{\Sigma}=\boldsymbol{\sigma}'\boldsymbol{\sigma}$ 是正定的和可逆的。

根据条件③，我们知该市场是完备的，如果用下标来表示偏导数，则得到如下的HJB方程：

$$\begin{cases}V_t(t,x)+\sup\limits_{i'w=1,c\geqslant 0}\{F(t,c_t)+(x\boldsymbol{w}'\boldsymbol{\mu}-c)V_x(t,x)\\ \qquad +\dfrac{1}{2}x^2\boldsymbol{w}'\boldsymbol{\Sigma}\boldsymbol{w}V_{xx}(t,x)\}=0\\ V(T,x)=0\\ V(t,0)=0\end{cases}$$

如果我们考虑约束 $\boldsymbol{i}'\boldsymbol{w}=1$，则得到静态优化问题的Lagrange函数：

$$L = F(t, C_t) + (x\boldsymbol{w}'\boldsymbol{\mu} - c)V_x(t, x) + \frac{1}{2}x^2\boldsymbol{w}'\boldsymbol{\Sigma}\boldsymbol{w}V_{xx} + \lambda(1 - \boldsymbol{i}'\boldsymbol{w})$$

根据

$$\frac{\partial L}{\partial c} = 0$$

得

$$\frac{\partial F(t, c)}{\partial c} = V_x(t, x)$$

而根据

$$\frac{\partial L}{\partial \boldsymbol{w}} = 0$$

得

$$xV_x(t, x)\boldsymbol{\mu} + x^2\boldsymbol{\Sigma}\boldsymbol{w}V_{xx}(t, x) - \lambda\boldsymbol{i} = 0$$

$$\hat{w} = \boldsymbol{\Sigma}^{-1}\left(\frac{\lambda}{x^2V_{xx}}\boldsymbol{i} - \frac{V_x}{xV_{xx}}\boldsymbol{\mu}\right) \tag{5.53}$$

利用式(5.51)的约束条件得

$$\lambda = \frac{x^2V_{xx} + xV_x\boldsymbol{i}'\boldsymbol{\Sigma}^{-1}\boldsymbol{\mu}}{\boldsymbol{i}'\boldsymbol{\Sigma}^{-1}\boldsymbol{i}}$$

把它代入式(5.53)得

$$\hat{w} = \frac{1}{\boldsymbol{i}'\boldsymbol{\Sigma}^{-1}\boldsymbol{i}}\boldsymbol{\Sigma}^{-1}\boldsymbol{i} + \frac{V_x}{xV_{xx}}\boldsymbol{\Sigma}^{-1}\left(\frac{\boldsymbol{i}'\boldsymbol{\Sigma}^{-1}\boldsymbol{\mu}}{\boldsymbol{i}'\boldsymbol{\Sigma}'^{-1}\boldsymbol{i}}\boldsymbol{i} - \boldsymbol{\mu}\right) \tag{5.54}$$

为了把它表示得简明扼要，我们把它写成

$$\hat{w} = g + hY(t) \tag{5.55}$$

这里我们对应式(5.54)，g，h，$Y(t)$分别为

$$g = \frac{1}{\boldsymbol{i}'\boldsymbol{\Sigma}^{-1}\boldsymbol{i}}\boldsymbol{i}\boldsymbol{\Sigma}^{-1}\boldsymbol{i} \tag{5.56}$$

$$h = \boldsymbol{\Sigma}^{-1}\left(\frac{\boldsymbol{i}'\boldsymbol{\Sigma}^{-1}\boldsymbol{\mu}}{\boldsymbol{i}'\boldsymbol{\Sigma}^{-1}\boldsymbol{i}}\boldsymbol{i} - \boldsymbol{\mu}\right) \tag{5.57}$$

$$Y(t) = \frac{V_x(t, x)}{xV_{xx}(t, x)}$$

因此，按照 Merton 的解释，最优投资组合位于沿着处于 $n - 1$ 维的“组合超平面”

$$\Delta = \{w \in \mathbf{R}^n \mid \boldsymbol{i}'\boldsymbol{w} = 1\}$$

上的一维最优组合线(以 s 为参数)

$$g + hs$$

做随机运动。

这样我们就可以对上面的结果做一个几何分析:如果我们在最优组合线上固定点

$$w^a = g + ah$$

和点

$$w^b = g + bh$$

那么对于该直线上任意一点

$$w^s = g + sh$$

我们都可以把它写成 w^a 和 w^b 的线性组合:

$$w^s = \alpha w^a + (1 - \alpha) w^b = g + sh$$

于是得

$$\alpha = \frac{s - b}{a - b}$$

作为本节的要旨,笔者认为有必要对最优控制结果 $\hat{w}(t)$做一番经济意义上的解释:我们设 w^a 和 w^b 是如上最优组合线上的两个固定点,既然这些点也在组合超平面∇上,因此也可把它们作为两个固定的基金组合系数,于是我们把式(5.55)写成

$$\hat{w}(t) = \alpha(t) w^a + [1 - \alpha(t)] w^b \tag{5.58}$$

这里

$$\alpha(t) = \frac{Y(t) - b}{a - b}$$

因此我们可以看出,最优组合 $\hat{w}(t)$可以作为一个“超级”组合而由这两个基金组合得到。

定理 5.4(两基金定理)　假定最优控制问题确实存在最优解,那么存在一族以 $w^s = g + sh$ 表示的单参数基金。这里 s 是参数,g 和 h 如式(5.56)和式(5.57)所示,使得下列各式成立:

① 对于每一个固定的 s,组合系数 w^s 不随时间变化。

② 对于任一选择 $a \neq b$ 和对于所有的 t,最优组合 $\hat{w}(t)$可以通过向基金 w^a

和 w^b 投资而获得,即

$$\hat{w} = \alpha^a(t)w^a + \alpha^b(t)w^b$$
$$\alpha^a(t) + \alpha^b(t) = 1$$

③ 分别向基金 w^a 和 w^b 投资的组合系数($\alpha^a(t),\alpha^b(t)$)分别由下式给出:

$$\alpha^a(t) = \frac{Y(t) - b}{a - b}$$

$$\alpha^b(t) = \frac{a - Y(t)}{a - b}$$

这里

$$Y(t) = \frac{V_x(t,x)}{xV_{xx}(t,x)}$$

2. 存在一个无风险资产的情况

我们再一次考虑模型:

$$dS_t = D(S_t)\boldsymbol{\mu}dt + D(S_t)\boldsymbol{\sigma}dB_t \tag{5.59}$$

对它具有如前面所述的有关假定。我们现在假定存在一个无风险资产,其价格的演化方程为

$$\begin{cases} dS_t^0 = rS_t^0 dt \\ S_0^0 = 1 \end{cases}$$

我们现在来考察一个组合系数向量

$$\boldsymbol{w} = (w_0, w_1, \cdots, w_n)'$$

这里 w_0 表示无风险资产的组合系数,注意到 $\sum_{i=0}^{n} w_i = 1$,而仅仅只有 w_0 是无风险资产的组合系数,是个另类,所以它往往用

$$w_0 = 1 - \sum_{i=1}^{n} w_i \tag{5.60}$$

来表示,这样我们所说的组合系数向量是仅对风险资产而言的:

$$\boldsymbol{w} = (w_1, w_2, \cdots, w_n)'$$

因为它现在不满足

$$\boldsymbol{i}'\boldsymbol{w} = 1$$

所以各个 w_i 均可以任意取值,自由度为 n,但一旦选定了 $\boldsymbol{w}$,则根据公式(5.60),

也就是选定了 w_0。于是根据这些概念，且根据第一节的讨论，我们得到了如下的财富过程的随机微分方程：

$$\mathrm{d}X_t = X_t\Big[\sum_{i=1}^{n} w_i\mu_i + (1-\sum_{i=1}^{n} w_i)r\Big]\mathrm{d}t - c\mathrm{d}t + X_t\boldsymbol{w}'\boldsymbol{\sigma}\mathrm{d}B_t$$

即

$$\mathrm{d}X_t = X_t\boldsymbol{w}'(\boldsymbol{\mu} - r\boldsymbol{i})\mathrm{d}t + (rX_t - C)\mathrm{d}t + X_t\boldsymbol{w}'\boldsymbol{\sigma}\mathrm{d}B_t \tag{5.61}$$

其对应的 HJB 方程为

$$\begin{cases}\dfrac{\partial V}{\partial t}(t,x) + \sup\limits_{w\in R^n,c\geqslant 0}\{F(t,c) + A^{c,w}V(t,x)\} = 0\\ V(T,x) = 0\\ V(t,0) = 0\end{cases}$$

这里

$$A^{c,w}V = x\boldsymbol{w}'(\boldsymbol{\mu} - r\boldsymbol{i})V_x(t,x) + (rx - c)V_x(t,x) + \frac{1}{2}x^2\boldsymbol{w}'\boldsymbol{\Sigma}\boldsymbol{w}V_{xx}(t,x)$$

根据静态最优化的一阶条件有

$$\frac{\partial F(t,x)}{\partial c} = V_x(t,x)$$

$$\hat{w} = -\frac{V_x(t,x)}{xV_{xx}(t,x)}\boldsymbol{\Sigma}^{-1}(\boldsymbol{\mu} - r\boldsymbol{i})$$

又一次与上面不存在无风险资产的情况一样，我们最后的结果也有鲜明的经济意义。

定理 5.5(两基金定理)　给定如前假设，下列表述均成立：

① 最优组合有两个组合系数分别为 w^0(标量)和 $\boldsymbol{w}^f$(向量)的基金所组成；

② 基金 w^0 仅仅由无风险资产所组成；

③ 基金 $\boldsymbol{w}^f$ 仅仅由风险资产所组成，它由下式定义：

$$\boldsymbol{w}^f = \boldsymbol{\Sigma}^{-1}(\boldsymbol{\mu} - r\boldsymbol{i})$$

④ 在每一时间，最优组合在这两个基金上分配的比例为

$$\alpha^f(t) = \frac{-V_x(t,X_t)}{X_tV_{xx}(t,X_t)}$$

$$\alpha^0(t) = 1 - \alpha^f(t)$$

参考文献

[1] Merton R. Optimum Consumption and Portfolio Rules in a Continuous

Time Model[J]. Journal of Economic Theory, 1971, 3: 373-413.

[2] Fleming W, Rishel R. Deterministic and Stochastic Optimal Control [M]. Berlin: Springer, 1975.

[3] Black F. The pricing of commodity contracts[J]. Journal of Financial Economics, 1976, 3(1): 167-179.

[4] Geske R. The valuation of compound options[J]. Journal of Financial Economics, 1979, 7(1): 63-81.

[5] Goldman M B, Sosin H B, Gatto M A. Path dependent options: "Buy at the low, sell at the high" [J]. The Journal of Finance, 1979, 34 (5): 1111-1127.

[6] Rendleman R J, Bartter B J. Two-State Option Pricing[J]. The Journal of Finance, 1979, 34(5): 1093-1110.

[7] Elliott R J. Stocahstic Calculus and Application [M]. New York: Springer, 1982.

[8] Björk T, Myhrman J, Persson M. Optimal consumption with stochastic prices in continuous time[J]. Journal of Applied Probability, 1987: 35-47.

[9] Johnson H. Options on the maximum or the minimum of several assets[J]. Journal of Financial and Quantitative Analysis, 1987, 22(3): 277-283.

[10] Karatzas I, Lehoczky J P, Shreve S E. Optimal portfolio and consumption decisions for a "small investor" on a finite horizon[J]. SIAM journal on control and optimization, 1987, 25(6): 1557-1586.

[11] Barone-Adesi G, Elliott R J. Approximations for the values of American options[J]. Stochastic Analysis and Applications, 1991, 9(2): 115-131.

[12] Conze A. Path dependent options: The case of lookback options[J]. The Journal of Finance, 1991, 46(5): 1893-1907.

[13] Rubinstein M, Reiner E. Breaking Down the Barries[J]. Risk, 1991, 4: 28-35.

[14] Musiela M. Stochastic PDEs and term structure models[R]. Technical report, La Baule, 1993.

[15] Delbaen F, Schachermayer W. A general version of the fundamental theorem

of asset pricing[J]. Mathematische annalen, 1994, 300(1): 463-520.

[16] Carr P. Two extensions to barrier option valuation[J]. Applied Mathematical Finance, 1995, 2(3): 173-209.

[17] Jarrow R A, Lando D, Turnbull S M. A Markov model for the term structure of credit risk spreads[J]. Review of Financial studies, 1997, 10(2): 481-523.

[18] Korn, R. Optimal Portfolios[M]. Singapore: World Scientific, 1997.

[19] Revuz D, Yor M. Continuous martingales and Brownian motion[M]. New York: Springer, 1999.

[20] Borodin A N, Salminen P. Handbook of Brownian motion: facts and formulae[M]. New York: Springer, 2002.

[21] Fleming W H, Soner H M. Controlled Markov processes and viscosity solutions[M]. New York: Springer, 2006.

第六章　随机 Portfolio 理论基础

20 世纪 90 年代，由 Fernhotz 等人建立了随机 Portfolio 的基础知识，且现在还在完善中。与经典的 Portfolio 理论相比，它至少从如下两个方面弥补了后者的不足：

① 它是在连续且随机的框架下进行的；

② 它是研究长期的 Portfolio 优化问题，而不是像经典的 Portfolio 理论那样研究短期的，特别是单期的优化问题。

所有这些使得 Portfolio 理论更加完美，也大大扩展了其应用范围。当然由于它是建立在随机过程的基础上的，所以所应用的工具也大大地超过了本科生的知识背景。为了介绍这个理论，开拓读者的视野，笔者撰写了这一章，作为对随机 Portfolio 理论感兴趣的读者的一个延伸阅读。本章只给出涉及该理论的一些概念性的内容，有兴趣的读者可阅读本章有关的参考文献。

我们先来定义半鞅，因为它将贯穿于整个章节。

定义 6.1　一个连续的半鞅 Y 是一个可测的适应过程，它具有如下的唯一分解：

$$Y(t) = Y(0) + M_Y(t) + V_Y(t) \tag{6.1}$$

这里 M_Y 是一个连续的平方可积的局部鞅，V_Y 是一个连续的具有有限变差的适应过程。

同时我们定义两个如上所述的连续半鞅 X, Y 的尖括号过程：

$$\langle X, Y\rangle = \langle M_X, M_Y\rangle \tag{6.2}$$

它的诠释是：两个连续半鞅的尖括号过程实质上是它们的局部鞅部分的尖括号过程。显然有

$$\langle Y, Y\rangle = \langle Y\rangle = \langle M_Y\rangle$$

我们称它为 Y 的二次变差过程。

第一节　股价过程

在随机 Portfolio 理论中，我们通常是以对数股价过程来刻画股价的演化的。同时与上章相比，我们将 Brown 噪声从一维扩展到相互正交的 n 维情况。于是我们有如下定义：

定义 6.2　一个股价过程 s 是一个满足下面的随机微分方程的过程：

$$\mathrm{d}\ln S(t) = \gamma(t)\mathrm{d}t + \sum_{\nu=1}^{n} \xi_\nu(t)\mathrm{d}B_\nu(t), \quad t \in [0,\infty) \tag{6.3}$$

这里的 B_i 是标准的 Brown 运动，且满足

$$< B_i, B_j >_t = \begin{cases} t, & i = j \\ 0, & i \neq j \end{cases}$$

γ 是一个可测的适应过程，我们称之为增长率过程，它满足

$$\int_0^T |\gamma(t)|\mathrm{d}t < \infty$$

对于 $\nu=1,2,\cdots,n$，ξ_ν 是可测的适应过程，相应地被称为波动率过程，ξ_ν 表示 ξ 对第 ν 个 Brown 噪声的灵敏度，同时满足下列条件：

① $\int_0^T (\xi_1^2(t) + \cdots + \xi_n^2(t))\mathrm{d}t < \infty, T \in [0,\infty]$。

② $\lim\limits_{t\to\infty} t^{-1}(\xi_1^2(t) + \cdots + \xi_n^2(t))\ln(\ln t) = 0$。

③ $\xi_1^2(t) + \cdots + \xi_n^2(t) > 0, t \in [0,\infty)$。

这里，条件①保证了 $\int_0^t \xi_i(u)\mathrm{d}B_i(u)$ 是局部鞅，条件②保证了波动率 ξ_i 不可能太大而使得 γ 无意义，条件③保证了 Brown 噪声在每一时刻均存在。

当然我们可把方程(6.3)写成

$$\ln S(t) = \ln S_0 + \int_0^t \gamma(u)\mathrm{d}u + \int_0^t \sum_{\nu=1}^{n} \xi_\nu(u)\mathrm{d}B_\nu(u), \quad t \in [0,\infty)$$

或直接给出它的解 $S(t)$，即

$$\ln \frac{S(t)}{S(0)} = \int_0^t \gamma(u)\mathrm{d}u + \int_0^t \sum_{\nu=1}^{n} \xi_\nu(u)\mathrm{d}B_\nu(u)$$

就是

$$S(t) = S(0)\exp\left(\int_0^t \gamma(u)\mathrm{d}u + \int_0^t \sum_{\nu=1}^{n} \xi_\nu(u)\mathrm{d}B_\nu(u)\right), \quad t \in [0, \infty)$$

要说明的是，这里的 S 仍然表示的是股价过程，但它不是一般的股票价格，而是表示发行该股票的公司的全部资产价值，即该公司只发行一股价格为 s 的股票。另外，这里的漂移项是增长率过程，而不是传统 Portfolio 理论中的收益率过程。我们在下面将要证明，增长率过程确定长期 Portfolio 值的行为，犹如收益率过程决定短期 Portfolio 值的行为一样。

还需要说明的是，在随机 Portfolio 模型中，我们常常要考虑渐近事件，即所考虑的时域是$[0,\infty)$，而不是有限时域 $[0,T]$（$T<+\infty$）。

我们现在回到方程(6.3)上来，如果说在传统的 Portfolio 理论中$\frac{\mathrm{d}S(t)}{S(t)}$是表示 S 的瞬时收益率的话，那么方程(6.3)中的 $\mathrm{d}\ln S(t)$即可诠释为 S 的瞬时对数收益率。由于 Brown 噪声的期望为零，所以它们二者之间的差别仅在漂移项上。

由于 $S(t)=\exp[\ln S(t)]$，而函数 e^x 是连续可导的，则根据 Itô公式，有

$$\mathrm{d}S(t) = S(t)\mathrm{d}\ln S(t) + \frac{1}{2}S(t)\mathrm{d}\langle \ln S\rangle_t, \quad t \in [0, \infty)$$

而根据式(6.2)和式(6.3)，我们不难得到

$$\mathrm{d}\langle \ln S\rangle_t = \sum_{\nu=1}^{n} \xi_\nu^2(t)\mathrm{d}t, \quad t \in [0, \infty)$$

于是

$$\begin{aligned}\mathrm{d}S(t) &= S(t)\left(\gamma(t)\mathrm{d}t + \sum_{\nu=1}^{n} \xi_\nu(t)\mathrm{d}B_\nu(t)\right) + \frac{1}{2}S(t)\sum_{\nu=1}^{n} \xi_\nu^2(t)\mathrm{d}t \\ &= S(t)\left(\gamma(t) + \frac{1}{2}\sum_{\nu=1}^{n} \xi_\nu^2(t)\right)\mathrm{d}t + S(t)\sum_{\nu=1}^{n} \xi_\nu(t)\mathrm{d}B_\nu(t) \qquad (6.4)\end{aligned}$$

如果定义收益率过程 μ 为

$$\mu(t) = \gamma(t) + \frac{1}{2}\sum_{\nu=1}^{n} \xi_\nu^2(t)$$

则式(6.4)即为

$$\mathrm{d}S(t) = \mu(t)S(t)\mathrm{d}t + S(t)\sum_{\nu=1}^{n} \xi_\nu(t)\mathrm{d}B_\nu(t)$$

显然 $S(t)$是一个连续半鞅，它的漂移项部分与式(6.3)相比，多了一个 $\frac{1}{2}\sum_{\nu=1}^{n} \xi_\nu^2(t)$ 项。

现在把式(6.3)推广到多维情况下，设有一族 S_i（$i=1,2,\cdots,n$），每一个 S_i 满足

$$\mathrm{dln}S_i(t) = \gamma_i(t)\mathrm{d}t + \sum_{\nu=1}^{n}\xi_{i\nu}(t)\mathrm{d}B_\nu(t) \tag{6.5}$$

这里 $\gamma_i(t)$和 $\xi_{i\nu}(t)$相对于 S_i 有如前同样的解释。

由于现在 ξ 有 i 和 ν 两个下标,因此我们可定义 $\xi=(\xi_{i\nu}(t))_{1\leqslant i,\nu\leqslant n}$ 为矩阵值过程,再定义协方差过程

$$\sigma(t) = \xi'(t)\xi(t) \tag{6.6}$$

对于任一 n 维实列向量 $\boldsymbol{X}\in\mathbf{R}^n$ 和 $t\in[0,\infty)$,则显然有

$$\boldsymbol{X}'\sigma(t)\boldsymbol{X} = \boldsymbol{X}'\xi'(t)\xi(t)\boldsymbol{X} = [\xi(t)\boldsymbol{X}]'\xi(t)\boldsymbol{X}\geqslant 0$$

所以对所有的 $t\in[0,\infty)$,$\sigma(t)$是半正定的。

相应地,$\sigma_{ij}(t)$即用来表示 $\ln S_i$ 和 $\ln S_j$ 的协方差过程:

$$\sigma_{ij}(t)\mathrm{d}t = \mathrm{d}\langle \ln S_i, S_j\rangle_t = \sum_{\nu=1}^{n}\xi_{i\nu}(t)\xi_{j\nu}(t)\mathrm{d}t,\quad t\in[0,\infty) \tag{6.7}$$

注意到在定义 6.2 中,$\xi_{i\nu}$是局部平方可积的,因此对一对 i 和j,均有

$$\int_0^t |\sigma_{ij}(u)|\mathrm{d}u<\infty,\quad t\in[0,\infty)$$

与第一章一样,$\sigma_{ij}(i=1,2,\cdots,n)$被称为 S_i 的协方差过程。

第二节　市场 Portfolio 过程

我们先来给市场下个定义。

定义 6.3　如果存在一族股票 $M=\{S_1,S_2,\cdots,S_n\}$,其中每一个 S_i 都由式(6.5)定义,且对于所有 $t\in[0,\infty)$,$\sigma(t)$是可逆矩阵,则我们称 M 是一个市场。

进一步,如果对于任一 $\boldsymbol{X}\in\mathbf{R}^n$,存在一个 $\varepsilon>0$,使得

$$\boldsymbol{X}'\sigma(t)\boldsymbol{X}\leqslant\varepsilon\|\boldsymbol{X}\|^2,\quad t\in[0,\infty) \tag{6.8}$$

则我们称市场 M 是非退化的。另外如果存在一个数 $C>0$,使得

$$\boldsymbol{X}'\sigma(t)\boldsymbol{X}\leqslant C\|\boldsymbol{X}\|^2,\quad t\in[0,\infty) \tag{6.9}$$

我们就说市场 M 具有有界方差。

由于市场中的股票数和 Brown 噪声的数目均为 n,而在上面的定义中,σ 是一个可逆矩阵,我们有下面的定理。

定理 6.1　对于所有的 $t\in[0,\infty)$,市场协方差过程 σ 均是正定的。

这个定理是不言而喻的，因为根据式(6.6)，$\sigma(t)$是一个半正定过程，同时根据定义 6.3，它是可逆的，因此对于所有的 $t\in[0,\infty)$，$\sigma(t)$均是正定的。

定义 6.4 市场 M 中的一个 Portfolio 是指这样一个可测、适应的向量值过程：

$$X(t) = (X_1(t), X_2(t), \cdots, X_n(t))'$$

其中 $\boldsymbol{X}$ 在区间$[0,\infty)$上是有界的，且有

$$X_1(t) + X_2(t) + \cdots + X_n(t) = 1, \quad t \in [0,\infty)$$

与经典的 Portfolio 理论一样，每一个过程 X_i 均表示相应的股票在组合 $\boldsymbol{X}$ 中所占的比例，我们同样称它为 Portfolio 系数或 Portfolio 权数。如果它为正，我们则说它在该组合占据一个多头位置，反之，则占据一个空头位置。

同样地，我们也可把 Portfolio 值作类似的推广。设有一个 Portfolio $\boldsymbol{X}$，其在 t 时的对应值为 $V_X(t)>0$，则显然投资在该组合中第 i 个股票数额为 $X_i(t)V_X(t)$；如果第 i 个股票的价格S_i 的变化量为 $\mathrm{d}S_i$，那么诱发了 Portfolio 的值变化为

$$X_i(t)\frac{\mathrm{d}S_i(t)}{S_i(t)}V_X(t)$$

因此对上式中的 i 求和，得到总的 Portfolio 的值 V_X 的变化值

$$\mathrm{d}V_X(t) = \left[\sum_{i=1}^{n} X_i(t)\frac{\mathrm{d}S_i(t)}{S_i(t)}\right]V_X(t)$$

或写成

$$\frac{\mathrm{d}V_X(t)}{V_X(t)} = \sum_{i=1}^{n} X_i(t)\frac{\mathrm{d}S_i(t)}{S_i(t)} \tag{6.10}$$

与经典 Portfolio 理论一样，它说的是一个 Portfolio 值的瞬时收益率 $\mathrm{d}V_X(t)/V_X(t)$是其内的各个股票的瞬时收益率的加权和。但是很不幸，对于增长率过程，我们得不到同样的结果。

定理 6.2 设 X 是市场中的一个 Portfolio，那么对于 $t\in[0,\infty)$，该 Portfolio 值过程 V_X 满足

$$\mathrm{d}\ln V_X(t) = \gamma_X(t)\mathrm{d}t + \sum_{i,\nu=1}^{n} X_i\xi_{i\nu}(t)\mathrm{d}B_\nu(t) \tag{6.11}$$

这里

$$\gamma_X(t) = \sum_{i=1}^{n} X_i(t)\gamma_i(t) + \frac{1}{2}\left[\sum_{i=1}^{n} X_i(t)\sigma_{ii}(t) - \sum_{i,j=1}^{n} X_i(t)X_j(t)\sigma_{ij}(t)\right] \tag{6.12}$$

证明：根据式(6.4)，我们有

$$\frac{\mathrm{d}S_i(t)}{S_i(t)} = \left(\gamma_i(t) + \frac{1}{2}\sum_{\nu=1}^{n}\xi_{i\nu}^2(t)\right)\mathrm{d}t + \sum_{\nu=1}^{n}\xi_{i\nu}(t)\mathrm{d}B_\nu(t)$$

注意到 $\sigma = \xi'(t)\xi(t)$，且根据式(6.10)，我们有

$$\begin{aligned}\frac{\mathrm{d}V_X(t)}{V_X(t)} &= \sum_{i=1}^{n}X_i(t)\frac{\mathrm{d}S_i(t)}{S_i(t)}\\ &= \sum_{i=1}^{n}X_i(t)\gamma_i(t) + \frac{1}{2}\sum_{i=1}^{n}X_i(t)\sigma_{ii}(t)\mathrm{d}t + \frac{1}{2}\sum_{i,\nu=1}^{n}X_i\xi_{i\nu}(t)\mathrm{d}B_\nu(t)\end{aligned} \tag{6.13}$$

注意到 $V_X(t)>0$，$\ln V_X(t)$是连续可导的，于是对它实行 Itô定理，得

$$\mathrm{d}\ln V_X(t) = \frac{1}{V_X(t)}\mathrm{d}V_X(t) - \frac{1}{2}\frac{1}{V_X^2(t)}\mathrm{d}\langle V_X\rangle_t \tag{6.14}$$

但根据式(6.13)，不难得出

$$\mathrm{d}\langle V_X\rangle_t = V_X^2(t)\sum_{i,j=1}^{n}X_iX_j\sigma_{ij}\mathrm{d}t$$

将它和式(6.13)代入式(6.14)，并进行整理得

$$\begin{aligned}\mathrm{d}\ln V_X(t) = &\left(\sum_{i=1}^{n}X_i(t)\gamma_i(t) + \frac{1}{2}\sum_{i=1}^{n}X_i(t)\sigma_{ii}(t) - \frac{1}{2}\sum_{i,j=1}^{n}X_iX_j\sigma_{ij}\right)\mathrm{d}t\\ &+ \sum_{i,\nu=1}^{n}X_i\xi_{i\nu}\mathrm{d}B_\nu(t)\\ = &\ \gamma_X(t)\mathrm{d}t + \sum_{i,\nu=1}^{n}X_i\xi_{i\nu}\mathrm{d}B_\nu(t)\end{aligned}$$

它就是式(6.11)。证毕。

我们通常称 γ_X 为 Portfolio $\boldsymbol{X}$ 的增长率过程，同时对于由下式

$$\sigma_{XX} = \sum_{i,j=1}^{m}X_iX_j\sigma_{ij} \tag{6.15}$$

所定义的 σ_{XX}，我们称它为 Portfolio $\boldsymbol{X}$ 的方差过程。如果市场具有有限方差，那么对于任一 Portfolio $\boldsymbol{X}$，σ_{XX}也是有限的。将它代入式(6.14)，得到

$$\mathrm{d}\ln V_X(t) = \frac{\mathrm{d}V_X(t)}{V_X(t)} - \frac{1}{2}\sigma_{XX}\mathrm{d}t$$

这个式子至少让我们对一个 Portfolio 值的瞬时对数收益率与它的瞬时收益率之差有一个定性的理解。

我们现在来作一个很重要的定义

$$\gamma_X^*(t) = \frac{1}{2}\left(\sum_{i=1}^{n}X_i(t)\sigma_{ii}(t) - \sum_{i,j=1}^{n}X_i(t)X_j(t)\sigma_{ij}(t)\right),\quad t\in[0,\infty)$$

我们称它为 Portfolio $\boldsymbol{X}$ 值的超额增长率过程。它在后文阐述中将不断地被用到。

由于式(6.16)的定义，我们即可把 Portfolio $\boldsymbol{X}$ 值的增长率过程 γ_X 根据式(6.12)表示成

$$\gamma_X(t) = \sum_{i=1}^{n} X_i(t)\gamma_i(t) + \gamma_X^*(t) \tag{6.17}$$

我们现在再根据上面的讨论，将 $\mathrm{dln}V_X$ 表示成另一更为清晰的表示形式。

定理 6.3 设 $\boldsymbol{X}$ 是一个 Portfolio，V_X 是它的一个增值过程，那么有

$$\mathrm{dln}V_X(t) = \sum_{i=1}^{n} X_i(t)\mathrm{dln}S_i(t) + \gamma_X^*(t) \tag{6.18}$$

证明：根据式(6.3)，我们有

$$\sum_{i=1}^{n} X_i(t)\mathrm{dln}S_i(t) = \sum_{i=1}^{n} X_i(t)\gamma_i(t)\mathrm{d}t + \sum_{i,\nu=1}^{n} X_i(t)\xi_{i\nu}(t)\mathrm{d}B_\nu$$

而根据定理 6.2，并注意到上式和式(6.17)，得

$$\begin{aligned}\mathrm{dln}V_X(t) &= \gamma_X(t) + \sum_{i,\nu=1}^{n} X_i\xi_{i\nu}\mathrm{d}B_\nu(t)\\ &= \sum_{i=1}^{n} X_i(t)\mathrm{dln}S_i(t) - \sum_{i=1}^{n} X_i(t)\gamma_i(t) + \gamma_X(t)\mathrm{d}t\\ &= \sum_{i=1}^{n} X_i(t)\mathrm{dln}S_i(t) + \gamma_X^*(t)\end{aligned}$$

它就是式(6.18)，证毕。

式(6.18)有着鲜明的经济含义，它说明在随机 Portfolio 理论的框架下，Portfolio 值的瞬时对数收益率并不等于其内的各个股票的瞬时对数收益率的加权和，而是比后者多一个超额增长率。对于任一没有做空的 Portfolio $\boldsymbol{X}$，其 $\gamma_X^* > 0$，因此对于传统的 Portfolio 理论，采用组合的方法可以减少其风险，然而我们现在却能影响其增长率，这是一个很重要的结论。

我们现在用本章的知识来回顾传统的 Portfolio 优化问题。首先来定义 Portfolio $\boldsymbol{X}$ 的收益率过程：

$$\mu_X(t) = \sum_{i=1}^{n} X_i(t)\mu_i(t)$$

这是经典 Portfolio 理论所要求的。根据式(6.4)有

$$\frac{\mathrm{d}S_i(t)}{S_i(t)} = \mu_i(t) + \sum_{i,\nu=1}^{n} \xi_{i\nu}(t)\mathrm{d}B_\nu(t)$$

所以根据式(6.10)得

$$\frac{\mathrm{d}V_X(t)}{V_X(t)} = \sum_{i=1}^{n} X_i(t)\frac{\mathrm{d}S_i(t)}{S_i(t)}$$

$$= \mu_X(t)\mathrm{d}t + \sum_{i,\nu=1}^{n} X_i(t)\xi_{i\nu}(t)\mathrm{d}B_\nu(t) \tag{6.19}$$

而根据式(6.11)及式(6.15)，我们又得到

$$\frac{\mathrm{d}V_X(t)}{V_X(t)} = \gamma_X(t)\mathrm{d}t + \frac{1}{2}\sigma_{XX}(t)\mathrm{d}t + \sum_{i,\nu-1}^{n} X_i(t)\xi_{i\nu}(t)\mathrm{d}B_\nu(t)$$

比较上式和式(6.19)，则我们得

$$\mu_X(t) = \gamma_X(t) + \frac{1}{2}\sigma_{XX}(t)$$

这和单个股票情况有着一样的结果。

我们现在给出一个如下经典的 Portfolio 优化模型，但是形式和字母依照本章做了相应的变化：

$$\begin{aligned}
&\min \sum_{i,j=1}^{n} X_i(t)X_j(t)\sigma_{ij}(t) \\
&\text{s.t.} \sum X_i(t)\mu_i(t) = \mu_0 \\
&X_1(t) + \cdots + X_n(t) = 1 \\
&X_i \geqslant 0,\quad i = 1,\cdots,n
\end{aligned}$$

这里 μ_0 是一个外生的量。如果把第一个约束中的瞬时收益率换成瞬时增长率，同样让外生的量为 γ_0，且注意到式(6.16)和式(6.17)，则第一个约束条件变成

$$\sum_{i=1}^{n} X_i(t)\mu_i(t) + \frac{1}{2}\left[\sum_{i=1}^{n} X_i\sigma_{ii} - \sum_{i,j=1}^{n} X_iX_j\sigma_{ij}\right] = \gamma_0$$

这样我们得到了以增长率为约束条件的 Portfolio 优化模型。

到现在为止，我们讨论的是股价运行方程，但在实际中，股价往往与其股息有关。股息不但是上市公司效益的一个重要指标，在随机 Portfolio 理论中，它还常常被用来作为一个增加市场分散程度的重要工具。下面我们来讨论有关股息的问题。如果不加特别说明，我们规定股息是连续地派发的且通常股息率是非负的。

定义 6.5　一个股息率过程是一个可测适应的过程 δ，它满足

$$\int_0^t |\delta(u)|\mathrm{d}u < \infty,\quad t \in [0,\infty)$$

如果一个股价为 S，股息率为 δ 的股票，我们定义它的总收益率过程为

$$\hat{S}(t) = S(t)\exp\left(\int_0^t \delta(u)\mathrm{d}u\right),\quad t \in [0,\infty) \tag{6.20}$$

不难看出它代表该股票的复权值。如果 $\delta = 0$，则 $\hat{S} = S$，于是我们得到

$$\mathrm{d}\ln\hat{S}(t) = \mathrm{d}\ln S(t) + \delta(t)\mathrm{d}t$$

和

$$\hat{S}(0) = S(0)$$

我们还可以定义过程

$$\rho(t) = \gamma(t) + \delta(t)$$

称 $\rho(t)$为毛增长率过程。

如果我们假设市场中第 i 个股票的股息率为$\delta_i(i=1,2,\cdots,n)$，那么对于任一 Portfolio $\boldsymbol{X}$，其股息率过程 $\delta_{\boldsymbol{X}}$ 可表示为

$$\delta_{\boldsymbol{X}}(t) = \sum_{i=1}^{n} X_i(t)\delta_i(t),\quad t \in [0,\infty)$$

相应地，该 Portfolio 总收益率过程为

$$\hat{V}_{\boldsymbol{X}}(t) = V_{\boldsymbol{X}}(t)\exp\left(\int_0^t \delta_{\boldsymbol{X}}(u)\mathrm{d}u\right),\quad t \in [0,\infty)$$

因此

$$\mathrm{d}\ln\hat{V}_{\boldsymbol{X}}(t) = \mathrm{d}\ln V_{\boldsymbol{X}}(t) + \delta_{\boldsymbol{X}}(t)\mathrm{d}t$$

同样可以定义 Portfolio $\boldsymbol{X}$ 的毛增长率过程

$$\rho_{\boldsymbol{X}}(t) = \gamma_{\boldsymbol{X}}(t) + \delta_{\boldsymbol{X}}(t),\quad t \in [0,\infty)$$

当然在一个没有股息的市场中，对于其内的任一 Portfolio $\boldsymbol{X}$，显然有 $\hat{V}_{\boldsymbol{X}} = V_{\boldsymbol{X}}$。

第三节　相对收益率

在随机 Portfolio 理论中，我们经常要考虑一个股票或组合相对于某一个参照指标或 Portfolio 的相对收益情况。如前所述，一个重要的参照指标就是市场 Portfolio $\boldsymbol{\eta}$，现在我们给出一个股票相对于 Portfolio 的相对收益率。

定义 6.6　设一个股价为 S_i 的股票($i=1,2,\cdots,n$)和一个 Portfolio $\boldsymbol{\eta}$，我们称过程

$$\ln(S_i(t)/V_{\boldsymbol{\eta}}(t)),\quad t \in [0,\infty) \tag{6.21}$$

为股票 S_i 相对于 Portfolio $\boldsymbol{\eta}$ 的相对收益率过程。

由于

$$d(\ln(S_i(t)/V_{\boldsymbol{\eta}}(t))) = d\ln S_i(t) - d\ln V_{\boldsymbol{\eta}}(t)$$

而根据第一节的内容，$\ln S_i$ 和 $\ln V_{\boldsymbol{\eta}}$ 均是连续半鞅，因此作为这二者之差 $\ln(S_i/V_{\boldsymbol{\eta}})$ 也是连续半鞅。于是对于 $t\in[0,\infty)$，根据半鞅的尖括号过程的性质，我们不难得到

$$\langle\ln(S_i/V_{\boldsymbol{\eta}}),\ln(S_j/V_{\boldsymbol{\eta}})\rangle_t = \langle\ln S_i,S_j\rangle_t - \langle\ln S_i,V_{\boldsymbol{\eta}}\rangle_t - \langle\ln S_j,V_{\boldsymbol{\eta}}\rangle_t + \langle\ln V_{\boldsymbol{\eta}}\rangle_t \tag{6.22}$$

如果对于 $i=1,2,\cdots,n$，我们定义过程

$$\sigma_{i\boldsymbol{\eta}}^{(t)} = \sum_{j=1}^{n}\boldsymbol{\eta}_j(t)\sigma_{ij}(t)dt$$

则式(6.11)不难有

$$d\langle\ln S_i,\ln V_{\boldsymbol{\eta}}\rangle_t = \langle\sum_{v=1}^{n}\xi_{iv}dB_v,\sum_{j,v=1}^{n}\boldsymbol{\eta}_j\xi_{jv}dB_v\rangle_t$$

$$= \sum_{j=1}^{n}\boldsymbol{\eta}_j(t)\sigma_{ij}(t)dt = \sigma_{i\boldsymbol{\eta}}^{(t)}dt$$

考察式(6.22)，记相对协方差过程 $\tau^{\boldsymbol{\eta}}$ 为矩阵值过程：

$$\tau^{\boldsymbol{\eta}}(t) = (\tau_{ij}^{\boldsymbol{\eta}}(t))_{1\leqslant i,j\leqslant n},\quad t\in[0,\infty) \tag{6.23}$$

其中

$$\tau_{ij}^{\boldsymbol{\eta}}(t) = \sigma_{ij}(t) - \sigma_{i\boldsymbol{\eta}}(t) - \sigma_{j\boldsymbol{\eta}}(t) + \sigma_{\boldsymbol{\eta}\boldsymbol{\eta}}(t)$$

$$\sigma_{\boldsymbol{\eta}\boldsymbol{\eta}}(t) = \eta'(t)\sigma(t)\eta(t)$$

那么对于所有的 i 和 j，不难得到

$$d\langle\ln(S_j/V_{\boldsymbol{\eta}}),\ln(S_i/V_{\boldsymbol{\eta}})\rangle_t = \tau_{ij}^{\boldsymbol{\eta}}(t)dt,\quad t\in[0,\infty) \tag{6.24}$$

当 $i=j$ 时，有

$$d\langle\ln S_j/V_{\boldsymbol{\eta}}\rangle_t = \tau_{ii}^{\boldsymbol{\eta}}(t)dt$$

注意到连续半鞅的尖括号过程 $\langle\cdot\rangle_t$ 是关于 t 不减的，故不难得到

$$\tau_{ii}^{\boldsymbol{\eta}}(t)\geqslant 0$$

定理 6.4　对于任一参考 Portfolio $\boldsymbol{\eta}$，矩阵值过程 $\tau^{\boldsymbol{\eta}}$ 是半正定的，其秩为 $n-1$，且其零空间是由 $\eta(t)$ 生成的。

现在我们来证明这个定理，设 $\boldsymbol{X}=(X_1,X_2,\cdots,X_n)'\in\mathbf{R}^n$ 是一个非零的 n 维列向量，$t\in[0,\infty)$，那么根据式(6.23)有

$$\boldsymbol{X}'\tau^n(t)\boldsymbol{X} = \sum_{i,j=1}^{n}X_iX_j\sigma_{ij}(t) - \sum_{i=1}^{n}\sum_{j=1}^{n}X_i\sigma_{i\boldsymbol{\eta}}(t)X_j$$

$$- \sum_{i=1}^{n}\sum_{j=1}^{n}X_i\sigma_{j\boldsymbol{\eta}}(t)X_j + \sum_{i=1}^{n}\sum_{j=1}^{n}X_i\sigma_{\boldsymbol{\eta}\boldsymbol{\eta}}(t)X_j$$

$$= \boldsymbol{X}'\sigma(t)\boldsymbol{X} - \sum_{i=1}^{n} X_i\sigma_{i\boldsymbol{\eta}}(t)\sum_{j=1}^{n} X_j$$

$$- \sum_{j=1}^{n} X_j\sigma_{j\boldsymbol{\eta}}(t)\sum_{i=1}^{n} X_i + \sigma_{\boldsymbol{\eta\eta}}\left(\sum_{i=1}^{n} X_i\right)^2$$

$$= \boldsymbol{X}'\sigma(t)\boldsymbol{X} - 2\boldsymbol{X}'\sigma(t)\eta(t)\left(\sum_{i-1}^{n} X_i\right)$$

$$+ \eta'(t)\sigma(t)\eta(t)\left(\sum_{i=1}^{n} X_i\right)^2 \tag{6.25}$$

因为 X 是任取的一个非零向量,故如果有 $\sum_{i=1}^{n} X_i = 0$,那么由于 $\sigma(t)$是正定的,则得

$$\boldsymbol{X}'^{n}\tau(t)\boldsymbol{X} = \boldsymbol{X}'\sigma(t)\boldsymbol{X} > 0$$

现在假定

$$\sum_{i=1}^{n} X_i = a \neq 0$$

设向量 $\boldsymbol{y} = a^{-1}\boldsymbol{X}$,则有

$$\sum_{i=1}^{n} y_i = a^{-1}\sum_{i=1}^{n} X_i = 1$$

则 $\boldsymbol{y}$ 可以充当 Portfolio 权数向量,于是根据式(6.25),让

$$\begin{aligned}\boldsymbol{y}'\tau^{\boldsymbol{\eta}}(t)\boldsymbol{y} &= \boldsymbol{y}'\sigma(t)\boldsymbol{y} - 2\boldsymbol{y}'\sigma(t)\eta(t)\left(\sum_{i=1}^{n} y_i\right) + \eta'(t)\sigma(t)\eta(t)\\ &= (\boldsymbol{y} - \eta(t))'\sigma(t)(\boldsymbol{y} - \eta(t)) \qquad (6.26)\\ &= 0\end{aligned}$$

由于 $\sigma(t)$是正定的,所以当且仅当 $\boldsymbol{y} = \eta(t)$时,才有 $\boldsymbol{y}'\eta(t)\boldsymbol{y} = 0$ 成立。因此

$$\boldsymbol{X} = a\boldsymbol{y} = a\eta(t)$$

即 $\eta(t)$生成了 $\tau^n(t)$的零空间,$\tau^n(t)$的秩为 $n-1$,证毕。

我们同样也可以定义相对 Portfolio η 的 Portfolio $\boldsymbol{X}$ 的相对方差过程:

$$\tau_{XX}^{\boldsymbol{\eta}} = X'(t)\tau^n(t)X(t) \tag{6.27}$$

这里需要指出的是,至少对于相对方差过程来说,“相对”和“被相对”都不重要,都没有主辅关系。换句话说,下面的式子总是成立的:

$$\tau_{XX}^{\boldsymbol{\eta}} = \tau_{\boldsymbol{\eta\eta}}^{X}$$

这是不难证明的,作类似于式(6.26)的计算即可:

$$\tau_{XX}^{\boldsymbol{\eta}} = X'(t)\tau^{\boldsymbol{\eta}}(t)X(t)$$

$$
\begin{aligned}
&= (X(t) - \eta(t))'\sigma(t)(X(t) - \eta(t)) \\
&= (\eta(t) - X(t))'\sigma(t)(\eta(t) - X(t)) \\
&= \eta'(t)\tau^X(t)\eta(t) = \tau^X_{\eta\eta}
\end{aligned}
\tag{6.28}
$$

定理 6.5 两个 Portfolio 的相对方差为 0，当且仅当它们一样。

现在我们来研究一个重要的参考 Portfolio——市场 Portfolio，它的重要性在前面已作了介绍。

定义 6.6 Portfolio $\boldsymbol{M}=(m_1,m_2,\cdots,m_n)'$被称为市场 Portfolio，其中 $m_i(t)$ $(i=1,2,\cdots,n)$为

$$
m_i(t) = \frac{S_i(t)}{S_1(t) + S_2(t) + \cdots + S_n(t)}, \quad t \in [0,\infty) \tag{6.29}
$$

同样，我们称它为市场权数。

对于市场 Portfolio，由于任一 $S_i(t)>0$，故有 $0<m_i(t)<1$，即市场 Portfolio 权数为正，且它们均满足定义 6.4。

如果我们让

$$
V_m(t) = S_1(t) + S_2(t) + \cdots + S_n(t), \quad t \in [0,\infty) \tag{6.30}
$$

则它就表明瞬时的市场的 Portfolio 值。

由于市场 Portfolio 是最重要的一个参数 Portfolio，因此我们规定，若不加说明，则参数 Portfolio 均是指市场 Portfolio。故为了简便起见，我们使用如下简化记号：

$$
\begin{aligned}
\tau(t) &= \tau^m(t) \\
\tau_{ij}(t) &= \tau^m_{ij}(t) \\
\tau_{XX}(t) &= \tau^m_{XX}(t)
\end{aligned}
$$

式(6.29)和式(6.30)给出了市场权数过程：

$$
m_i(t) = S_i(t)/V_m(t)
$$

两边取自然对数，则有

$$
\ln m_i(t) = \ln \frac{S_i(t)}{V_m(t)}, \quad t \in [0,\infty)
$$

根据定义 6.6，它代表了股票 i 相对市场 Portfolio 的相对收益率。由前面所述

$$
\mathrm{d}\langle \ln m_i, \mathrm{In} m_j \rangle_t = \mathrm{d}\langle \ln \frac{S_i}{V_m}, n\frac{S_j}{V_m} \rangle_t = \tau_{ij}\mathrm{d}t \tag{6.31}
$$

对 $m_i(t)=\exp(\ln m_i(t))$实行 Itô定理，则对于 $t\in[0,\infty)$，有

$$
\mathrm{d}m_i(t) = m_i(t)\mathrm{d}\ln m_i(t) + \frac{1}{2}m_i(t)\mathrm{d}\langle \ln m_i \rangle_t
$$

$$= m_i(t)\mathrm{dln}m_i(t) + \frac{1}{2}m_i(t)\tau_{ii}(t)\mathrm{d}t \tag{6.32}$$

这样我们有

$$\begin{aligned} \mathrm{d}\langle m_i, m_j\rangle_t &= m_i(t)m_j(t)\mathrm{d}\langle \ln m_i, \ln m_j\rangle_t \\ &= m_i(t)m_j(t)\tau_{ij}(t)\mathrm{d}t \end{aligned} \tag{6.33}$$

现在我们来讨论两个组合的相对收益过程。

定义 6.7 对于 Portfolio $\boldsymbol{X}$ 和 $\boldsymbol{\eta}$，相对 $\boldsymbol{\eta}$ 的 $\boldsymbol{X}$ 的相对收益率过程则可由下式来定义：

$$\ln(V_{\boldsymbol{X}}(t)/V_{\boldsymbol{\eta}}(t))$$

相应地，相对收益率过程则定义为

$$\ln(\hat{V}_{\boldsymbol{X}}(t)/\hat{V}_{\boldsymbol{\eta}}(t))$$

对于 $\mathrm{dln}(V_{\boldsymbol{X}}(t)/V_{\boldsymbol{\eta}}(t))$ 的结构表达式，我们有这样的推导：根据式(6.18)，对于任一组合 $\boldsymbol{X}$，我们均有

$$\mathrm{dln}V_{\boldsymbol{X}}(t) = \sum_{i=1}^{n} X_i(t)\mathrm{dln}S_i(t) + \gamma_{\boldsymbol{X}}^*(t)\mathrm{d}t$$

依此类推，则有

$$\mathrm{dln}\frac{V_{\boldsymbol{X}}(t)}{V_{\boldsymbol{\eta}}(t)} = \sum_{i=1}^{n} X_i(t)\mathrm{dln}\frac{S_i(t)}{V_{\boldsymbol{\eta}}(t)} + \gamma_{\boldsymbol{X}}^*(t)\mathrm{d}t \tag{6.34}$$

取 $\boldsymbol{\eta}=\boldsymbol{M}$，即取市场 Portfolio 为参数 Portfolio，我们得到如下的定理：

定理 6.6 设 $\boldsymbol{X}$ 是市场中的一个 Portfolio，那么有

$$\mathrm{dln}\frac{V_X(t)}{V_{\boldsymbol{M}}(t)} = \sum_{i=1}^{n} X_i(t)\mathrm{dln}m_i(t) + \gamma_{\boldsymbol{X}}^*(t)\mathrm{d}t, \quad t \in [0, \infty) \tag{6.35}$$

这个定理在 Portfolio 生成函数理论中有着重要的应用。

第四节　长期 Portfolio 行为

在经典 Portfolio 理论中，我们均是在瞬时收益率的期望和方差的架构上进行优化的。本节我们将要看到的是，决定一个 Portfolio 的长期行为是它的增长率过程，而不是收益率过程。这里需要强调的一个事实是，这里的时域已不是有限时域了。

定理 6.7 设 M 是一个连续局部鞅，它满足

$$\lim_{t\to\infty} t^{-2}\langle M\rangle_t \ln\ln t = 0 \tag{6.36}$$

那么有

$$\lim_{t\to\infty} t^{-1}M(t) = 0 \tag{6.37}$$

这个定理的证明较为复杂，有兴趣的读者可参见有关随机分析的书籍。下述定理的证明将用到这个定理。

定理 6.8 对市场 M 中的任一 Portfolio $\boldsymbol{X}$ 均有

$$\lim_{T\to\infty} \frac{1}{T} = \ln V_X(T) - \int_0^T \gamma_X(t)\mathrm{d}t = 0 \tag{6.38}$$

证明：根据式(6.11)，对于 $t\in[0,\infty)$，我们有

$$\ln\frac{V_X(t)}{V_X(0)} = \int_0^T \gamma_X(t)\mathrm{d}t + \int_0^T \sum_{i,\nu=1}^n X_i\xi_{i\nu}(t)\mathrm{d}B_\nu(t)$$

于是让

$$V(T) = \ln\frac{V_X(t)}{V_X(0)} - \int_0^T \gamma_X(t)\mathrm{d}t = \int_0^T \sum_{i,\nu=1}^n X_i\xi_{i\nu}(t)\mathrm{d}B_\nu(t)$$

由于 ξ 满足市场M 的条件，故 V 是一个连续鞅，其尖括号过程为

$$\langle V\rangle_t = \int_0^t \sigma_{XX}(u)\mathrm{d}u,\quad t\in[0,\infty) \tag{6.39}$$

注意到 $\boldsymbol{X}$ 中的各个分量均是有界的，且 ξ 满足定义 6.2 中的条件②，故有

$$\lim_{t\to\infty} t^{-1}\sigma_{XX}(t)\ln\ln t = 0 \tag{6.40}$$

现在我们利用定理 6.7，式(6.39)和式(6.40)，并注意到 V 是一个连续鞅及 $\sigma_{XX}(t)$的有界性这些事实，根据 Roberta 法可得

$$\begin{aligned}
\lim_{t\to\infty}\ln\frac{\langle V\rangle_t\ln\ln t}{t^2} &= \lim_{t\to\infty}\frac{\ln\ln t\int_0^t\sigma_{XX}(u)\mathrm{d}u}{t^2}\\
&= \lim_{t\to\infty}\frac{\sigma_{XX}(t)\ln\ln t}{2t} + \lim_{t\to\infty}\frac{\int_0^u\sigma_{XX}(u)\mathrm{d}u}{2t\times t\ln t}\\
&= \frac{1}{2}\lim_{t\to\infty}\frac{\sigma_{XX}(t)}{2t\ln t + t} = 0
\end{aligned}$$

那么根据定理 6.7，我们有

$$\begin{aligned}
\lim_{t\to\infty}\frac{V(t)}{t} &= \lim_{t\to\infty}\frac{1}{t}\left(\ln(V_X(t)/V_X(0)) - \int_0^t\gamma_X(u)\mathrm{d}u\right)\\
&= \lim_{t\to\infty}\frac{1}{t}\left(\ln V_X(t) - \int_0^t\gamma_X(u)\mathrm{d}u\right) = 0
\end{aligned}$$

最后的结果就是式(6.38)。证毕。

由于单个股票是 Portfolio 的特例，故我们也可将定理 6.8 应用到单个股票上，这就是下面的定理。

定理 6.9 设一个股票的价格过程为 S，其增长率过程为 γ，那么根据式(6.38)有

$$\lim_{T\to\infty}\frac{1}{T}\left(\ln S(T)-\int_0^T\gamma(t)\mathrm{d}t\right)=0$$

由定理 6.8 不难看出，从长期的角度来看，一个 Portfolio 的值完全由它的增长率过程确定，所以对于长期的 Portfolio 优化，我们研究的重点放在增长率过程上。

如前所述，一个 Portfolio 的增长率过程等于其内的各个股票增长率的加权和再加上超额增长率。超额增长率一个很好的性质就是无论是 σ 还是 τ，都有着相同的表现形式。现在我们来证明这个事实。

定理 6.10 设 $\boldsymbol{X}$ 和 $\boldsymbol{\eta}$ 是两个 Portfolio，那么对于 $t\in[0,\infty)$有

$$\gamma_X^*(t)=\frac{1}{2}\left(\sum_{i=1}^{n}X_i(t)\tau_{ii}^{\boldsymbol{\eta}}(t)-\sum_{i,j=1}^{n}X_i(t)X_j(t)\tau_{ij}^{\boldsymbol{\eta}}(t)\right)\tag{6.41}$$

证明：根据式(6.23)，对于 $t\in[0,\infty)$，有

$$\sum_{i=1}^{n}\boldsymbol{X}_i(t)\tau_{ii}^{\boldsymbol{\eta}}(t)=\sum_{i=1}^{n}\boldsymbol{X}_i(t)\sigma_{ii}(t)-2\sum_{i=1}^{n}\boldsymbol{X}_i(t)\sigma_{i\boldsymbol{\eta}}(t)+\sigma_{\boldsymbol{\eta\eta}}(t)$$

$$\begin{aligned}\sum_{i,j=1}^{n}\boldsymbol{X}_i(t)\boldsymbol{X}_j(t)\tau_{ij}^{\boldsymbol{\eta}}(t)=&\sum_{i,j=1}^{n}\boldsymbol{X}_i(t)\boldsymbol{X}_j(t)\sigma_{ij}(t)-\sum_{i=1}^{n}\boldsymbol{X}_i(t)\sigma_{i\boldsymbol{\eta}}(t)\\&-\sum_{j=1}^{n}X_j(t)\sigma_{j\boldsymbol{\eta}}(t)+\sigma_{\boldsymbol{\eta\eta}}(t)\end{aligned}$$

于是有

$$\begin{aligned}\gamma_X^*(t)&=\frac{1}{2}\left(\sum_{i=1}^{n}\boldsymbol{X}_i(t)\sigma_{ii}(t)-\sum_{i,j=1}^{n}\boldsymbol{X}_i(t)\boldsymbol{X}_j(t)\sigma_{ij}(t)\right)\\&=\frac{1}{2}\left(\sum_{i=1}^{n}\boldsymbol{X}_i(t)\tau_{ii}^{\boldsymbol{\eta}}(t)-\sum_{i,j=1}^{n}\boldsymbol{X}_i(t)X_j(t)\tau_{ij}^{\boldsymbol{\eta}}(t)\right)\end{aligned}$$

证毕。

如果 $\boldsymbol{X}=\boldsymbol{\eta}$，那么该 Portfolio 的超额增长率的计算式将得到简化。

定理 6.11 设 $\boldsymbol{X}$ 是任一 Portfolio，那么对于 $t\in[0,\infty)$有

$$\gamma_X^*(t)=\frac{1}{2}\sum_{i=1}^{n}\boldsymbol{X}_i(t)\tau_{ii}^{\boldsymbol{\eta}}(t)\tag{6.42}$$

证明：对于式(6.41)，让 $\boldsymbol{\eta}=\boldsymbol{X}$，那么根据式(6.28)有

$$\sum_{i,j=1}^{n} \boldsymbol{X}_i(t)\,\boldsymbol{X}_j(t)\tau_{ij}^{\boldsymbol{\eta}}(t) = \boldsymbol{X}'(t)\tau^{\boldsymbol{\eta}}(t)\,\boldsymbol{X}(t)$$
$$= (\boldsymbol{X}(t)-\eta(t))'\sigma(t)(\boldsymbol{X}(t)-\eta(t)) = 0$$

则由式(6.41)得到式(6.42)。证毕。

对于任一 Portfolio 来说，超额增长率过程是其增长率过程的一个重要组成部分，所以它的正负性将直接影响一个 Portfolio 的增长率过程的大小。下面的定理将讨论 γ^* 的正负性的问题。

定理 6.12　设 $\boldsymbol{X}$ 是一个具有非负权数的 Portfolio，那么

$$\gamma_X^*(t) \geqslant 0,\quad t\in[0,\infty) \tag{6.43}$$

如果对于所有的 i，$0\leqslant X_i\leqslant 1$，那么

$$\gamma_X^*(t) > 0,\quad t\in[0,\infty) \tag{6.44}$$

证明：本节开头即给出了 $\tau_{ii}^X\geqslant 0$，而 $X_i(t)\geqslant 0$，故式(6.42)的右边非负，则式(6.43)成立。

由于 $0\leqslant X_i\leqslant 1$，故在 $X_1(t),X_2(t),\cdots,X_n(t)$中至少有两个正负数，而根据定理 6.3，$\tau^X(t)\geqslant 0$ 是半正定的，其秩为 $n-1$，那么根据线性代数理论，至多有一个 i 使得 $\tau_{ii}^X=0$。现在有两个正权数，则显然式(6.42)的右边为正，就是 $\gamma_X^*(t)>0$。证毕。

这个定理告诉我们，对于一个具有非负权数的 Portfolio 来说，它的增长率过程不小于其内各个股票的增长率过程的加权和。这个定理也从另一个方面说明了为什么市场 Portfolio 受到所有投资理论研究者的吹捧。

参考文献

[1] Cootner P H. The Random Character of Stock Market Prices[M]. Massachusetts: MIT Press, 1964.

[2] Banz R W. The relationship between return and market value of common stocks[J]. Journal of Financial Economics, 1981, 9(1): 3-18.

[3] Fernholz R, Shay B. Stochastic portfolio theory and stock market equilibrium[J]. Journal of financial economics, 1982, 37:615-624.

[4] Carlen E, Protter P. Onsemimartingale decompositions of convex functions of semimartingales[J]. Illinois J. Math, 1992, 36(3): 420-427.

[5] Fama E F, French K R. Common risk factors in the returns on stocks and

bonds[J]. Journal of Financial Economics, 1993, 33(1): 3-56.
[6] Fama E F, French K R. Multifactor explanations of asset pricing anomalies [J]. The Journal of Finance, 1996, 51(1): 55-84.
[7] Karatzas I. Lectures on the Mathematics of Finance[M]. Washington: American Mathematical Soc. 1997.
[8] Hashemi F. An evolutionary model of the size distribution firms[J]. The Journal of Finance, 2000, 10: 507-521.
[9] Fernholz R. Measuring the size factor in equity returns[J]. Journal of Performance Measurement, 2001,5(3):11-21.
[10] Duffie D. Dynamic asset pricing theory[M]. New Jersey: Princeton University Press, 2010.

附　　录

本书对任一证券的 Portfolio 优化时，主要是围绕它的协方差来进行的，因此改进 Portfolio 优化就必须要改进对该方差矩阵的估计。事实上，自 20 世纪 90 年代以来，Black、Litterman 和黎子良等人为此做了一系列开创性的工作，极大地丰富了 Portfolio 优化的内容。特别是黎子良教授 2011 年以来在中国科学技术大学统计金融系做了几场精彩的报告，给了本书作者莫大的启迪。自那时起，笔者和自己的学生们开展了一系列相关的研究工作。

下面是我们的一些研究论文(有的已经发表)，将其罗列在附录中，以供对这一内容感兴趣的读者作延伸阅读。出于篇幅的原因，把原始的英文摘要去掉了。各篇文章皆独立成章，没有序贯关系。

①《基于 Black-Litterman 模型与 Meucci 理论确定投资组合权重》，作者葛颖、程希骏、符永健，已被《数理统计与管理》接受。

②《聚类分组法修正协方差阵的最优投资组合方案》，作者潘洋、程希骏，已发表在《中国科学技术大学学报》2014 年第 3 期。

③《熵池理论和风险平均分散化模型在投资组合分配中的应用》，作者葛颖、程希骏、符永健，已发表在《中国科学技术大学学报》2013 年第 9 期。

④《基于量化观点 Black-Litterman 模型的期货投资组合研究》，作者符永健、程希骏、刘峰，已被《中国科学院大学学报》接受。

⑤《基于多指标排序信息下 Black-Litterman 模型的研究》，作者方正、程希骏、葛颖，已投《工程数学学报》。

基于 Black-Litterman 模型与 Meucci 理论确定投资组合权重

葛　颖　程希骏　符永健

摘要　为考虑投资者线性选择观点和非线性偏好，在确定投资组合中各资产的投资权重时，本文提出了以下的方法：首先利用 Black-Litterman 模型，结合投资者的线性选择观点，得到权重 w 的估计值 w_0^*。其次以 w_0^* 为标准，用蒙特卡罗方法模拟出 $w_1, w_2, \cdots, w_M$ 等 M 个权重，根据每个权重，基于历史数据确定整个投资组合的先验分布。再利用 Meucci 思想，从先验分布中得到情景点 (z_j, p_j)，结合投资者非线性偏好，得到后验分布情景点 $(z_j, \tilde{p}_j)$，继而得到整个投资组合的后验分布。最后以风险补偿率为标准，来得出最优的组合权重。该组合权重综合考虑了历史数据、投资者线性选择观点和非线性偏好多个方面的信息。

关键词　完全弹性极值；投资者风险偏好；Black-Litterman 模型；风险补偿率

0　引　　言

Markowitz(1952)提出的均值—方差理论开创了现代投资组合理论的先河[1]，但因市场中资产的收益 μ 和方差 $\boldsymbol{\Sigma}$ 是未知的，直接将估计值 $\hat{\boldsymbol{\mu}}, \hat{\boldsymbol{\Sigma}}$ 代入权重中得到的 w_{eff} 往往不能为投资起到较好的指导作用[2]。

鉴于此，1990 年高盛固定投资收益部门两位研究员提出 Black-Litterman 模型[3]（以下简称 BL 模型），旨在考虑市场均衡情况下，投资者可以将他们对于市场的线性主观认知加入市场正态分布模型中。基于同样的理由，2008 年 Meucci 提出了"熵池"和"完全弹性极值观点"的理论[4,5]（以下统称为 Meucci 理论）。

然而，BL 模型和 Meucci 理论都有明显的不足。在 BL 模型中只考虑了多元正态模型和投资者只对市场收益率有线性观点，且方差矩阵可控性不好。而 Meucci 理论只考虑了固定资产权重下，加入投资者非线性观点后的资产组合整体的后验分布，但忽略了资产之间的协方差信息。

本文综合利用了 BL 模型和 Meucci 的思想，并改进了两者的部分缺点，同时明确地将投资者的观点分为两部分：对资产的“审时度势”的市场观点，体现在BL模型中的选择矩阵 Q；投资者的投资偏好，表现在Meucci理论中对于尾部风险和收益率、方差的要求。相应地，本文中关于权重 w 的最优值确定也分为：先用BL模型给出初始的权重向量。然后由蒙特卡洛方法给出一族 w，由历史数据得到先验分布族。再利用Meucci的理论，建立先验情景点，结合投资者非线性偏好，得出后验情景点和分布族。最后以风险补偿率为标准找出最优的 w^*。本文以wind数据库中八只股票的历史数据为例，演示了该方法的有效性。

1 模型的设立

1.1 BL模型给出初始的权重向量 w_0^*

资产组合中有 N 个风险资产和一个无风险资产。其中 N 个风险资产的收益率为 $X_i, i=1,2\cdots,N$，记 $\boldsymbol{X}=(X_1,X_2,\cdots,X_N)'\boldsymbol{X}$ 的分布为

$$\boldsymbol{X} \sim N(\boldsymbol{\mu},\boldsymbol{\Sigma}) \tag{1}$$

由Watlers(2008)，Meucci(2011)[6,7]提出的修正的BL模型知

$$Q\boldsymbol{X} \sim N(\boldsymbol{v},\boldsymbol{\Omega}) \tag{2}$$

其中 Q 是投资者对市场的“选择矩阵”，是对资产的收益率的线性观点；$\boldsymbol{v}$ 度量该线性观点；$\boldsymbol{\Omega}$ 表征该线性观点的不确定性。从而得到

$$\boldsymbol{X} \mid \boldsymbol{v},\boldsymbol{\Omega} \sim N(\boldsymbol{\mu}_{\mathrm{BL}},\boldsymbol{\Sigma}_{\mathrm{BL}}) \tag{3}$$

其中

$$\begin{cases}\boldsymbol{\mu}_{BL} = \boldsymbol{\mu} + \boldsymbol{\Sigma}Q'(Q\boldsymbol{\Sigma}Q')^{-1}(\boldsymbol{v} - Q\boldsymbol{\mu}) \\ \boldsymbol{\Sigma}_{\mathrm{BL}} = \boldsymbol{\Sigma} - \boldsymbol{\Sigma}Q'(Q\boldsymbol{\Sigma}Q')^{-1}Q\boldsymbol{\Sigma}\end{cases} \tag{4}$$

BL模型的处理方法是先由 $\boldsymbol{X}$ 过去 T 期的历史数据，$X^1,X^2,\cdots,X^T$ 估计出 $\hat{\boldsymbol{\Sigma}}$，其中 $\boldsymbol{\Sigma}$ 的估计方法有很多种，在文献[2]中给出了一系列的方法，本文不再赘述。再由市场均衡的权重 $\tilde{\boldsymbol{w}}$，得出 $\hat{\boldsymbol{\mu}}=2\bar{\lambda}\hat{\boldsymbol{\Sigma}}\tilde{\boldsymbol{w}}$，其中 $\bar{\lambda}$ 为投资者的风险厌恶指数，通常取 $\bar{\lambda}=1.2$。将 $\boldsymbol{\mu},\boldsymbol{\Sigma}$ 的估计值 $\hat{\boldsymbol{\mu}},\hat{\boldsymbol{\Sigma}}$ 代入式(4)，相应地得到 $\boldsymbol{\mu}_{BL},\boldsymbol{\Sigma}_{BL}$ 的估计值 $\hat{\boldsymbol{\mu}}_{BL},\hat{\boldsymbol{\Sigma}}_{BL}$。

之后求解最优化方程：设投资者的效用函数为 $U(\beta(w,\boldsymbol{\mu}_{BL},\boldsymbol{\Sigma}_{BL}))$，则投资者最优组合权重满足

$$w^* = \arg\max U(\beta(w,\boldsymbol{\mu}_{BL},\boldsymbol{\Sigma}_{BL})) \tag{5}$$

U[8,9]满足

$$\begin{cases} U' > 0 \\ U'' < 0 \end{cases} \tag{6}$$

而传统的 BL 模型认为投资者最优组合权重满足

$$\boldsymbol{w}^* = \arg\max(\boldsymbol{w}'\boldsymbol{\mu}_{BL} - \lambda\boldsymbol{w}'\boldsymbol{\Sigma}_{BL}\boldsymbol{w}) \tag{7}$$

在实际中，式(7)不能进行很好的推广，且含有的参数 λ 取值范围通常为几个常数。而式(6)可以根据不同的投资目的，选择不同的 $\beta(\boldsymbol{w},\boldsymbol{\mu}_{BL},\boldsymbol{\Sigma}_{BL})$。可以看出，方程(7)是方程(6)的一种特殊情况。

BL 模型引入投资者选择矩阵 Q，体现在一定时间内的市场观点，更能与实际情况相符。然而 BL 模型中，只考虑了多元正态模型和投资者对市场收益率的线性观点，且得出的 $\boldsymbol{\Sigma}_{BL}$ 不可控[4]。另外，在现实中，除了对于市场收益率的线性观点，不同的投资者有其非线性偏好。为了同时考虑投资者非线性偏好，在此基础上，我们引入 Meucci 理论，将不可控的 $\boldsymbol{\Sigma}_{BL}$ 转化为资产组合整体的方差 σ^2。本文认为由式(5)得出的仅仅为一个初始权重，而最优的 w^* 确立需要蒙特卡洛模拟结合 Meucci 理论。这里需要指出的是，w_0^* 包含了资产之间的协方差信息，这点是 Meucci 理论欠缺的，也是文中选其作为初始权重向量的原因。

1.2 蒙特卡洛模拟出一族权重

与 Meucci“完全弹性极值”权重固定不同，本文将权重看成变量，用蒙特卡洛方法模拟出一族 $\boldsymbol{w}_m, m=1,2\cdots,M$，满足

$$\| \boldsymbol{w} - \boldsymbol{w}_0^* \| \leqslant \xi \tag{8}$$

这里我们考虑取 $\xi=0.5$。

由式(8)模拟出的一族 $\boldsymbol{w}_m, m=1.2\cdots,M$，分别用 Meucci 理论得出后验分布，为了书写方便，1.3 节统一记权重为 w。

1.3 Meucci 理论得出最优 $\boldsymbol{w}^*$

Meucci 理论中的“熵池”[4]，是给定投资者观点 $\boldsymbol{v}$，求解最优化方程：

$$\tilde{f} = \arg\max_{f\in v}\rho(f,\underset{\sim}{f}) \tag{9}$$

其中 $\underset{\sim}{f}$ 已知，ρ 为距离测度。若 $\underset{\sim}{f}$ 为多元正态分布，则式(5)解出的 $\tilde{f}$ 也是多元正态分布[4]。

当 $\underset{\sim}{f}$ 为任意函数时，通常式(8)得不到显示解。为此，Meucci 提出了“完全弹性极值”观点，若 $\underset{\sim}{f}$ 为已知先验分布，考虑 CVaR 下，通过数值方法得出 $\tilde{f}$。其模型

的建立通过产生情景点和加入 $\boldsymbol{v}=CVaR$，对于这两点本文在下面都做了改进。

第一步，情景点的建立。投资组合 $\boldsymbol{Z}=\boldsymbol{w}'\boldsymbol{X}$，由历史数据 $X^1,X^2,\cdots,X^T$ 得到 $\boldsymbol{Z}$ 的历史数据 $Z^1,Z^2,\cdots,Z^T$，从而得到 $\boldsymbol{Z}$ 的先验分布 $\underset{\sim}{f}_z$。基于历史数据得到先验分布的确定方法很多，本文考虑 $\underset{\sim}{f}(z,\boldsymbol{w})=\sum_{t=1}^{T}k_t f_t(z,\boldsymbol{w})$，其中 $k_1\propto e^{\frac{-\ln 2}{2}(T-t)}$，$\sum_{t=1}^{T}k_t=1$。

$$f_t(z,w)=\frac{1}{\sqrt{2\pi\sigma^2}}\exp\left(\frac{-(z-z^t|w)^2}{2\sigma^2}\right) \tag{10}$$

其中 $\bar{z}\mid\boldsymbol{w}=\sum_{t=1}^{T}k_t z_t\mid\boldsymbol{w},\sigma^2=\frac{1}{T-1}\sum_{t=1}^{T}(z_t\mid w-\bar{z}\mid w)^2$。

Meucci 理论中情景点的确立方法如下：

对于给定的 ε，由

$$\varepsilon=\int_{-\infty}^{z_1}\underset{\sim}{f}_z\mathrm{d}z,\quad \varepsilon=\int_{z_J}^{+\infty}\underset{\sim}{f}_z\mathrm{d}z \tag{11}$$

得到 z_1,z_J。均分 z_1 到 z_J 为 $J-1$ 份，制造出所需的情景点 $z_1,z_2,\cdots,z_J$，相应每个点对应的先验概率为

$$\begin{cases}\underset{\sim}{p}_1=\int_{-\infty}^{\frac{z_1+z_2}{2}}\underset{\sim}{f}_z\mathrm{d}z\\ \underset{\sim}{p}_j=\int_{\frac{z_j+z_{j-1}}{2}}^{\frac{z_j+z_{j+1}}{2}}\underset{\sim}{f}_z\mathrm{d}z,\quad j=2.3\cdots,J-1\\ \underset{\sim}{p}_J=\int_{\frac{z_J+z_{J-1}}{2}}^{+\infty}\underset{\sim}{f}_z\mathrm{d}z\end{cases} \tag{12}$$

从而得到情景点 $(z_j,\underset{\sim}{p}_j)_{j=1}^{J}$，令 $\rho(f,\underset{\sim}{f})=f(\ln f-\ln\underset{\sim}{f})$，离散情况下 $\rho(f,\underset{\sim}{f})$ 等价于 $\rho(p,\underset{\sim}{p})=\sum_{j=1}^{J}p_j(\ln p_j-\ln\underset{\sim}{p}_j)$，其中 $P=(p_1,p_2,\cdots,p_J)'$。加入投资者对于尾部风险的 CVaR 观点，得到后验分布：

$$\underset{\sim}{P}=\arg\max_{P\in v}\sum_{j=1}^{J}p_j(\ln p_j-\ln p_j) \tag{13}$$

具体的计算方法参考文献[4]。

上述情景点中，由于每个 $\underset{\sim}{p}_j$ 都不相同，会影响到后面后验分布 $\tilde{P}$ 的计算，本文将情景点的确立方法改变如下：同式(9)得到 z_J，令 $p'=J^{-1}(1-\varepsilon)$，

$$\int_{-\infty}^{z_j}\underset{\sim}{f}_z\mathrm{d}z=jp',\quad j=1,2,\cdots,J \tag{14}$$

通过插值拟合等方法，得到 $z_1,z_2,\cdots,z_{J-1}$，从而得到情景点$(z_j,\underset{\sim}{p}_j)_{j=1}^J$，其中

$$\underset{\sim}{p}_j=\begin{cases}p',j=1,2,\cdots,J-1\\p'+\varepsilon,j=J\end{cases}\tag{15}$$

由式(15)得到的 $\underset{\sim}{p}_j$ 在情景点的确立中，与 Meucci 方法(12)的整理计算复杂度是一样的，但由于 $\underset{\sim}{p}_j$ 的各个值除了最后一点外都是相同的，且当 ε 取值非常小时，我们可以近似地认为所有 $\underset{\sim}{p}_j=1,2,\cdots,J$ 都相等，这对于下文求后验分布来说，简化了计算的复杂程度。

第二步，加入投资者非线性偏好。Meucci 理论加入了投资者对于投资资产的尾部 CVaR 的态度。本文在利用 Meucci 理论中，再加入投资者对于收益率、方差的非线性偏好。需要强调的是方差为带平方项，BL 方法对此无能为力。而黎子良为了处理方差问题，在最优化方程(7)中又引入了新的参数[2]。本文不需要引入新参数，且用以下数值方法可以很好地处理方差问题。投资者的非线性偏好包含 Meucci 理论考虑尾部问题 CVaR[6,7]：

$$\begin{cases}P(Z\leqslant\gamma)\geqslant\varphi\\E^P(Z\leqslant\gamma)=\phi\end{cases}\tag{16}$$

和本文拓展的对收益率、方差观点：

$$\begin{cases}P(Z\geqslant 0)\geqslant\alpha\\\text{mean}(Z)\geqslant\gamma\\\text{mean}(Z)-\bar{\lambda}\text{var}(Z)\geqslant\delta\end{cases}\tag{17}$$

这里的参数 α,γ,δ 为不同投资者不同点的量化指标，从而 $\boldsymbol{v}$ 表示为(16)+(17)。

为解式(13)引入下面的算法：

$$P^{(s)}=\underset{P\in V_S}{\arg\max}\,\rho(P,\underset{\sim}{P}),\quad s=1,2,\cdots,J\tag{18}$$

其中

$$v_s=\begin{cases}p_1+\cdots+p_s=\varphi\\z_1p_1+\cdots+z_sp_s=\phi\\p_{k+1}+\cdots+p_J\geqslant\alpha\\\sum_{j=1}^J z_jp_j-\lambda\sum_{j=1}^J p_j(z_j-\bar{z})^2\geqslant\delta\\\sum_{j=1}^J z_jp_j\geqslant\gamma\end{cases}\tag{19}$$

通过求解式(18)，式(19)得到 $P^{(s)},s=1,2,\cdots,J$。接着找出这 J 个 $P^{(s)}$ 值中与先验分布 $\underset{\sim}{P}$ 距离最小的那个值，也就是

$$\underset{\sim}{P} = \underset{s\in\{1,2,\cdots,J\}}{\arg\max}\,\rho(P^{(s)},\ \underset{\sim}{P}) \tag{20}$$

由以上分析知，w 对应后验分布 $\underset{\sim}{P}$，当 w 取 w_m 时，本文得到 $\widetilde{P}^1,\widetilde{P}^2,\cdots,\widetilde{P}^M$，对应的情景点为$(z_{j,m},\underset{\sim}{p}_{j,m})_{j=1}^{J_m}$，继而得到$(z_{j,m},\widetilde{p}_{j,m})_{j=1}^{J_m}$。那么对应的期望和方差分别为

$$\begin{cases}\mu_m = \sum_{j=1}^{J_m} z_{j,m} * \widetilde{p}_{j,m} \\ \sigma_m = \sqrt{(J_m-1)^{-1} * \sum_{j=1}^{J_m}(z_{j,m}-\bar{z}_m)^2 * \widetilde{p}_{j,m}}\end{cases} \tag{21}$$

下面用风险补偿率来衡量资产组合的优劣。以 f_0 代表无风险资产收益率，本文的风险补偿率为

$$\beta_m = \frac{\mu_m - f_0}{\sigma_m},\quad m = 1,2,\cdots,M \tag{22}$$

所要的 w 就是使得风险补偿率最大的 w：

$$w^* = \underset{m\in\{1,2,\cdots,M\}}{\arg\max}\,(\beta_m) \tag{23}$$

可以看出来，不同于式(5)，由式(23)选择出来的最优权重与 $\boldsymbol{\Sigma}_{\mathrm{BL}}$ 没有直接的关系，这里就解决了 $\boldsymbol{\Sigma}_{\mathrm{BL}}$ 的不可控性。

2　实例研究

本文从 wind(http://www.wind.com.cn)数据库中选取了航天通信、万科地产、首钢股份、西南证券、海南高速、海信电器、中粮屯河等 8 只不同行业股票的 1940 个交易日的历史数据(2001.3.1～2012.3.2)来确定这一投资组合中各个股票的最优权重。

第一步：由 BL 模型得出一个 w_0^*

根据市场观点，投资者认为三月份房市回暖，万科地产在未来的收益率提高 10%，而中粮屯河未来收益率会下降 9%，则

$$Q = \begin{bmatrix}0,1,0,0,0,0,0,&0\\0,0,0,0,0,0,0,&-1\end{bmatrix},\quad v = \begin{bmatrix}10\%\\9\%\end{bmatrix}$$

与式(21)相对应，效用函数选择的是 $U=\ln(\frac{w'\boldsymbol{\mu}_{\mathrm{BL}}-f_0}{w'\boldsymbol{\Sigma}_{\mathrm{BL}}w})$，易见，$U$ 满足式(6)，因此得出了初始权重

$w_0^* = [0.0951, 0.2344, 0.1190, 0.1060, 0.2834, 0.0213, 0.1550, 0.0859]$

第二步：得出先验分布族、后验分布族

图 1 给出了不同 $\boldsymbol{w}$ 下的组合先验分布密度函数。

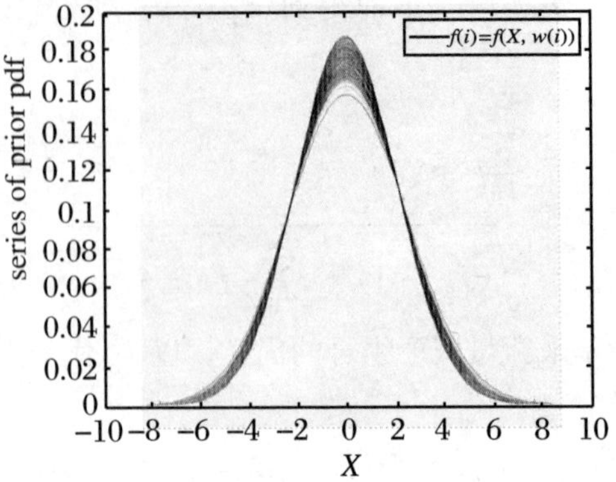

图 1　先验分布族

对于每个先验分布，根据第 1 节本文得到它的后验分布。以 $\boldsymbol{w}_1$ 为例，考虑投资者偏好 1：$\varphi=0.05, \phi=-0.3, \delta=-2$，得出一系列后验分布 $P^{(s)}, s=1,2,\cdots,100$，如图 2 所示。由式(19)得到最优的后验分布 $\widetilde{P}$，如图 3 所示。

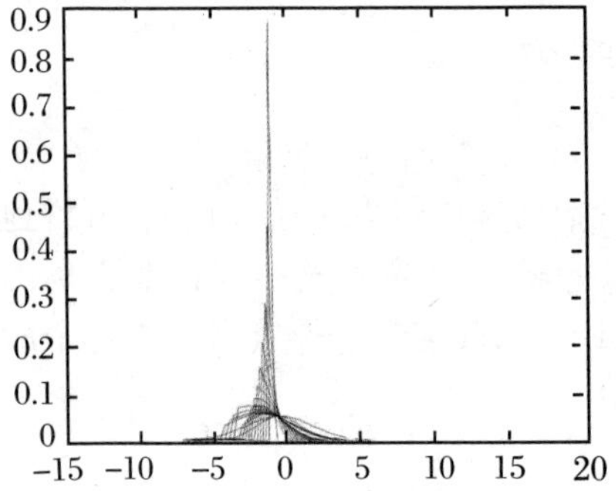

图 2　w_1 对应的一系列后验分布

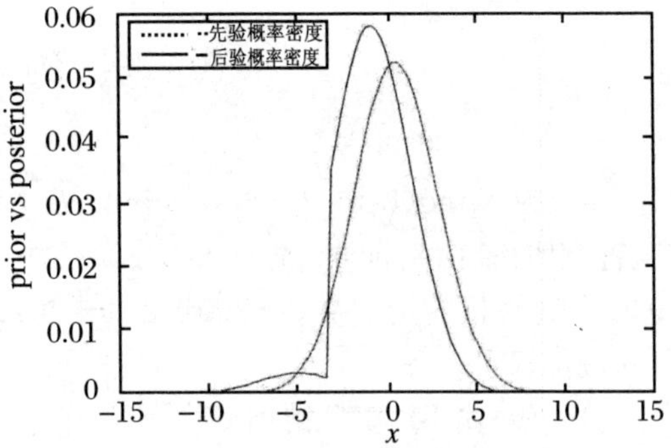

图 3　w_1 对应的偏好 1 最优后验分布

考虑投资者偏好 2：$\varphi=0.05, \phi=-0.3\delta=-2, \alpha=0.6$，得到后验分布 $\widetilde{P}$，如图 4。

从图 3 和图 4 中可以看出，两者的分布情况相对于先验分布都有左偏的趋势，且投资者偏好的数值不同会极大地改变其后验分布，即该方法可以做到“量身定做”。

以投资者偏好 1 为例，图 5 给出 $\widetilde{f}_1,\widetilde{f}_2,\cdots,\widetilde{f}_M$ 的图像。

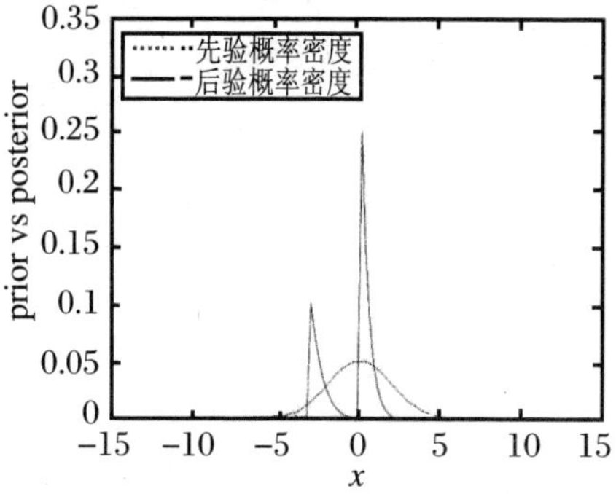

图 4　w_1 对应的偏好 2 最优后验双峰分布

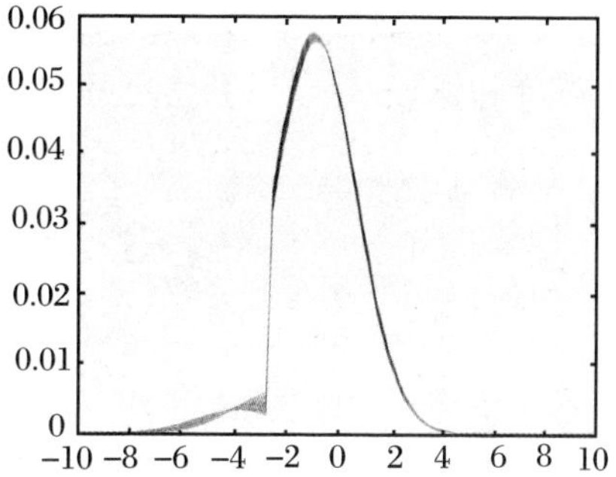

图 5　后验分布族

本文以 Shibor 在 2012－3－2 的日利率作为无风险收益率，在风险补偿率的标准下，得到了满足最大风险补偿率的最优权重：

$\boldsymbol{w}^* = \boldsymbol{w}_{248} = [0.0855, 0.2494, 0.1279, 0.0398, 0.2882, 0.0508, 0.1115, 0.0468]$

其对应的风险补偿率为 3.3405%。

表 1 给出了 M-V、BL 模型、Meucci 理论和本文方法的比较。

表 1　四种方法比较

性　　质	M-V	BL	Meucci	BL＋Meucci
非正态市场分布	否	否	是	是
资产之间的协方差	是	是	否	是
投资者选择观点	否	是	否	是
投资者非线性偏好	否	否	是	是

表 2 给出针对实例研究的各个结果。

表 2　投资者偏好 1 的三种方法的结果比较

比较	M-V 方法	BL 方法	BL＋Meucci
$\boldsymbol{w}^*$	02232，00035，00368，02228，02316，00740，00190，01890	00951，02344，01190，01060，02834，00213，01550，00859	00855，02494，01279，00398，02882，00508，01115，00468
β	2.3907%	3.1046%	3.3405%

从表 2 可以看出，BL 模型选择的万科地产权重高于 M-V 方法，而中粮屯河的权重低于 M-V 方法，这是投资者“选择”矩阵的结果，而这两只股票权重变化在 BL

+ Meucci 的方法中更加明显,这是投资者关于均值、方差等的非线性观点的结果。这里需强调的是,由 BL + Meucci 得到的值比较大,说明投资者的选择矩阵 Q 较好,且关于尾部风险、均值方差的非线性偏好也很正确。这说明通过加入了正确的个人选择和偏好,是可以获得更好的风险补偿率的。

3 结论与展望

本文改进了 BL 模型,将 BL 模型中的最优化方程推广到更一般的投资者效用函数。同时改进了 Meucci 理论,将其中固定的 $\boldsymbol{w}$ 看成变量,改进了其中情景点的建立方式,简化了计算难度,并引入了投资者关于均值、方差的非线性观点。我们综合了 BL 模型和 Meucci 理论,得出最优权重确定的方法。即首先用 BL 模型的结果 w_0^* 作为初始权重,再利用 Mentor-Carlo 方法模拟出一族权重。对于每个权重用 Meucci 方法得出相应的后验分布族,根据风险补偿率选择出最优权重。综上 BL + Meucci 方法具有以下优点:

① 考虑了非正态分布;

② 加入了投资者选择矩阵 Q,体现投资者对市场变化的观点;

③ 加入了投资者的非线性偏好。

在进行实际案例分析的时候,可以根据投资者的选择矩阵 Q,效用函数 $\boldsymbol{U}$,非线性偏好 $\boldsymbol{v}$,为每个投资者量身定做其最优资产组合。事实上,掌握市场更多信息的基金经理,能合理地选择 Q。而市场上投资者可以分为几类,其效用函数 U 以及参数 α,γ,δ 可以选择不同的值,运用上述方法,可以最优的基金组合池。对于特定的投资者,可以从中选择出最适合其非线性偏好的基金组合。本文提出的方法在权重的收敛性问题和参数 α,γ,δ 的选择问题上还有待进一步研究和深化,笔者将在后面的工作中主要探索这两个问题。

参考文献

[1] Markowitz H M. Portfolio Selection[J]. Finance,1952,7, 77-91.

[2] Tze Leung Lai, Haipeng Xing, Zehao Chen. Mean-Variance Portofolio Optimization When Means and Covariances are Unknown[J]. Annals of Applied Statistics, 2010.

［3］ Black F，Litterman R. asset Allocation：combing investor views with market equilibrium[J]. Golden Sachs Fixed Income Research，1990.

［4］ Giacometti F Fabozzi. Stable distributions in the Black-Litterman approach to asset allocation[J]，Quantitative. Finance，2007，7，423-433.

［5］ Attilio Meucci. Enhancing the Black-Litterman and Related Approaches [J]. Symmys，2009.

［6］ Attilio Meucci，David Ardia，Simon Keel. Fully Flexible Extreme Views [J]. Journal of Risk，2011.

［7］ 储晨，方兆. 修正协方差矩阵的投资组合方案及其稳定性[J]. 中国科学技术大学学报，2011，12(4)：1036-1040.

［8］ Joel Goh，Kian Guan Lim etc. Portofolio Value at Risk optimization for Asymmetrically Asset Returns[J]. Journal of Finance，2010.

［9］ 化宏宇，程希骏. 基于跳扩散过程的可转换债券的定价[J]. 数理统计与管理，2009，2(28).

聚类分组法修正协方差的最佳投资组合方案

潘　洋　程希骏

摘要　本文给出了 Markowitz 模型的解并分析了最优化投资组合不稳定的原因。在此基础上，提出了一个新的方法：用聚类分组法调整样本协方差阵从而得到一个更好的投资组合。为了证明该方法的合理性，我们运用来自中国股市的真实数据来模拟“真实的投资”。事实证明，用这种方法所得到的投资组合较传统方法有更好的收益率和更低的风险，且可以用风险预测来进行事后验证。

关键词　协方差阵；投资组合；稳定性；聚类

0　引　　言

Markowitz 的最优化投资组合模型[1]，是关于 M-V 原则所描述的这样一种投资策略：对于一些收益率相同的投资组合方案来说，人们会选择投资风险最小的方案。这样，基于上面的原则，我们可以把 Markowitz 模型表示为

$$\begin{aligned} \min\ \sigma_{\mathrm{port}}^2 &= \boldsymbol{X}'\boldsymbol{\Sigma}\boldsymbol{X} \\ \mathrm{s.t.}\ \boldsymbol{ER}'\boldsymbol{X} &= r_{\mathrm{port}} \\ \boldsymbol{i}'\boldsymbol{X} &= 1 \end{aligned} \tag{1}$$

式中，σ_{port}^2 为资产组合方差，$\boldsymbol{ER}$ 为期望收益率向量，r_{port} 为目标收益率，$\boldsymbol{\Sigma}=(\Sigma_{ij})_{N\times N}$为协方差矩阵。$N$ 维列向量 $\boldsymbol{i}=(1,1,\cdots,1)'$ 而列向量 $\boldsymbol{X}=(X_1,X_2,\cdots,X_N)'$，其中 X_i 表示资产 i 占总资产组合的比例。

在这个由 Markowitz 提供的最佳资产组合模型中，对于给定的目标收益率 R_{port}，用 Lagrange 方法可以使其风险最小的投资组合解为

$$\boldsymbol{X} = \boldsymbol{\Sigma}^{-1}\boldsymbol{ER}(\boldsymbol{ER}'\boldsymbol{\Sigma}\boldsymbol{ER})^{-1} r_{\mathrm{port}} \tag{2}$$

然而，样本经验协方差阵 $\boldsymbol{\Sigma}$ 的特征很难分析：为了估计协方差阵，需要估计 $N(N-1)/2$个协方差值，因而需要足够长时间 T 的一系列时间序列，但是市场的

情况随着时间变化，如果 T 过大的话，资产的协方差性会不稳定。但另一方面，若是 T 与 N 的比值太小，那么我们估计值会不够稳定，因此对应的经验协方差阵会含有一点随机性导致的结果，也就是会有“噪声”。这些协方差带有的“噪声”会对最后的结果有很大的影响[2]，这是我们在使用协方差阵的时候所需要考虑的。

因此怎样减少协方差阵的“噪声”及其影响是一个很重要的问题，前人对此做了很多的研究[3,4]。常用的方法是对协方差阵做一些结构上的调整来减少在半径内需要估计的有效数据：几种模型在经济学基础上被提了出来，如结合了企业因素和宏观微观因素的单指数模型和多指数模型[5]；还有一些纯粹的统计学里的协方差估计方法，比如主成分分析法和贝叶斯收缩估计法[6,7]；还有最近几年提出的利用 RMT 理论来减少“噪声”的方法[9,10]。总的来说，通过对协方差阵的一些调整可以有效地减少“噪声”对最佳资产组合的影响。

我们知道这样一种趋势：收益率相关性较低的两个资产，其样本相关系数中“噪声”相对“非噪声”的比例要大。而线性相关性几乎为零的两个资产，因为“噪声”的存在，其样本估计协方差也不为零。所以过滤掉协方差阵中这些较弱的相关关系所代表的协方差可以减少“噪声”对结果的影响。在多元统计学中有一种聚类分组的方法，可以将点集按照点间距离分组，这里我们运用类似的思想，将点集分组，使得组内点的距离小于组间点的距离。节 1 我们将介绍该方法及其算法，并将用聚类分组法将资产按其收益率相关性的强弱来分组，使得组内资产收益率的相关系数大于组间资产收益率的相关系数，然后通过过滤掉组间资产收益率的协方差来调整协方差阵，从而达到通过减少需要估计的数值来减少噪声影响的效果。

我们将用中国沪深股市的数据来证明上述方法的有效性。首先通过模拟“真实的投资”，比较修正前和修正后的协方差阵对应最佳资产组合，证明用本文的方法得出的资产组合的性质更好。然后用修正前和修正后的协方差阵来估计投资风险，发现用本文的方法估计的风险更贴近真实风险。

1　聚类分组法

1.1　聚类分组法及其应用

在多元统计分析中，聚类分组法是一种将 N 维欧氏空间中的点集按照距离的远近来分组的方法。这里，我们首先以两个资产之间的收益率相关系数来定义资产之间的距离，当然相关系数绝对值越小，对应的资产之间的距离越大，然后用类似的思想分组使得组内资产的距离小于组间资产的距离。

于是，我们令点的集合 $\boldsymbol{\Omega}=\{H_1,H_2,\cdots,H_N\}$代表资产 $1,2,\cdots,N$。定义距离矩阵 $\boldsymbol{D}=(D_{ij})N\times N, D_{ij}=1-|C_{ij}|$，其中$|C_{ij}|$为相关系数矩阵 $\boldsymbol{C}$ 的元素 C_{ij} 的绝对值。即

$$D_{ij}=\begin{cases}1+C_{ij}, C_{ij}\leqslant 0\\ 1-C_{ij}, C_{ij}>0\end{cases}\tag{3}$$

式中，D_{ij}为资产 H_i 与资产 H_j 的距离。将 Ω 分割为若干组$\Omega_1,\Omega_2,\cdots,\Omega_M(M>1)$，使得组内的资产的距离小于组间的资产的距离（即组内的资产间的相关系数的绝对值大于组间的资产间的相关系数的绝对值），具体可表示为

$$\forall H_i,H_j\in\Omega_p,\quad \forall H_g\in\Omega_q,\quad p\neq q$$

有

$$D_{ij}<D_{ig},\quad D_{ij}<D_{jg}$$

这里我们取使 M 值最小的分组。

为了实现上述目标，我们按照以下算法将资产分组：

第一步：找出集合中距离最远的两个资产（即找出相关系数绝对值最小的两个资产），分别标记为 P_1，P_2。比较集合内其他资产与这两个资产之间的距离。将 P_1 和与 P_1 距离更近的资产分到第一组 G_1，剩余资产分到第二组 G_2。

第二步：分别逐一查看所有组的资产，若某一资产与它所在组的其他资产的距离不小于该资产与其他组的资产的距离，将该资产标记；若所有的资产与它所在组的其他资产的距离均小于该资产与其他组的资产的距离，则分组结束。

第三步：将所有标记的资产单独分出来，算为另一组 G_3。

第四步：重复第二步。比较连续两轮查看中标记的资产的数目：若数目减少，则重复第三步分出另一组；若数目不变或增加，则将所有标记的资产按第一步的方法分成两组。

第五步：重复第四步，直至标记的资产的数目为零（即所有组内资产的距离均小于组间资产的距离）为止。

按上面的算法，可以得到满足所需条件的但 M 值最小的分组。

之前提到，当资产间的相关性较弱时，其中噪声占的比例会较大，对结果的影响也较大，而有时资产间线性相关性几乎为零，但因为噪声的存在，我们估算出的经验样本协方差值较小但是并不为零，所以这里不妨令

$$\Sigma_{ij}^m=\begin{cases}\Sigma_{ij}, & \text{若 } H_i,H_j \text{ 包含于同一组}\\ 0, & \text{其他}\end{cases}\tag{4}$$

从而过滤掉较弱的资产间相关关系。

由此我们得出调整后的协方差阵：$\boldsymbol{\Sigma}^m=(\Sigma_{ij}^m)_{N\times N}$。

1.2 该方法的不足及补充

在实际的应用中，如果仅凭样本相关系数来聚类的话，过于武断。因为样本相关系数不一定能真正反映实际的资产间的相关性，所以在实际的聚类中，可以同时参照其他标准：比如两个股票在主观考虑上是否相关，如都是能源股或者重金属股，这样的两只股票，即使样本相关系数显示可能相关性很弱，但是由主观可以判断出其相关性较高，应该分到一组；还有比如政府新出台了一些政策，该政策据分析会对某些股票价格都起到可能的抬高或者打压作用，那么这些股票也应该被分到一组。

此外，在定义聚类所需的距离矩阵时，可以不用相关系数，而是用其他的参数，比如相关系数检验的 p-value。

聚类法适合于资产间明显存在可以分组的情况下，此外，我们不得不承认的一点是：即使是收益率相关系数较低的两个资产，其样本相关系数中也存在一定的“非噪声”的比例。所以这里在过滤样本协方差阵的一些元素时，可以进一步细化：

$$\Sigma_{ij}^m=\begin{cases}\Sigma_{ij}, & \text{若 } H_i, H_j \text{ 包含于同一组或其相关系数检验不为零}\\ 0, & \text{其他}\end{cases}\tag{5}$$

2 实证分析

现在我们把这种方法运用到中国股票市场，假设股票市场是可以卖空的。

我们选择沪深 300 指数的 178 支股票，根据 2010～2011 年的数据，总共有 $T=485$ 天。为了保留有效信息，减少噪声影响，如前所述，即先将股票分组，然后用

$$\Sigma_{ij}^m=\begin{cases}\Sigma_{ij}, & \text{若 } H_i, H_j \text{ 包含于同一组}\\ 0, & \text{其他}\end{cases}$$

得到调整后的协方差阵 $\boldsymbol{\Sigma}^m=(\Sigma_{ij}^m)_{N\times N}$。

为了证明该方法的有效性，我们用 2010 年即第 1 天（$T=1$）到第 242 天（$T=242$）的数据得到原始的协方差阵，然后根据公式(2)计算出最佳资产组合 $\boldsymbol{X}_{11}$，再根据第 2011 年第 1 天（$T=243$）的日收益

$$R(243)=(R_1(243),\cdots,R_{174}(243))$$

计算出 $T=243$ 的收益率：

$$R_p1_1 = \boldsymbol{X}'_{11}R(243)$$

同样地，我们用第 2 天（$T=2$）到第 244 天（$T=244$）的数据计算出最佳资产组合 $\boldsymbol{X}_{12}$ 和对应日收益率 R_p1_2。然后重复上面的过程 100 次，最后可以得到对应的日收益率序列：

$$R_p1 = (R_p1_1, R_p1_2, \cdots, R_p1_{100})$$

同时，还是用一样的数据和思路，但在计算最佳资产组合时用我们之前所定义的调整过的协方差阵 $\boldsymbol{\Sigma}^m$，然后我们得到了另一个类似的日收益率序列 R_p2。其结果如图 1 所示。

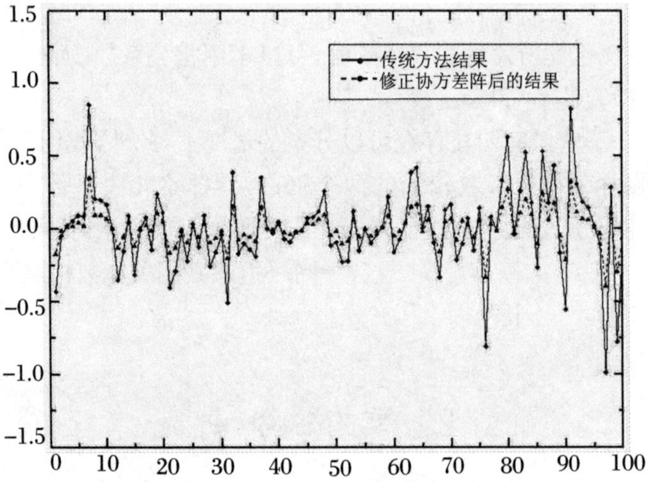

图 1　当 $R_{port}=5/10000$ 时得到的结果

经计算得

$$E(R_p1) = 3.188523\text{e}-5$$
$$E(R_p2) = 5.150821\text{e}-5$$
$$\text{Var}(R_p1) = 8.481028\text{e}-6$$
$$\text{Var}(R_p2) = 1.397432\text{e}-6$$

比较这两个结果，我们可以发现 R_p2 比 R_p1 有更好的期望和更小的方差。也就是说当用第二种策略时，我们的投资会有相对更高的收益和更小的风险。很明显我们这种方法比传统的方法有更高的效率和更好的稳定性。

我们已经证明了所提出的方法在求最佳投资组合时的有效性，现在我们用该方法来预测投资风险。

Merton[8] 提到的资产组合有效边界函数为

$$\sigma_p^2 = f(R_p) = \frac{\boldsymbol{C}R_p - 2\boldsymbol{A}R_p + \boldsymbol{B}}{\boldsymbol{D}}$$

其中：$\boldsymbol{A} = \sum\sum w_{ij}\boldsymbol{R}_j$；$\boldsymbol{B} = \sum\sum \boldsymbol{R}_i\boldsymbol{R}_j$；$C = \sum\sum w_{ij}$；$\boldsymbol{D} = \boldsymbol{BC} - \boldsymbol{A}^2$；$\boldsymbol{\Sigma} = \frac{1}{T-1}\sum_{k=1}^{T}(\boldsymbol{R}_k - E\boldsymbol{R}_k)(\boldsymbol{R}_k - E\boldsymbol{R}_k)'$；$\boldsymbol{W} = \boldsymbol{\Sigma}^{-1}$。$R_i$ 表示第 i 天的资产池中所有股票的估计收益率的向量。

这里，我们将之前提到的 178 种沪深 300 指数的股票在 2010～2011 年，总共 $T=485$天的数据分为两部分（2010 年 242 天的数据和 2011 年 243 天的数据）。我们用第一部分的数据得到原始的和调整后的样本协方差阵，然后得到最佳投资组合集和对应的有效边界。这里我们假设投资者对未来（2011 年）的平均收益率有完美的估计，也就是 R_i 取 2011 年中第 i 天的实际收益率。

我们用由 2010～2011 年的数据得到的原始样本协方差阵 $\boldsymbol{\Sigma}_{10}$ 和由 2008～2009 年的数据得到的平均收益率 R_i 计算出最佳资产组合集并画出有效边界曲线（$\sigma_p^2 = f(R_p)$）。然后我们用调整后的协方差阵 $\boldsymbol{\Sigma}_{10}^m$ 替代 $\boldsymbol{\Sigma}_{10}$ 从而得到另一组最佳资产组合集的另一条有效边界曲线（$\sigma_{pm}^2 = f_m(R_p)$）。最后我们用 2008 年实际的协方差阵 $\boldsymbol{\Sigma}_{11}$ 得到实际的有效边界曲线 $\sigma_{\mathrm{preal}}^2 = f_{\mathrm{real}}(R_p)$。结果如图 2 所示。

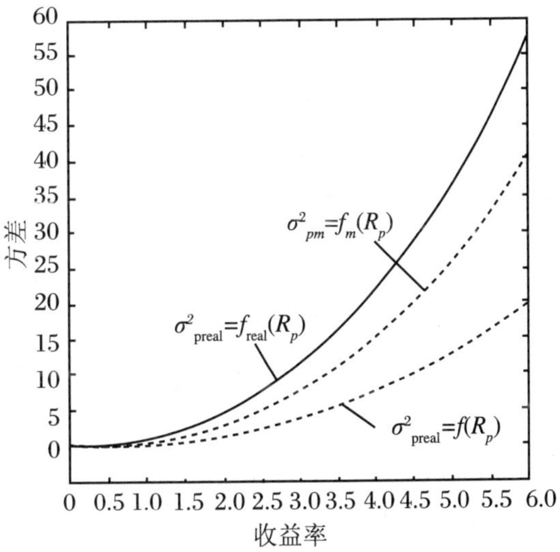

图 2　收益率有效边界曲线

通过比较，我们发现，函数曲线 $\sigma_{pm}^2 = f_m(R_p)$ 比函数曲线 $\sigma_p^2 = f(R_p)$ 离真实的有效边界曲线 $\sigma_{\mathrm{preal}}^2 = f_{\mathrm{real}}(R_p)$ 更近，也就是说用我们的方法可以更好地预测风险。而且由此可以解释之前的结果（图 1）：既然用我们的方法预测的风险更准确，我们得出的日收益当然更稳定。

3 结　　论

在传统的 Markowitz 模型中，计算出的最佳资产组合因为“噪声”的存在而稳定性不强。这里我们用聚类分组法分析股市的数据，通过过滤调整协方差阵，从而得出一种新的计算最佳资产组合的方法。虽然这种方法会使我们忽略不少信息，但是更能减少噪声对结果的影响，保留协方差阵中“优质的元素”。我们用这种方法分析中国股市，模拟真实的投资，发现与传统的方法相比，该方法得到的投资组合性质更好，而且用该方法还可以更好地预测风险，更有利于风险控制。

该方法还有一个作用，那就是当 $T<N$ 时资产收益率之间的协方差阵不可逆。而通过聚类法将资产分组，当每组的资产数目均满足 $T\geqslant N$ 时，对应的用式(4)调整后的协方差阵就可逆了，我们将在以后的文章中对该方法进行实证。

参考文献

[1] Markowitz H. Portfolio Selection：Efficient Diversification of Investment [M]. New York：Wiley，1959.

[2] Parka S，Kondor I. Noisy covariance matrices and portfolio optimization [J]. The European Physical Journal B，2002，27(2)：277-280.

[3] Jorion P. Portfolio optimization in practice[J]. Financial Analysts Journal，1992，48(1)：68-74.

[4] Ledoit O，Wolf M. Improved estimation of the covariance matrix of stock returns with an application to portfolio selection[J]. Journal of Empirical Finance，2003，10(5)：603-621.

[5] Markowitz H. Portfolio analysis with factors and scenarios[J]. Journal of Finance，1981，36(4)：871-877.

[6] Frost P A，Savarino J E. An empirical Bayes approach to efficient portfolio selection[J]. Journal of Financial and Quantitative Analysis，1986，21(3)：293-305.

[7] Jorion P. Bayesian and CAPM estimators of the means：Implications for

portfolio selection [J]. Journal of Banking and Finance, 1991, 15(3): 717-727.

[8] Merton R C. Ananalytie derivation of the efficient portfolio frontier[J]. The Journal of Financial and Quantitative Analysis, 1972, 7(4): 1851-1872.

[9] Laloux L, Cizeau P, Bouchaud J P, et al. Noise dressing of financial correlation matrices[J]. Physical Review Letters, 1999, 83(7):1467-1470.

[10] Plerou V, Gopikrishnan P, Amaral L N, et al. Random matrix approach to cross correlations in financial data [J]. Physical Review E, 2002, 65: 066-126.

熵池理论和风险平均分散化模型在投资组合分配中的应用

葛　颖　程希骏　符永健

摘要　为确定资产组合中各资产的权重,本文提出了基于熵池理论和风险平均分散化模型的新方法。首先根据投资者线性或非线性观点,用熵池理论的方法,结合 CMA 算法和蒙特卡洛模拟得出协方差矩阵的估计 $\hat{\boldsymbol{\Sigma}}$;其次对估计出的 $\hat{\boldsymbol{\Sigma}}$ 进行主成分分析,并运用风险平均分散化模型求出组合权重,得到各个资产在组合中的分配方案;最后本文用历史数据进行了实证研究,证明了这种方法的优越性。

关键字　熵池理论;CMA 算法;指标排序;风险平均分散化

0　引　　言

Markowitz 的均值—方差理论[1,2]开启了现代证券投资组合的先河,其投资策略是指:在投资组合收益相同的情况下,投资者选择投资风险最小的组合或者在投资风险相同的情况下,选择收益最大的投资组合。考虑资产池中有 N 个资产,其收益(率)分别为 $X_1, X_2, \cdots, X_N$,记 $\boldsymbol{X}=(X_1, X_2, \cdots, X_N)'$,其在过去第七期的历史数据记为 $\boldsymbol{X}^t=(X_{1,t}, X_{2,t}, \cdots, X_{N,t})'$。那么均值—方差理论的资产配置满足下列条件:

$$\boldsymbol{W}^* = \underset{\boldsymbol{W}'\boldsymbol{\mu}=\boldsymbol{\mu}^*,\ \boldsymbol{W}'\boldsymbol{I}=1}{\arg\min}\ \boldsymbol{W}'\boldsymbol{\Sigma}\boldsymbol{W} \tag{1}$$

其中,$\boldsymbol{\mu}$ 为组合的期望收益(率),$\boldsymbol{\Sigma}$ 为度量了风险的协方差矩阵,二者均未知。通常的做法是用历史 T 期的样本均值和方差来代替,即

$$\hat{\boldsymbol{\mu}} = \frac{1}{T}\sum_{t=1}^{T} X^t,\quad X^t = (X_{1,t}, X_{2,t}, \cdots, X_{N,t})'$$

$$\hat{\boldsymbol{\Sigma}} = \frac{1}{T-1}\sum_{t=1}^{T}(X^t-\hat{\boldsymbol{\mu}})(X^t-\hat{\boldsymbol{\mu}})' \tag{2}$$

$\boldsymbol{\mu}^*$ 为目标收益,$\boldsymbol{W}=(w_1, w_2, \cdots, w_N)'$为组合资产的权重向量,其元素 w_i 代表了

第 i 个资产在投资组合中所占的权重，$\boldsymbol{I}$ 为元素均为 1 的 N 维列向量。该理论的核心可分为两部分，一是关于模型中均值 $\boldsymbol{\mu}$ 和方差 $\boldsymbol{\Sigma}$ 的估计，二是建立最优化方程(1)。

对于这两部分，前人都进行了深入的探索。在均值 $\boldsymbol{\mu}$ 和方差 $\boldsymbol{\Sigma}$ 的估计方面，Ledoit[3]将贝叶斯收缩估计法应用于协方差阵 $\boldsymbol{\Sigma}$ 的估计，Huang 等[4]提出随机最优化方法，Lai[5,6]对经典方法做了总结，并应用了新的随机最优化方法，储晨等[7]基于 RMT 理论提出对协方差进行修正。同样地，由于方程(1)存在"角解"，大量文章致力于建立更科学的优化方程。Michaud[8]提出了利用非参数统计中的自助法，前人对方程(1)也进行了推广，如建立优化方程如下：

$$\boldsymbol{W}^* = \underset{w't=1}{\arg\min}(\boldsymbol{W}'\boldsymbol{\mu} - \lambda \boldsymbol{W}'\boldsymbol{\Sigma}\boldsymbol{W}) \tag{3}$$

其中 λ 为投资者的风险偏好系数。方程(3)在一定程度上优于方程(1)，但是其没有根本上解决"角解"的问题，且关于参数 λ 的确定方法还在继续探究阶段。另外，平均分配[9]不存在估计误差，得到了一定的应用，但在实践中缺乏有效性。最小方差模型[10]和广义最小方差模型[11]中只需估计参数 $\boldsymbol{\Sigma}$ 或其逆 $\boldsymbol{\Sigma}^{-1}$，降低了估计的误差，然而这两种模型倾向于给风险较低的资产分配较高的权重，是一种相对保守的资产配置方法，且容易过度集中在某些风险小的资产上，达不到风险分散的目的。

实践中，上述统计方法由于存在过度拟合，所得的资产组合策略时常不能打败经验投资者的主观选择。基于此，Black 和 Litterman[12]建立了嵌入投资者的线性观点和市场均衡的 BL 模型，将均值和方差予以调整。但是对于更广泛的非线性观点以及不存在均衡市场的资产类型，如各种量化策略，该模型有很大的局限性。

基于上述分析，本文的研究工作围绕着以下两个方面展开：

第一，关于均值 $\boldsymbol{\mu}$ 和方差 $\boldsymbol{\Sigma}$ 的估计，考虑到某类资产不存在一个均衡的外在市场，如现阶段大量涌现的投资量化策略，BL 模型失效的情况下，如何加入更具有一般性的非线性观点的问题。文章应用 Meucci(2008)[13-15]的熵池理论结合 Meucci(2011)[16]给出了 CMA 算法，得到推广的熵池模型，计算出调整之后的均值与方差。

第二，建立优于(1)的优化方程，对 $\hat{\boldsymbol{\Sigma}}$ 进行主成分分析，得到正交化的子资产组合，各个子资产组合的协方差为 0，子资产组合具有线性不相关性，有利于风险分散。应用 Harlad 等[17]提出的风险平均分散化的模型，从而得到原资产组合中各个资产所占的权重。

在数据处理时，本文运用"滑窗"的数据处理方法，突破了传统的单期静态投资组合选择的局限性，实现投资组合的多期动态化，对投资者决策有更实际的指导意义。

本文以国内量化投资公司开发的期货策略为例,结果显示了该方法的优越性。

1 模型的建立

1.1 协方差矩阵 $\boldsymbol{\Sigma}$ 的估计

1.1.1 指标排序观点下的熵池模型

Meucci 的熵池理论是指,已知先验概率列向量 $\underline{p}$,对于条件 K,求解最优化方程如下:

$$\tilde{p} = \arg\min_{p\in k} \varepsilon(p, \underline{p}) \tag{4}$$

其中 $\varepsilon(p,\underline{p}) = \exp(-p'(\ln P - \ln\underline{p}))$。Meucci 证明 K 可以为线性或者任意非线性条件,称之为"完全弹性观点"。通过求解或者数值方法得到后验概率 $\tilde{P}$,$\tilde{P}$ 满足条件K,且与先验概率 $\underline{p}$ 的相对距离最小。

为在投资组合理论中运用熵池理论,首先确定先验概率列向量 $\underline{p}$。传统方法中,把 T 期历史数据的影响作用看成是相同的,即

$$\hat{\mu} = P'\begin{pmatrix} X^{1'} \\ X^{2'} \\ \vdots \\ X^{T'} \end{pmatrix} = \frac{1}{T}(1,1,\cdots,1)\begin{pmatrix} X^{1'} \\ X^{2'} \\ \vdots \\ X^{T'} \end{pmatrix}$$

然而,不同时期的历史数据的影响可能不同,直观上即可认为近期的数据相比远期的数据影响较大。因此,本文将$\frac{1}{T}(1,1,\cdots,1)$看作式(4)中的先验概率 $\underline{p}$。

其次,本文将 K 看成投资者线性和非线性观点。线性观点方面,一些指标具有预测功能[18],例如夏普比、收益回撤比等,可采取用这些指标的信息来代表投资者的线性某种观点。这些指标可以根据历史数据得到相应的指标排名,例如 N 个资产的夏普比排序为

$$S_{(1)} \leqslant S_{(2)} \leqslant \cdots \leqslant S_{(N)} \tag{5}$$

其中 $S_{(i)}$ 为从小到大排序在第 i 位置上的资产。

那么认为其相应收益的排序也满足

$$\mu_{(1)} \leqslant \mu_{(2)} \leqslant \cdots \leqslant \mu_{(N)} \tag{6}$$

不等式(6)等价于不等式组

$$\begin{cases} \mu_{(1)} - \mu_{(2)} \leqslant 0 \\ \mu_{(2)} - \mu_{(3)} \leqslant 0 \\ \cdots \\ \mu_{(N-1)} - \mu_{(N)} \leqslant 0 \end{cases} \tag{7}$$

因此得到

$$K: P' \begin{pmatrix} X^{1'} \\ X^{2'} \\ \vdots \\ X^{T'} \end{pmatrix} A \leqslant O', \quad A_{N\times(N-1)}\, O_{(N-1)\times 1} \tag{8}$$

其中 $X^t = (X_{1,t}X_{2,t}, \cdots, X_{N,t})'$ 为 N 个资产在第 t 期的历史收益率数据，A 为根据式(6)调整的排序矩阵，O 为元素均为 0 的 $N-1$ 维列向量。

事实上，投资者也可以根据市场信息和投资经验，建立非线性的观点。基于不等式(5)的排序，建立非线性观点：$EX^2_{(N)} \geqslant EX^2_{(1)}$，其中 η 可以为投资者主观选择的值，也可以根据指标的数据进行选择，本文考虑 $\eta = \dfrac{S_{(N)}}{S_{(1)}}$。

此非线性观点 K 可以表达为

$$K: P' \begin{pmatrix} X^{1'} \\ X^{2'} \\ \vdots \\ X^{T'} \end{pmatrix} \cdot \begin{pmatrix} X^{1'} \\ X^{2'} \\ \vdots \\ X^{T'} \end{pmatrix}' B \geqslant 0 \tag{9}$$

其中，· 代表矩阵元素之间的点乘，设最大的 $X_{(N)}$ 为原组合中的第 i 个资产，最小的 $X_{(1)}$ 为原组合中的第 j 个资产，则矩阵 $\boldsymbol{B}$ 的第 i 列元素全为 1，第 j 列元素全为 $-\lambda$，其他元素全为 0，这里的 $\boldsymbol{O}$ 为元素均为 0 的 N 维列向量。

将 $\underline{p}$，式(8)或者式(9)代入熵池模型(4)中，通过数值方法的计算，得出后验概率 $\widetilde{P} = (p_t)_{t=1}^{T}$。

定义 1　称 $(X^t; p_t)$ 为一个样本点。

1.1.2　CMA 算法下的 $\boldsymbol{\Sigma}$ 估计

事实上，我们希望通过这样的一系列样本点获得组合的分布，以便控制分布的尾部风险，如 VaR，CVaR 等。而以往的方法中，为了确定某一种具体分布，需要参数估计，且存在过度拟合。下文我们用 CMA 算法结合蒙特卡洛模拟，给出调整后的样本点$(Z^t;p_t)$，其中 $Z^t=(z_{1,t},z_{2,t},\cdots,z_{N,t})'$，用调整后的样本点来估计协方差矩阵 $\hat{\boldsymbol{\Sigma}}$。

CMA 算法是一种非参数估计方法，其思路是对于样本点$(X^t;p_t)$，定义

$$u_{n,t}=\sum_{i=1}^{T}p_iI(x_{n,i}\leqslant x_{n,t}),\quad n=1,2\cdots,N,\quad t=1,2,\cdots,T$$

其中 $I(x)$为示性函数，Copula 函数 F_U 由样本点$(u_{1,t},u_{2,t},\cdots,u_{N,t};P_t)_{t=1}^{T}$确定，而边际分布函数为

$$F_{x_n}(x)=u_{n,t}+\frac{(x-x_{n,t})}{x_{n,j}-x_{n,t}}(u_{n,t+1}-u_{n,t})I(x_{n,t}\leqslant x\leqslant x_{n,j})\tag{10}$$

已知 Copula 函数[19]和边际分布函数(10)，接下来进行蒙特卡洛模拟。不考虑尾部风险问题，选择的蒙特卡洛模拟的方法如下：

$$\begin{cases}z_{n,1}=F_{X_n}^{-1}(\varepsilon)\\ z_{n,k}=F_{X_n}^{-1}[\varepsilon+(k-1)\Delta],\quad k=2,3,\cdots,T-1\\ z_{n,T}==F_{X_n}^{-1}(1-\varepsilon)\end{cases}\tag{11}$$

其中 $\Delta=(1-2\varepsilon)/(T-1)$，$\varepsilon$ 为一小概率，可令 $\varepsilon=0.0005$。

式(11)对于边际分布函数 F_{X_n}，将其去掉两端尾部概率为 ε 的部分，依概率均分$(F_{X_n}^{-1}(\varepsilon),F_{X_n}^{-1}(1-\varepsilon))$为 $T-1$ 份，得到一系列数据$(z_{1,t},z_{2,t},\cdots,z_{N,t};p_t)_{t=1}^{T}$。记 $Z^t=(z_{1,t},z_{2,t},\cdots,z_{N,t})$，基于该数据得到协方差矩阵 $\hat{\boldsymbol{\Sigma}}$ 和 $\hat{\boldsymbol{\mu}}$：

$$\hat{\boldsymbol{\Sigma}}=\sum_{t=1}^{T}p_t(Z^t-\overline{Z})(Z^t-\overline{Z})'\tag{12}$$

$$\hat{\boldsymbol{\mu}}=\overline{Z}=\sum_{t=1}^{T}p_tZ^t\tag{13}$$

事实上，若涉及风险控制问题，只需改进式(11)中的蒙特卡洛模拟方法。Meucci[14]给出了关于 CVaR 问题下的处理方法，这里不再赘述。

上述分析可知，式(12)、式(13)与式(2)中的不同来源于以下两个方面：

① 历史各个时期的影响不同，式(2)是将各个时期对均值方差的估计看成等价的，而式(12)、式(13)中，是可以加入市场信息，投资者非线性观点之后，调整历史各期的影响权重。

② 微调了历史时期的数据，式(2)中计算均值、方差是用真实的历史数据，但是忽略了从历史数据中提取各个资产之间的关系。式(12)、式(13)中利用 CMA 算法，考虑了资产之间的 Copula 相依结构，结合蒙特卡洛模拟，且在模拟过程中可综合考虑尾部的风险控制问题。

1.2 风险平均分散化模型给出资产组合权重

已知协方差矩阵的估计值 $\hat{\boldsymbol{\Sigma}}$,下面构建优化方程求解资产组合的最优权重向量 $\boldsymbol{W}^*$。对于一个资产组合而言,资产间存在弱相关或者不相关,有利于组合的风险分散。前人用史密特正交向量的思想,构建 N 个子资产组合,满足彼此正交。下文采用主成分分析方法,分解 $\hat{\boldsymbol{\Sigma}}$(为书写方便,下文简记为 $\boldsymbol{\Sigma}$)为

$$\boldsymbol{\Sigma} = \boldsymbol{E}\boldsymbol{\Lambda}\boldsymbol{E}' \tag{14}$$

式中,$\boldsymbol{\Lambda}$ 为对角阵,其对角线上的元素满足 $\lambda_1 \geqslant \lambda_2 \geqslant \cdots \geqslant \lambda_N \geqslant 0$,$\boldsymbol{E}$ 为 $\boldsymbol{\Sigma}$ 的特征向量组成的矩阵。那么,原资产在组合中的权重向量为 $\boldsymbol{W}$,彼此正交的子资产组合的权重向量为 $\widetilde{\boldsymbol{W}} = \boldsymbol{E}'\boldsymbol{W}$。令 $\widetilde{\boldsymbol{W}} = (\widetilde{W}_1, \widetilde{W}_2, \cdots, \widetilde{W}_N)'$,定义 $\mathrm{Var}(\boldsymbol{W}) = \sum_{i=1}^{N} \widetilde{\boldsymbol{W}}_i{}^2 \lambda_i$。令

$$q_i = \frac{\widetilde{w}_i^2 \lambda_i}{\mathrm{Var}(\boldsymbol{W})}, \quad i = 1,2,\cdots,N \tag{15}$$

Lohre 等[17]运用风险分散化的思想,建立了下面的风险平均分散化的模型:

$$\begin{cases} N_{\mathrm{ent}} = \exp\left(-\sum_{i=1}^{N} q_i \ln q_i\right) \\ \boldsymbol{W}^* = \arg\max_{\omega \in K} (N_{\mathrm{ent}}) \end{cases} \tag{16}$$

易见,$N_{\mathrm{ent}} \in [1, N]$。$N_{\mathrm{ent}}$ 值越大,q_i 彼此之间的差距越小,越趋于统一。将式(15)代入式(16)中,希望彼此正交的子资产组合能尽可能地将风险平均消化掉,避免风险的过度集中,也就是消除了“角解”的问题,有利于资产的风险管理。Lohre 等[17]人证明了风险平均分散化模型在风险管理,特别是长期组合风险分散方面要优于传统的投资组合方法。其表现在夏普比比较高,最大回撤较小,较高的组合收益。

而为了更具一般性,我们运用自助法[20,21]进行多次抽样,即

$$\boldsymbol{W}_{\mathrm{eff}} = \frac{1}{B \sum_{b=1}^{B} \boldsymbol{W}_b^*} \tag{17}$$

式中,B 为自助法中样本抽样的次数,在本文的模型中,设定 $B = 0.1T$。

为了克服传统方法中单期静态的局限性,在应用本文模型方法时,利用“滑窗”进行数据处理,从而实现多期动态性的资产配置。

2 实证研究

量化交易在国外已经有很长的历史,近几年也受到了专家学者和券商基金等机构投资者的重视。同时,国内期货市场近年来也发展迅速,许多券商基金开始研究基于期货的量化交易策略。这些量化策略本身作为一种资产,不存在外在的均衡市场。且纯量化模型太过依赖于历史数据,有必要在实践中加入市场信息和投资者观点,使得由量化策略构成的资产组合更有效。本文选取了某量化资产管理公司的期货量化交易策略数据(http://etiger.com.cn),运用了本文所提出的方法,结果显示本文资产组合分配方法具有一定的优越性。

我们选取了2008年02月04日至2012年10月19日,共1145期的10种量化策略数据,运用"滑窗"的数据分析方法,即以250期数据分析得出其下一个月的资产配置方案,依次类推,即每月根据前250期数据调整一次资产权重,实现多期动态性资产配置。

第一步:得到协方差矩阵

记平均收益回撤比为 S,以其大小作为排序的指标,加入观点(5)。作为对比,我们仅给出分析最后一个"滑窗"的数据。由历史数据知

$$S_9 \leqslant S_6 \leqslant S_8 \leqslant S_7 \leqslant S_1 \leqslant S_5 \leqslant S_2 \leqslant S_4 \leqslant S_3 \leqslant S_{10}$$

表1给出由传统的均值—方差模型和本文模型得出的均值比较。

表1 均值—方差模型和本文模型得到的均值比较

均　值	$\boldsymbol{X}_1$	$\boldsymbol{X}_2$	$\boldsymbol{X}_3$	$\boldsymbol{X}_4$	$\boldsymbol{X}_5$	$\boldsymbol{X}_6$	$\boldsymbol{X}_7$	$\boldsymbol{X}_8$	$\boldsymbol{X}_9$	$\boldsymbol{X}_{10}$
均值—方差模型	17.4	−3.56	9.43	8.09	10.20	15.01	−0.34	4.54	5.35	14.2
本文模型	18.33	−2.79	15.01	10.98	9.32	9.31	1.99	1.45	1.96	24.9
差值	−0.93	−0.77	−5.58	−2.89	0.88	5.7	−2.33	3.09	2.34	−10.7
收益回撤比排序	5	7	9	8	6	2	4	3	1	10

表1中的差值是传统均值—方差估计方法(2)与等式(13)值之差。差值为正,表明本文方法得到的值小于均值—方差模型的结果,即本文模型认为,虽然由历史数据得到该策略的收益比较高,但加入排序信息后,该策略的收益倾向于降低,如 $\boldsymbol{X}_9, \boldsymbol{X}_6, \boldsymbol{X}_8$。反之,将指标较高的平均收益调高,如 $\boldsymbol{X}_{10}, \boldsymbol{X}_3, \boldsymbol{X}_4$。

表2和表3给出上述两个模型得到的最后一期得到的协方差阵的比较。

表 2　均值—方差模型的协方差矩阵

协方差	X_1	X_2	X_3	X_4	X_5	X_6	X_7	X_8	X_9	X_{10}
X_1	**6943**	343	1562	1175	756	904	-366	24	46	774
X_2	343	**6887**	-70	-512	-306	-201	6959	74	-48	13
X_3	1562	-70	**2908**	988	952	918	88	106	176	652
X_4	1175	-512	988	**3030**	761	493	-558	55	222	-133
X_5	756	-306	952	761	**2298**	457	-170	205	-4	471
X_6	904	-201	918	493	457	**5382**	-184	137	-134	1018
X_7	-366	6959	88	-558	-170	-184	**16927**	200	-97	-211
X_8	24	74	106	55	205	137	200	**240**	-29	188
X_9	46	-48	176	222	-4	-134	-97	-29	**934**	347
X_{10}	774	13	652	-133	471	1018	-211	188	347	**3719**

表 3　本文模型得到的协方差阵

协方差	X_1	X_2	X_3	X_4	X_5	X_6	X_7	X_8	X_9	X_{10}
X_1	**6701**	358	1139	1266	790	584	-244	-11	21	902
X_2	358	**7910**	-195	-657	-367	-199	7871	16	-240	4
X_3	1139	-195	**2914**	1013	917	850	-321	96	155	780
X_4	1266	-657	1013	**3018**	801	608	-688	70	255	-93
X_5	790	-367	917	801	**2252**	469	-355	199	63	657
X_6	584	-199	850	608	469	**5265**	-41	94	-121	1109
X_7	-244	7871	-321	-688	-355	-41	**16195**	177	-260	144
X_8	-11	16	96	70	199	94	177	**231**	-19	185
X_9	21	-240	155	255	63	-121	-260	-19	**982**	322
X_{10}	902	4	780	-93	657	1109	144	185	322	**3541**

对比表 2、表 3，可以看出，X_i 之间的协方差总体变小，这是由于通过前面的调整，使得各资产之间均值的差异相对减少。而各资产的方差相对变化不大，调整本身对各个资产本身的风险影响不大。

第二步：资产权重的确定

用“滑窗”的处理方法，有 2011 年 1 月到 2012 年 10 月共 22 个月的资产配比方式，本文对比了均值—方差法、平均分配法、收缩法、最小方差分析法和本文提出的方法。表 4 列出了各种资产在 2012 年 10 月的资产组合中所占的权重(保留小数点后两位)。

表 4 各种资产分配结果对比

资产分配方法	X_1	X_2	X_3	X_4	X_5	X_6	X_7	X_8	X_9	X_{10}
均值—方差法	0.15	0.02	0.15	0.07	0.09	0.16	0.01	0.11	0.11	0.13
平均分配法	0.1	0.1	0.1	0.1	0.1	0.1	0.1	0.1	0.1	0.1
收缩方法	0.15	0	0.15	0.15	0.15	0.15	0	0.1	0	0.15
最小方差分析法	0.12	0	0.08	0.15	0.15	0.14	0.03	0.07	0.2	0.06
本文方法	0.24	0	0.16	0.11	0.09	0.18	0	0.01	0	0.21

由表 4 知,2012 年 10 月的配置方案中,本文方法配给策略 X_1,X_3,X_{10} 的比重较高,而给 X_2,X_7,X_9 配为 0。事实上,2012 年 10 月的前 250 个交易日,由表 1 知,策略 X_1,X_3,X_{10} 显示的收益回撤比较高,分别排在第 5,9,10 位,而 X_2,X_7,X_9 分别排在第 7,4,1 位。可见策略中的指标排序与其在组合中权重的调整基本吻合。

各种方法的平均收益最大回撤比、夏普比、年化收益率、最后期的累积收益以及尾部 VaR 的比较如表 5 所示。

表 5 各种方法的指标对比

分配方法	均值—方差	最小方差分析法	平均分配	收缩法	本文方法
平均收益最大回撤比	3.68	3.87	2.14	3.69	5.55
夏普比	5.67%	5%	4.63%	5.78%	9.57%
年化收益率	4.98%	4.9%	4.61%	5.64%	7.14%
最后的累积收益(万元)	1007.67	870.70	807.19	1008.73	1668.38
VaR(尾部 5%,元)	1787.19	1330.52	1820.28	1675.17	1655.02

从表 5 中可以看出平均分配虽然不存在估计误差,但其忽略了各个策略本身存在优劣差别,对表现好的和差的策略一视同仁,达不到优化配置的作用,降低了组合的收益回撤比和夏普比。最小方差分析、收缩法、均值方差法没有加入投资者的观点,其都是先由样本估计出均值方差,然后代入优化方程中,在本文的案例中表现大致相同。而本文提出的方法,考虑了投资者非线性的排序观点,表现出收益

回撤比与夏普比都较高，且其 VaR 仅高于最小方差分析法。

图 1 是从 2012 年 1 月到 2012 年 10 月，不同资产分配方案得到的资产组合累积收益图。由于策略开发的时期在 2012 年 1 月，2011 年 1 月到 2011 年 12 月的数据属于回测得到的数据，因此没有投入到资产池中进行测试。图 2 将各分配方案集合起来进行了对比。

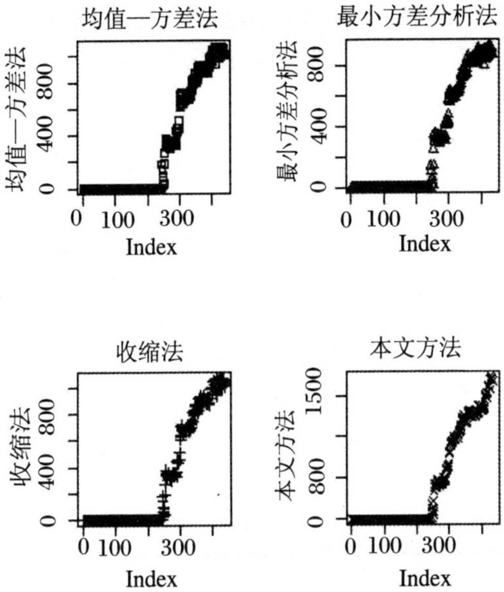

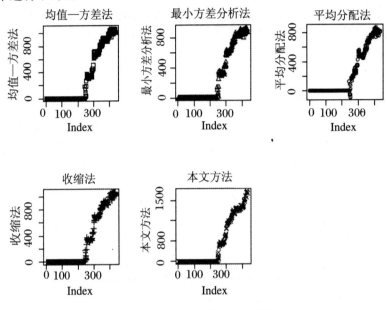

图 1　各种分配方案的累积收益图

五种方法的累积收益对比图如图 2 所示。

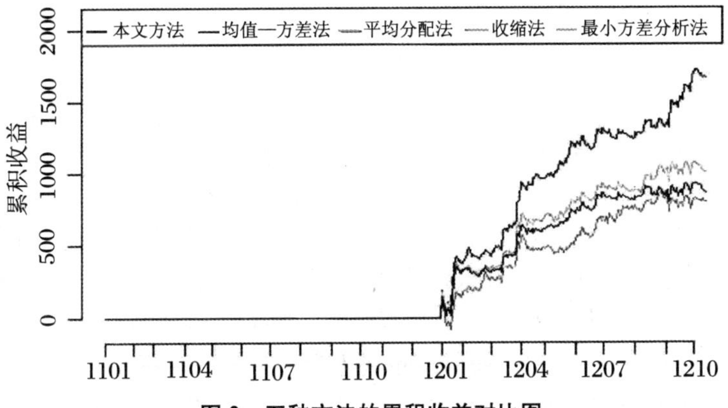

图 2　五种方法的累积收益对比图

从图 1、图 2 可以看出，本文提出的方法在累积收益上可以保持长期高于其他方法。

图 3 给出不同资产配置方法下，方程(12)的 N_{ent} 的值。从图 3 中可以看出本文方法的 N_{ent} 一直维持在 10 左右，这也恰好是组合中量化策略的个数，表明平均风险分散化的模型(12)中的配置方法，使得各个子资产组合之间维持较高的线性不相关的特征，从而使得整个资产组合的长期表现不会因为组合中资产的相关性而降低。而其他方法得出的 N_{ent} 低于 10，且长期来看有下滑趋势，这是因为后期各资产之间可能产生了正的相关性。

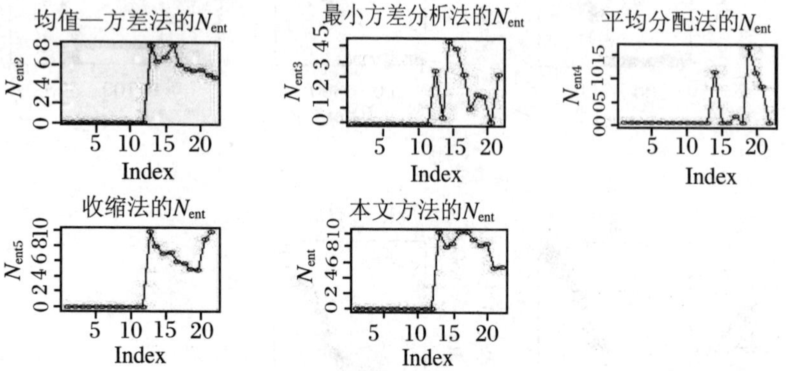

图 3　测试期的 Nent 趋势图

通过上述分析，显示了熵池理论与平均风险分散化模型结合的有效性，其优势表现在可加入投资者线性或非线性观点，具有风险控制功能，在不存在均衡的外部市场情况下也可以应用，同时可以最大化地分散风险。

3　总　　结

本文综合运用了 Meucci 的熵池理论，根据市场信息或者指标，调整样本在均值和方差中估计的影响作用，获得调整后的协方差矩阵。接着用风险平均分散化模型，最大化分散组合中的风险，从而得到组合中各个资产的权重。并且在细节上，运用了非参数的 Copula 方法、蒙特卡洛模拟和自助法。事实上，本文提出了基于市场信息或者指标来调整均值方差，只是一个方面。这种调整方法，也可以根据投资者的主观观点进行调整。而资本市场上存在许多衍生品资产，例如量化交易策略，不存在或者很难找到像债券或者股票那样的均衡市场，因此很难根据市场均衡,结合 BL 模型,植入投资者主观观点。这种情况下,本文提出的方法可以很好地解决这一问题。本文在实证部分,仅对于观点(8)进行了研究,实际上对于非线性观点(9),本文提出的模型也可以很好地验证出其优越性。我们将在后面的工作中对此做进一步深化的研究。

参 考 文 献

[1] Markowitz H M. Portfolio Selection [J]. Finance,1952, 7,77-91.

[2] Markowitz H M. Portfolio Selection [J]. John Wiley and Sons,Inc,1959.

[3] Ledoit P,Wolf M. Improved estimation of the covariance matrix of stock return with an application to portfolio selection[J]. Empirical Finance,2003, 10,603-621.

[4] Huang J Z,Liu N,Pourahmadi M,etc. Covariance matrix selection and estimation via penalized normal likelihood[J]. Biometika,2006, 93,85-98.

[5] Tze Leung Lai, Haipeng Xing,Zehao Chen. Mean-Variance Portofolio optimization when Means and covariances are unknown[J]. Annals of Applied Statistics, 2010.

[6] Tze Leung Lai, HaiPeng Xin. Statistical Models ,Methods for Financial Markets[M]. New York: Springer,2008.

[7] 储晨,方兆本.修正协方差矩阵的投资组合方案及其稳定性[J].中国科学技术大学学报,2011,12(4):1036-1040.

[8] Michaud R O. Efficient Asset Management[M]. Harvard Business School Press,1989.

[9] Victor Demiguel, Lorenzo Garlappi,Aman Uppal R. Optimal Versus Naive Diversification: How Inefficient is the 1/N Portfolio Strategy[J]. The Society of Finance Study,2007.

[10] Apostolos. Parameter uncertainty in portfolio selection: shrinking the inverse covariance matrix[J]. Journel of Banking and Finance,2010, 9:2522-2531.

[11] Frank J Fabozzi, Serigio M Focardi, Petter N Kolm. Quantitative trading strategies[M]. New York: Springer,2010.

[12] Black F, Litterman R. Asset Allocation: combing investor views with

market equilibrium[M]. Golden Sachs Fixed Income Research, 1990.

[13] Attilio Meucci. Enhancing the Black-Litterman and Related Approaches [J]. Symmys, 2009.

[14] Attilio Meucci, David Ardia, Simon Keel. Fully Flexible Extreme Views [J]. Journal of Risk, 2011.

[15] Attilio Meucci. Management of Diversification[J]. Risk, 2012, 22(5): 72-79.

[16] Attilio Meucci. A New Breed of Copulas for Risk and Portfolio Management[J]. Risk, 2011, 24(9): 122-126.

[17] Harald L, Gabor O, Heiko O. Diversify Risk Parity[J]. Rish, 2013.

[18] Richard C Grinold, Ronald N Kahn. Active Portfolio Management[M]. 2nd Edition. New York: McGraw-Hill, 1995.

[19] Roger B Nelson. An Introduction to Copulas[M]. 2nd Edition. New York: Springer. 2005

[20] Joel Goh, Kian Guan Lim, etc. Portofolio Value-at-Risk optimization for Asymmetrically Asset Returns[J]. Journal of Finance, 2010.

[21] Giacometti, Fabozzi F. Stable distributions in the Black-Litterman approach to asset allocation, Quantitative[J]. Finance, 2007, 7: 423-433.

基于量化观点 Black-Litterman 模型的期货投资组合研究*

符永健† 程希骏 刘 峰

摘要 Black-Litterman 模型在传统的投资组合模型中加入了投资者的主观判断,求解出结合市场均衡与主观观点的混合型权重,在实践中获得了一定的认可。本文在该模型的基础上利用 GJR-GARCH-M 模型由历史数据来获得数量化的观点,并对期货投资中卖空限制进行了优化处理,形成了新的量化投资组合模型。实证检验结果表明,该模型方法给出的投资策略能获得一定的超额收益,具有一定的优越性。

关键词 多期货品种;投资组合优化;GJR-GARCH-M;Black-Litterman 模型;卖空

随着我国期货市场的不断发展和完善,期货在金融领域中的作用也在不断增强。期货在快速发展及品种多样化的同时,也在逐步地进入投资者的视野,成为基金公司、资产管理公司与投资公司所看重的一个热门投资类别。但是针对于期货产品能够进行双向交易的特性,且卖空需要投资者提供保证金的实际限制,而当前国内外许多研究资产组合所涉及的理论模型,并没有很好地解决这些实际限制。比如,Jacobs、Levy、Markowitz 等[1,2]仅进行了对 M-V 模型的相关优化及理论研究;高辉和赵进文[3]则只谈及了一个期货品种与股票构成的投资组合;而李宁等[4]虽考虑多品种期货组合的保证金设置问题,但也没有涉及投资组合的处理,不能为投资提供可行性的指导。许多文献都侧重于期货中风险的度量,而没有考虑期货投资组合。

因此本文在 Black 和 Litterman 所提出的投资模型[5](简称"BL 模型")基础上,进行量化观点的优化,将其应用于期货品种的投资组合配置。由于 BL 模型克服了经典 M-V 模型对于参数要求高且非常敏感,容易出现极端的投资组合权重等应用上的缺陷。故其在进入投资人的视野后,例如 Lejeune[6]以 VaR 结合 BL 模型进行优化,构建了投资于各种大类基金资产的投资组合(FOF);Braga 等[7]则使用追踪误差对观点进行约束，进而使用 BL 模型进行了风险控制和组合的优化工作。同时在国内，海通证券[8]、安信证券等也有了一定的实际应用，在行业配置上有着较好的效果。但是 BL 模型将投资人的主观观点作为输入变量，导致其在数学上有着严谨性的缺陷，Mankert 等[9]也从行为金融学的角度评价了 BL 模型中主观观点的估计问题与对决策的影响。所以本文在充分考虑了前人的贡献基础上，将由 GJR-GARCH-M 模型所预测的期货收益率等参数作为模型的输入，实现了观点的量化处理，并且转换了 BL 模型的约束条件，通过二次规划求解以实现对期货品种能够进行多空双向投资的需求。

本文的思路如下，通过商品期货的具体数据，对优化后的量化 BL 模型进行实证检验，结果证明量化 BL 模型的回报与实用性诸多方面优于传统的 M-V 模型，同时相对市场指数也能够获得一定幅度的超额收益，验证了该方法在期货投资组合中具有一定的实际价值，我们相信该方法能够为期货产品的投资组合研究提供一种有效可行的思路。

1 模型介绍

基于我们所提及的现实要求与相应思路，文中将以 BL 模型为框架，分为三个阶段去构建所需要的期货投资组合模型。

1.1 BL 模型框架与投资组合权重

BL 模型将 CAPM 下的市场均衡投资组合作为先验信息，然后结合投资者的主观判断，通过 Bayesian 方法将二者结合起来，求出新的均值预期和协方差矩阵，最后获得新的投资权重。

若目前市场上的 N 个期货品种正在交易，就可以将当前市场投入到这些品种的资金权重看成买卖双方处于均衡状态下的权重，即 $\boldsymbol{\omega}_{\text{eq}}$；同时均衡风险收益 $\boldsymbol{\Pi}$ 由各品种超额收益的协方差阵 $\boldsymbol{\Sigma}$ 和期货市场整体的夏普比例 δ 共同决定：

$$\boldsymbol{\Pi} = \delta \boldsymbol{\Sigma} \boldsymbol{\omega}_{\text{eq}} \tag{1}$$

同时假设投资人关于这 N 个期货品种有 $K(N \geqslant K)$ 个相互独立观点，因文中产生的量化观点均为对应单一品种的看法，默认 $N = K$，若在求解过程中出现参数较小，则自动将该品种对应观点近似取 0，从而 $N > K$。我们以如下形式表示：

① $\boldsymbol{P}$，$K \times N$ 矩阵，每一行表示一个观点中涉及的资产权重；

② $\boldsymbol{Q}$，$K\times1$ 向量，表示每一个观点的期望收益；

③ $\boldsymbol{\Omega}$，$K\times K$ 对角阵，表示投资人对观点信心程度的协方差阵。

然后可以将 BL 模型中投资人主观观点描述为

$$\boldsymbol{P\mu} = \boldsymbol{Q} + \varepsilon_p \tag{2}$$

式(2)中 $\boldsymbol{\mu}$ 为计算所得各期货品种的历史收益率向量，而 ε_p 是服从正态分布 $N(0,\boldsymbol{\Omega})$ 的随机变量。获取了市场数据与投资人观点后，Black 引入了比例系数 τ 来整合两个方面的信息，其反映了市场均衡与观点的相对重要性，即可获得投资组合新的均值预期 $\overline{\boldsymbol{\mu}}$ 和协方差矩阵 $\overline{\boldsymbol{\Sigma}}$

$$\overline{\boldsymbol{\mu}} = [(\tau\boldsymbol{\Sigma})^{-1} + \boldsymbol{P}'\boldsymbol{\Omega}^{-1}\boldsymbol{P}]^{-1}[(\tau\boldsymbol{\Sigma})^{-1}\boldsymbol{\Pi} + \boldsymbol{P}'\boldsymbol{\Omega}^{-1}\boldsymbol{Q}] \tag{3}$$

$$\overline{\boldsymbol{\Sigma}} = \boldsymbol{\Sigma} + [(\tau\boldsymbol{\Sigma})^{-1} + \boldsymbol{P}'\boldsymbol{\Omega}^{-1}\boldsymbol{P}]^{-1} \tag{4}$$

可通过最优化来求解未来一期 BL 投资组合权重 W

$$\max \boldsymbol{\omega}'\overline{\boldsymbol{\mu}} - \frac{\delta}{2}\boldsymbol{\omega}\overline{\boldsymbol{\Sigma}}\boldsymbol{\omega} \tag{5}$$

1.2　GJR-GARCH-M 模型与价格预测

因为 BL 模型观点输入上的随意性，使得部分投资人也不认可这种方式。因此在李云红[10]用 GARCH 模型族对期货市场价格与波动率研究的基础上，结合杨洲木等[11]在收益率波动的非对称性上的统计结果，我们采取对未来收益率的预测作为 BL 模型观点输入，并以波动率作为观点的置信度。

价格是对市场信息最直观的反应，其包含了宏观层面的冲击，也包括投资人的心理效果，以及其他多方面的影响因素。很多投资实践中都会对未来价格走势进行一定程度上的预测。同样地基于实践，本文将价格序列转化为收益率序列，对其进行直接预测获取观点。而 GARCH 族模型在对此类估计上有着较好效果。经过数据上的统计分析，在金融时间序列普遍存在尖峰厚尾特性以及条件异方差的情况下，为了更好地观测期货投资组合中各个品种的预期收益率与预期波动率，以及利空利好消息对价格的冲击作用，文中采用 GJR-GARCH(1,1)-M 回归模型来获取量化观点：

$$y_t = c_1 y_{t-1} + c_2 h_t \tag{6}$$

$$h_t^2 = c + \alpha\varepsilon_{t-1}^2 + \beta h_{t-1}^2 + \theta I_{t-1}\varepsilon_{t-1}^2 \tag{7}$$

这里 y_t 是基于期货价格的对数超额收益率，I_t 为利空消息的冲击变量，$I_t = \begin{cases}1, \varepsilon_{t-1}<0\\0, \varepsilon_{t-1}\geqslant 0\end{cases}$。体现了波动率的不对称性，同时为了保证模型的广义平稳性，还

需要参数满足 $\alpha+\beta+\frac{\theta}{2}<1$。

随后即可根据历史数据在 Eviews 软件中拟合出每一个期货品种的 GARCH 参数，从而得到下一期的预测值 $\hat{y}_t$ 及预测波动率 $\hat{h}_t^2$。针对每个品种均可以获得一个未来的绝对观点，BL 模型中输入的观点阵等可以表示如下：

$$\hat{\boldsymbol{Q}}_{t+1} = (\hat{y}_{t+1,1}, \hat{y}_{t+1,2}, \cdots, \hat{y}_{t+1,k})' \tag{8}$$

$$\hat{\boldsymbol{\Omega}}_{t+1} = \mathrm{diag}(\hat{h}_{t+1,1}^2, \hat{h}_{t+1,2}^2, \cdots, \hat{h}_{t+1,k}^2) \tag{9}$$

$$\hat{\boldsymbol{P}}_{t+1} = \mathrm{diag}(1,1,\cdots,1)_{k\times k} \tag{10}$$

1.3 二次规划旋转算法与卖空限制

最后在实际中，需要解决 BL 求解权重中的非负限制。设 ω_i 为第 i 种期货资产的投资净头寸，即 $\omega=(\omega_1,\omega_2,\cdots,\omega_n)'$。将其分解成 $\omega_i=I_i-s_i$，I_i 表示买多头寸，s_i 为卖空头寸，均要求大于等于 0。故需要求解的变量增长到 $2n$ 个，参考张忠桢[12]在二次规划中所使用的旋转算法。公式(5)可以写成

$$\begin{aligned}
&\max\ (\boldsymbol{I}',\boldsymbol{s}')\begin{pmatrix}\overline{\mu}\\ -\overline{\mu}\end{pmatrix}-\frac{\delta}{2}(\boldsymbol{I}',\boldsymbol{s}')\begin{pmatrix}\overline{\boldsymbol{\Sigma}} & -\overline{\boldsymbol{\Sigma}}\\ -\overline{\boldsymbol{\Sigma}} & \overline{\boldsymbol{\Sigma}}\end{pmatrix}\begin{pmatrix}1\\ s\end{pmatrix}\\
&\text{s.t.}\ \sum_{i=1}^{n} I_i+\sum_{i=1}^{n} s_i\leqslant 1\\
&\qquad I_i,s_i\geqslant 0\quad (i=1,2,\cdots,n)
\end{aligned} \tag{11}$$

因为期货市场中对商品期货保证金的要求通常为 9%～15%，且实际投资过程中投入资金比例一般不超过总资金的 30%，公式(11)中的约束条件若考虑保证金比例系数、实际投入资金系数的影响，等式两边变化不大。故不失一般性，可以省去相应的期货品种保证金比例系数和交易费用以简化计算。在计算过程中我们发现各期货资产的权重必然保持为 a. 纯多头；b. 纯空头；c. 零头寸的三种情形之一，与真实情况保持一致，从另一个角度证明了该种方法具有较好的实用性。

通过上述三个部分组成的优化 BL 模型，就可以通过历史数据来获得资产权重，进而形成一期又一期基于市场信息的投资组合。无论是 M-V 模型还是优化后的 BL 模型，都是倾向于给高风险资产以较低的权重，$\boldsymbol{P}$ 是单位阵，故公式(4)可简化成 $\overline{\boldsymbol{\Sigma}}=\boldsymbol{\Sigma}+[(\tau\boldsymbol{\Sigma})^{-1}+\boldsymbol{\Omega}]^{-1}$，多出两个参数 $\tau,\boldsymbol{\Omega}$。参数越大(体现在对角阵的值上)，即观点的不确定性越大，协方差阵值越大，从而权重越低。而实证部分也恰恰证实了这一点，在所得数据中(例如表 1)值较大的是螺纹钢、棕榈油、白糖等，市场均衡下为多头头寸且权重较大，在 BL 模型下多转为空头头寸或者零头寸。

表 1　2012 年 10 月 17 日时点 GJR-GARCH-M 参数

参数 / 品种	y_t		h_t^2			
	c_1	c_2	c	α	β	θ
沪铝	−0.186860*	0.032003	$1.45e^{-6}$**	0.198767**	0.817431**	−0.042088
螺纹钢	0.002934	0.029163	$3.14e^{-6}$*	0.081049**	0.887970**	0.024589
PVC	−0.074220*	0.010808	$1.08e^{-6}$	0.083464**	0.929194**	−0.030531
黄豆一	−0.116865**	0.052454	$1.27e^{-6}$	0.123610**	0.899542**	−0.061780
棕榈油	−0.047054	0.015722	$3.24e^{-6}$	0.062519**	0.922936**	−0.007621
白糖	−0.075021*	0.024417	$2.12e^{-6}$	0.088856*	0.897151*	0.015126

注：* 表示 5%置信水平下显著，** 表示 1%显著。

2　实证检验

本文使用选取了文华财经期货软件中的每日数据作为样本，具体为对应品种的商品期货连续指数。选取连续指数的好处在于其能有效地规避期货合约的每月交割问题，避免了数据序列上产生跳跃性间断。同时连续指数是由各个交割月的同品种合约按照一定计算方式加权合成的，所以在实际投资过程中，对冲基金、券商等机构投资者可以自行按比例分解连续指数成各个交割月的合约。我们以文华商品指数作为投资组合模型的参考基准。

目前，我国商品期货市场上一共有 23 个品种，考虑到大型投资者对流动性的要求，以及数据样本长度等多方面的情况，从中选取了沪铝、螺纹钢、PVC、黄豆一、棕榈油和白糖六个具有代表性且行业相关性较低的品种。选取数据的区间为从 2009 年 5 月 25 日到 2013 年 4 月 15 日，因为该时间区间内基本覆盖了中国期货市场的一个牛熊轮回，具有相当的代表性与时效性，其中 2012 年 10 月 17 日起的半年作为检验样本(共 118 个交易日)。

首先，利用 Eviews 6.0 软件对沪铝等六个品种的数据进行 LM 检验，表明所有品种的日收益率估计残差在 5% 的置信水平下均表现出显著的条件异方差效应，可以用 GARCH 模型来进行估计。由沪铝从 2009 年 5 月 25 日到 2012 年 10 月 17 日的历史数据在 t 分布的假设下，得

$$\hat{y}_t = -0.186860 y_{t-1} + 0.032003 h_t \tag{12}$$

$$\hat{h}_t^2 = 1.45\mathrm{e}^{-6} + 0.198767\varepsilon_{t-1}^2 + 0.81743Ih_{t-1}^2 - 0.042008I_{t-1}\varepsilon_{t-1}^2 \quad (13)$$

该方程满足了前面提到 $\alpha+\beta+\frac{\theta}{2}<1$ 的广义平稳性要求，同时通过了 LM 检验。同样的其他品种的参数可见表 1。

由拟合方程获得相应参数后，以每交易日为步长滚动估计各个品种的预测超额收益率，同时亦可求出各个绝对观点的信心度，即预测方差，因篇幅有限，文中仅列示第 期预测值，如表 2 所示。

表 2　2012 年 10 月 17 日时点相关预测值(即 18 日使用数据)

	沪铝	螺纹钢	PVC	黄豆一	棕榈油	白糖
$\hat{y}_t$	0.00334	0.00420	0.01112	0.00395	0.00471	−0.00647
$\hat{h}_t$	$2.09\mathrm{e}^{-6}$	$1.74\mathrm{e}^{-6}$	$6.67\mathrm{e}^{-5}$	$7.18\mathrm{e}^{-5}$	$2.14\mathrm{e}^{-4}$	$1.00\mathrm{e}^{-4}$

从表 2 可以看出，因以收益率为预测，其一般在 −1%～+1%间浮动，数值较小导致了其预测波动率来构成的 $\hat{\boldsymbol{\Omega}}_{t+1}$ 置信度较小，故下文通过系数 τ 的调节来增强其效果。

有了量化生成的绝对观点后，即可以通过 BL 模型的式(3)、式(4)来获得相应均值与协方差阵。其中对于市场的夏普比例系数等参考 Idzorek[13] 所提出的方法，用文华商品指数数据代入 $\delta=(ER_m-r_f)/\sigma_m$，计算出期货市场收益的夏普比例为 1.2863。而且 Idzorek 认为 τ 的取值为(0,1)之间，当 $\tau\to0$ 时的投资策略将趋于使用市场权重作为下一期的配置。同时基于实践，本文认为长期的市场均衡与短期内反转对日线数据的影响大致相当，取 $\tau=0.5$ 作为策略标准。在所有输入参数确定后，通过 Matlab 编程旋转算法求解，可得每一个交易日的投资策略，并以此得出 BL 模型的实际回报与风险。同时为了便于比较，我们将可卖空 M-V 模型与市场均衡策略作为对比，如表 3 和表 4 所示。

表 3　各策略 2012 年 10 月 18 日的权重

ω	沪铝	螺纹钢	PVC	黄豆一	棕榈油	白糖
BL 模型	0	0	0.99	$1.33\mathrm{e}^{-17}$	0	$-3.46\ \mathrm{e}^{-18}$
MV 模型	−0.21	0	0	0	−0.29	0
市场均衡	0.07	0.29	0.01	0.11	0.22	0.28

表 4　各策略收益对比

	均　值	最大值	最小值	累计收益
BL 模型	$9.68\ e^{-4}$	0.0500	-0.0793	11.33%
MV 模型	$5.44\ e^{-4}$	0.0177	-0.0117	6.36%
市场均衡	$-2.13\ e^{-4}$	0.0134	-0.0161	-2.49%

从数据对比中可以看出，加入了主观看法的 BL 模型在投资过程中倾向性最强，同时有着较大的日回报均值，并且半年内的累积收益也高于可卖空的修正M-V模型以及市场均衡策略，在三者中表现相对较好。再从图 1 和图 2 中可看出三个策略的历史走势以及 BL 模型策略与文华商品指数的对比。

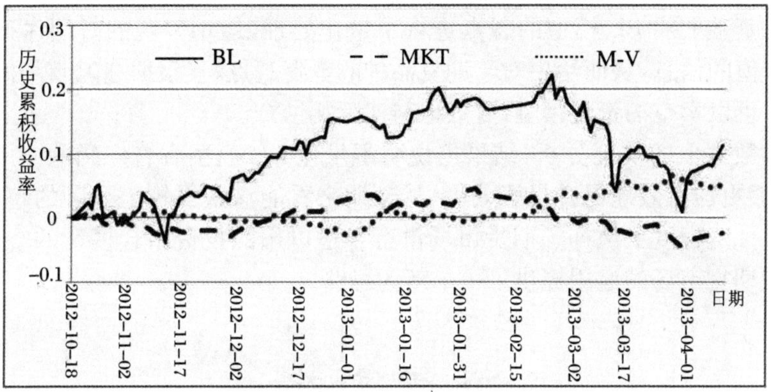

图 1　各策略的历史走势

注：MKT 表示市场均衡策略。

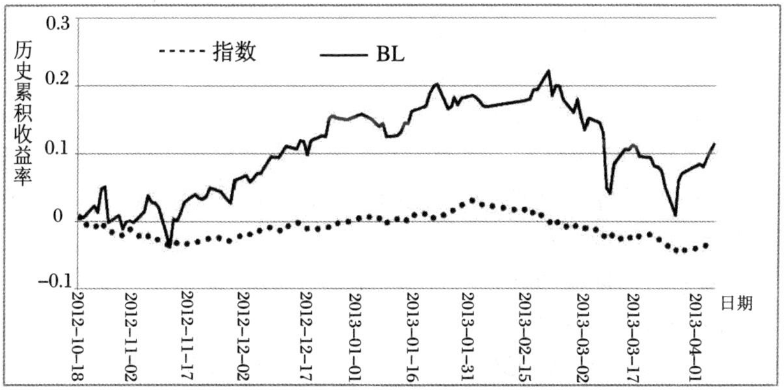

图 2　BL 模型策略与文华商品指数对比

通过图像对比,可以较为明显地看出绝大多数时间上 BL 模型有着更好的效果,且同时也跑赢了文华商品指数的累积收益率(指数检验期的回报为 -3.89%)。而且半年内累积收益峰值超过 20%,投资策略的有效性较为显著。

3　结论与展望

Black-Litterman 模型允许投资人在投资过程中加入自己的看法,并且能在投资权重中混合均衡收益与自身观点,克服传统投资模型在应用中的一些缺陷。本文则在此基础上对 BL 模型的观点进行了量化处理,运用客观的时间序列数据来给出有价值的信息,从而给出对于期货品种的投资观点,且根据金融市场的实际情况给出了可以卖空的量化模型,有效地与实际相结合。

通过数据上的实证分析,结果也说明了量化 BL 模型有着广阔的应用范围和潜力,能够更加有效地提升投资效率,从长期来看能够获得较为显著的超额收益。同时也在一定程度上填补了期货市场没有合适可用的投资组合模型的空白,为投资组合在期货市场的运用提供了一个新的思路。

参考文献

[1] Jacobs B I, Levy K N, Markowitz H M. Trimability and fast optimization of long-short portfolios[J]. Financial Analysts Journal, 2006, 62(2): 36-46.

[2] Jacobs B I, Levy K N. The long and short on long-short[J]. Journal of Investing, 1997, 6(1): 73-86.

[3] 高辉, 赵进文. 沪深 300 股指套期保值及投资组合实证研究[J]. 管理科学, 2007, 20(2): 80-90.

[4] 李宁, 程希骏. 一种新的期货组合动态保证金设定模型与实证研究[J]. 中国科学技术大学学报, 2012, 42(3): 197-202.

[5] Black F, Letterman R. Global portfolio optimization[J]. Financial Analysts Journal, 1992, 48(5): 28-43.

[6] Lejeune M A. A VaR Black-Litterman model for the construction of absolute return fund-of-funds[J]. Quantitative Finance, 2011, 11(10):

1489-1501.

[7] Braga M D, Natale F P. Active risk sensitivity to views using the Black-Litterman model[J]. Journal of Asset Management, 2011, 13(1): 5-21.

[8] 娄静，丁鲁明. B-L 模型在我国行业资产配置上的运用[R/OL]. 海通证券，2008.07.08 [2013.06.13]. http://www.p5w.net/newfortune/fxs/baogao/yspyj/200809/t1923743.htm.

[9] Mankert C, Seiler M J. Behavioral Finance and its Implication in the use of the Black-Litterman Model[J]. Journal of Real Estate Portfolio Management, 2012, 18(1): 99-121.

[10] 李云红，魏宇. 我国钢材期货市场波动率的 GARCH 族模型研究[J]. 数理统计与管理，2013，32(2)：191-201.

[11] 杨洲木，门可佩，李俊. 基于 GJR-GARCH 模型的上海证券市场实证研究[J]. 现代商贸工业，2008，20(1)：76-77.

[12] 张忠桢. 凸规划：投资组合与网络优化的旋转算法[M]. 武汉：武汉大学出版社，2004.

[13] Idzorek T M. A step-by-step guide to the Black-Litterman model[C] // Satchell S Forecasting expected returns in the financial markets. London: Academic Press, 2007:17-39.

基于多指标排序信息下 Black-Litterman 模型的研究

方　正　程希骏　葛　颖

摘要　本文提出了基于多指标排序信息并结合随机最优化方法来研究 Black-Litterman 模型。首先根据历史信息，获得有经济意义的多个指标并通过 TOPSIS 方法得到综合排序，从而给出量化的观点，得到相应的贝叶斯后验期望和协方差矩阵；其次用最新的随机最优化的思想求解最优化问题，确定资产的组合权重；最后从时变的角度，用滚动滑窗的方法，获得了多期的资产组合。本文还做了具体的实证研究来证明这种方法是可行的。

关键字　Black-Litterman 模型；多指标排序；TOPSIS 方法；随机最优化

1　引　　言

自 Markowitz 提出均值—方差理论以来，Portfolio 优化一直受到理论界和业界人士广泛的重视，现行研究主要集中在对协方差 $\boldsymbol{\Sigma}$ 的估计上，如 Michaud 等人[1-3]采用各种统计方法分别对协方差 $\boldsymbol{\Sigma}$ 进行了处理，Tze Leung Lai[4,5]在总结经典方法的基础上提出了随机最优化方法。但在实践中，这些统计方法往往存在过度拟合现象，所得到的资产组合策略时常不能战胜经验投资者的主观选择。为此，Black 和 Litterman 基于资本资产定价模型（CAPM）和 Sharpe 的逆最优化理论建立了嵌入投资者线性观点的 Black-Litterman 模型[6]（下文简称 BL 模型），He 和 Litterman[7]给出了 BL 模型一个清晰的框架，Satchell 等人[8,9]对观点方差做出一些改进，Cheung 将资产收益的因子分析和 BL 模型的市场部分结合起来提出了 Augmented Black-Litterman（ABL）模型[10]，Robert Almgren[11]指出，基于指标考虑资产间相对大小有助于建立更优化的资产组合，葛颖等[12,13]对 BL 模型中观点部分进行了更深入的研究。

但是在实践中 BL 模型由于受到主观观点难以量化的限制而不能广泛使用，

所以基于 ABL 模型和 Robert Almgren 的理论,我们认为可以通过把资产的指标分析嵌入到投资者观点部分来对 BL 模型进行改进。具体来说我们先通过资产评价的指标对资产进行排序,并考虑未来期间各资产之间相对大小给出量化的观点矩阵,从而建立 BL 模型,得到后验的均值 $\boldsymbol{\mu}_{BL}$ 和协方差 $\boldsymbol{\Sigma}_{BL}$,最后通过 Tze Leung Lai[5] 提出的随机最优化方法得到投资组合的权重。在处理数据时,本文运用"滑窗"的数据处理方法,突破了传统的单期静态投资组合选择的局限性,实现了投资组合的多期化,对投资者决策有更实际的指导意义。

2　模型的建立

2.1　BL 模型及其推广

BL 模型是一种通过贝叶斯方法将市场观点和投资者观点融合起来解决资产配置最优化问题的模型。设组合中有 N 个资产,它们的收益率为 $R_i, i=1,2,\cdots,N$,记 $\boldsymbol{R}=(R_1,R_2,\cdots,R_N)'$。假设 $\boldsymbol{R}\sim N(\boldsymbol{\mu},\boldsymbol{\Sigma})$,按照贝叶斯学派的看法,感知都具有一定的不确定性,故把均值向量 μ 看成是随机的:$\boldsymbol{\mu}\sim N(\boldsymbol{\Pi},\tau\boldsymbol{\Sigma})$,$0<\tau<1$ 为常数,由均衡市场逆最优化求解得到其均值 $\boldsymbol{\Pi}=2\lambda\boldsymbol{\Sigma}\boldsymbol{\omega}_{mkt}$,这里 $\boldsymbol{\omega}_{mkt}$ 为市场资产组合的权重向量,平均风险厌恶系数是外生因子,它对 BL 模型的结果并不敏感,Black-Litteman[6] 的研究认为 $\lambda\approx1.2$。

再令投资者对于 N 个资产的期望收益有 K 个独立的观点,建立模型 $\boldsymbol{P\mu}\sim N(\boldsymbol{q},\boldsymbol{\Omega})$,其中 $\boldsymbol{P}_{K\times N}$ 为选择矩阵,$\boldsymbol{q}_{K\times 1}$ 为观点收益的期望值,$\boldsymbol{\Omega}_{K\times K}$ 度量了观点的可信度。利用贝叶斯公式得到收益率 $\boldsymbol{R}$ 的后验分布 $\boldsymbol{R}\mid\boldsymbol{q},\boldsymbol{\Omega}\sim N(\boldsymbol{\mu}_{BL},\boldsymbol{\Sigma}_{BL})$,其中

$$\begin{cases}\boldsymbol{\mu}_{BL}=\boldsymbol{\Pi}+\tau\boldsymbol{\Sigma P}'(\tau\boldsymbol{P\Sigma P}'+\boldsymbol{\Omega})^{-1}(\boldsymbol{q}-\boldsymbol{P\Pi})\\ \boldsymbol{\Sigma}_{BL}=(1+\tau)\boldsymbol{\Sigma}-\tau^2\boldsymbol{\Sigma P}'(\tau\boldsymbol{P\Sigma P}'+\boldsymbol{\Omega})^{-1}\boldsymbol{P\Sigma}\end{cases}\tag{1}$$

这里参数 τ 不易确定,Meucci[14,15] 通过对式(1)分析发现,当 $\boldsymbol{\Omega}$ 趋于 0 和 $+\infty$ 时即投资者对自己的观点完全信任和完全不信任的情况下,BL 模型在理论上均无法解释。为此他提出了推广的 BL 模型即假定投资者对市场变量 $\boldsymbol{R}$ 直接发表观点而将参数 $\boldsymbol{\mu}$ 看作是常数,观点 $\boldsymbol{Q}=\boldsymbol{PR}$ 看成是随机变量 $\boldsymbol{Q}\sim N(\boldsymbol{q},\boldsymbol{\Omega})$,于是经过理论验证得到

$$\begin{cases}\boldsymbol{\mu}_{BL}=\boldsymbol{\Pi}+\boldsymbol{\Sigma P}'(\boldsymbol{P\Sigma P}'+\boldsymbol{\Omega})^{-1}(\boldsymbol{q}-\boldsymbol{P\Pi})\\ \boldsymbol{\Sigma}_{BL}=\boldsymbol{\Sigma}-\boldsymbol{\Sigma P}'(\boldsymbol{P\Sigma P}'+\boldsymbol{\Omega})^{-1}\boldsymbol{P\Sigma}\end{cases}\tag{2}$$

2.2 多指标排序信息确定观点

BL 模型最难以描述的是选择矩阵 $\boldsymbol{P}$，其本身代表的是难以量化的投资观点，特别是在时变情况下，不同时间的选择矩阵 $\boldsymbol{P}$ 更是如此。因此本节提出一种时变的可量化的选择矩阵。我们的思路是确定选择矩阵 $\boldsymbol{P}$ 时首先考虑相应资产的排序问题。事实上资产评价有一些可量化的具有预测功能的指标，如收益回撤比、夏普比、每股净利润、衡量股票高估或者低估的 B/P 比率等，于是，根据投资者对各指标的偏好，我们就可以用 TOPSIS 方法获得各资产的排序。

TOPSIS 方法是由 Hwang 和 Yoon 提出的一种逼近理想解的排序方法[16]。在这个方法中"正理想解"和"负理想解"是它的两个基本概念，所谓正理想解是一设想的最优解，其中最优解的各指标值是各评价指标中的最优值；而负理想解是一设想的最劣解，最劣解的各指标值是各评价指标中的最差值。现在我们简述一下应用 TOPSIS 方法的一般步骤。

假定样本为效益型样本，资产集为 $A=\{A_1,A_2,\cdots A_N\}$，属性集为 $\boldsymbol{F}=\{\boldsymbol{F}_1,\boldsymbol{F}_2,\cdots,\boldsymbol{F}_M\}$，决策矩阵为 $\boldsymbol{X}=(x_{ij})_{N\times M}$，其中 x_{ij} 为第 i 个资产在第 j 个指标下的指标值，指标的权重向量 $\boldsymbol{W}=(w_1,w_2,\cdots,w_N)$，$\sum_{j=1}^{M} w_j=1$。

① 构造加权规范化矩阵 $Y=(w_jz_{ij})_{N\times M}=(y_{ij})_{N\times M}$，其中 $z_{ij}=\dfrac{x_{ij}}{\sqrt{\sum_{i=1}^{N} x_{ij}^2}}$。

② 确定正理想解 A^+ 和负理想解 A^-：

$$A^+=\{y_1^+,y_2^+,\cdots,y_M^+\},\quad A^-=\{y_1^-,y_2^-,\cdots,y_M^-\}$$

其中 $y_j^+=\max\limits_{1\leqslant i\leqslant N}\{y_{ij}\}$，$y_j^-=\min\limits_{1\leqslant i\leqslant N}\{y_{ij}\}$。

③ 定义各资产至正理想解的距离 d_j^+ 和至负理想解的距离 d_j^-：

$$d_j^+=\|Y_i-A^+\|=\left(\sum_{j=1}^{N}(y_{ij}-y_j^+)^2\right)^{\frac{1}{2}}$$

$$d_j^-=\|Y_i-A^-\|=\left(\sum_{j=1}^{N}(y_{ij}-y_j^-)^2\right)^{\frac{1}{2}}$$

④ 计算各方案与正理想解的相对贴近度：$C_i^+=\dfrac{d_i^-}{d_i^-+d_i^+}$。

⑤ 排列方案的优先序：按照 C_i^+ 的大小呈降序排列，即前面的优于后面的。

我们按照上述步骤得到 N 个资产的排序为 $A_{(1)}\geqslant A_{(2)}\geqslant\cdots\geqslant A_{(N)}$，$A_{(i)}$ 为排在第 i 个位置上的资产，我们认为对于优质资产（即排序较前）应赋予较高的期望收益率,即有 $\boldsymbol{\mu}_{A_{(1)}} \geqslant \boldsymbol{\mu}_{A_{(2)}} \geqslant \cdots \geqslant \boldsymbol{\mu}_{A_{(N)}}$,记 $\boldsymbol{\mu}_{A(0)} = (\boldsymbol{\mu}_{A_{(1)}}, \boldsymbol{\mu}_{A_{(2)}}, \cdots, \boldsymbol{\mu}_{A_{(N)}})'$,$\boldsymbol{\mu}_A = (\boldsymbol{\mu}_{A_1}, \boldsymbol{\mu}_{A_2}, \cdots, \boldsymbol{\mu}_{A_N})'$,这也就是我们对 BL 模型中主观观点的一种描述,事实上一种好的资产的收益率并不一定高于劣质资产。构造矩阵 $B_{N\times N}$ 满足 $B\boldsymbol{\mu}_A = \boldsymbol{\mu}_{A_0}$ 和 $(N-1)\times N$ 维矩阵

$$H = \begin{pmatrix} 1 & -1 & 0 & \cdots & 0 \\ 0 & 1 & -1 & \cdots & 0 \\ \vdots & \vdots & & & \vdots \\ 0 & 0 & \cdots & 1 & -1 \end{pmatrix}$$

至此我们得到选择矩阵为 $\boldsymbol{P} = \boldsymbol{HB}$,加入排序信息的观点为

$$\boldsymbol{PR} = [\boldsymbol{P}\hat{\boldsymbol{\mu}}] + \varepsilon$$

这里 $\varepsilon \sim N(0, \boldsymbol{\Omega})$。

则我们构造出 BL 模型观点部分的三个输入变量:

① 选择矩阵 $\boldsymbol{P} = \boldsymbol{HB}$;

② $\boldsymbol{q} = [\boldsymbol{P}\hat{\boldsymbol{\mu}}]^+$,其中$[\boldsymbol{P}\hat{\boldsymbol{\mu}}]^+$ 表示 $\boldsymbol{P}\hat{\boldsymbol{\mu}}$中小于 0 的值全部赋予 0;

③ $\boldsymbol{\Omega} = c^{-1}\mathrm{diag}(\boldsymbol{P}'\boldsymbol{\Sigma}\boldsymbol{P})$。

这里 $c \in (0, +\infty)$表示投资者对观点整体的信任程度,$c \to 0$ 和 $c \to +\infty$ 分别表示完全不信任观点和完全信任观点,特别是本文中让 $c = 1$ 表示排序观点的可信度由市场决定。根据前 n 天的实际数据估计出 $\hat{\boldsymbol{\mu}}$ 和 $\hat{\boldsymbol{\Sigma}}$继而求出上述三个变量,之后代入(2)中得到 $\boldsymbol{\mu}_{\mathrm{BL},n}$,$\boldsymbol{\Sigma}_{\mathrm{BL},n}$。

2.3　随机最优化方法

Tze Leung Lai[5]提出的随机最优化方法定义目标函数为

$$\min\{\mathrm{Var}(\boldsymbol{\omega}'\boldsymbol{R}_{n+1}) = E(\boldsymbol{\omega}'\boldsymbol{\Sigma}_n\boldsymbol{\omega}) + \mathrm{Var}(\boldsymbol{\omega}'\boldsymbol{\mu}_n)\} \tag{3}$$

而经典 Markowitz 模型的目标函数仅考虑到后验的协方差 $\boldsymbol{\Sigma}_n$ 即上式右端的 $E(\boldsymbol{\omega}'\boldsymbol{\Sigma}_n\boldsymbol{\omega})$这一项,而没有考虑到后验的均衡收益 μ_n 的情况,这也是其出现风险过度集中和不稳定的原因。考虑到约束条件将上式转化为求解如下的随机最优化问题:

$$\max\{E(\boldsymbol{\omega}'\boldsymbol{R}_{n+1}) - \lambda\mathrm{Var}(\boldsymbol{\omega}'\boldsymbol{R}_{n+1})\} \tag{4}$$

由于上式存在$[E(\boldsymbol{\omega}'\boldsymbol{R}_{n+1})]^2$,故它违背了 Bayesian 的有关要求它为线性的设定[5],不是标准的随机最优化问题,于是引入参数 $\eta_i = 1 + 2\lambda E(\boldsymbol{\omega}_i\boldsymbol{R}_{n+1})$,$i = 0, 1, \cdots$本文中令初始的 $\boldsymbol{\omega}_0$ 为平均分配,则 Lai 给出上述最优化问题的解为

$$\max_{\eta_i}\{E[\boldsymbol{\omega}'(\eta_i)\boldsymbol{R}_{n+1}] - \lambda\mathrm{Var}[\boldsymbol{\omega}'(\eta_i)\boldsymbol{R}_{n+1}]\} \tag{5}$$

$$\boldsymbol{\omega}(\eta_i)=\underset{\boldsymbol{\omega}'I=1}{\arg\min}\{\lambda\boldsymbol{\omega}'\boldsymbol{V}_n\boldsymbol{\omega}-\boldsymbol{\eta}_i\boldsymbol{\omega}'\boldsymbol{\mu}_n\}=\frac{1}{b_n}\boldsymbol{V}_n^{-1}\boldsymbol{I}+\frac{\eta}{2\lambda}\boldsymbol{V}_n^{-1}(\boldsymbol{\mu}_n-\frac{a_n}{b_n}\boldsymbol{I}) \quad (6)$$

其中 $\boldsymbol{\mu}_n=E(\boldsymbol{R}_{n+1}\mid\boldsymbol{\Gamma}_n)$，$\boldsymbol{V}_n=E(\boldsymbol{R}_{n+1}\boldsymbol{R}'_{n+1}\mid\boldsymbol{\Gamma}_n)$，$\boldsymbol{\Gamma}_n$ 表示到第 n 天的信息，$\boldsymbol{I}=[1,1,\cdots,1]'_{N\times1}$，$a_n=\boldsymbol{\mu}'_n\boldsymbol{V}_n^{-1}\boldsymbol{I}$，$b_n=\boldsymbol{I}\boldsymbol{V}_n^{-1}\boldsymbol{I}$。

这里通过自助法[5]来估计 $E(\boldsymbol{\omega}'(\eta)\boldsymbol{R}_{n+1})-\lambda\mathrm{Var}(\boldsymbol{\omega}'(\eta)\boldsymbol{R}_{n+1})$的值，结合上面的 BL 模型式(2)求出的后验期望 $\boldsymbol{\mu}_{\mathrm{BL},n}$ 与后验方差 $\boldsymbol{\Sigma}_{\mathrm{BL},n}$，把 $\boldsymbol{\mu}_n=\boldsymbol{\mu}_{\mathrm{BL},n}$，$\boldsymbol{V}_n=\boldsymbol{\Sigma}_{\mathrm{BL},n}+\boldsymbol{\mu}_{\mathrm{BL},n}\boldsymbol{\mu}'_{\mathrm{BL},n}$代入式(6)求得使式(5)最大的组合权重。

3 实 证 分 析

本节从 Wind 数据库中，选取了 2009 年 1 月 5 日至 2013 年 8 月 1 日共 1110 个交易日的 10 个上市公司(福建南纸、黄山旅游、白云机场、钱江生化、上海电力、铁龙物流、同仁堂、包钢稀土、武钢股份、中信证券)的股票收盘价和相应时间内的上证指数，以每 $n=250$ 天为一个测试期，再通过本文提出的方法得到后面 10 个交易日的投资策略的组合权重。以第一期为例，通过对 2009 年 1 月 5 日至 2010 年 1 月 11 日数据的分析，获得该 10 只股票 250 个交易日的对数收益率，并从相应的数据处理和数据库中得到收益回撤比、夏普比、每股净收益的值。将它们的权重设定为 $\boldsymbol{W}=(0.5,0.3,0.2)$，由 TOPSIS 法计算出相应的值给出排序，从而求得选择矩阵，再代入(2)式得到 $\boldsymbol{\mu}_{\mathrm{BL},n}$，$\boldsymbol{\Sigma}_{\mathrm{BL},n}$，最后通过式(5)和式(6)求得第一期的权重。用滚动滑窗的数据处理方法，我们得到 10 天为一周期的多期资产组合权重。我们用 Matlab 程序实现上述步骤，并根据实际数据计算出了共 86 期的各种模型组合的实际收益率，如图 1 所示。

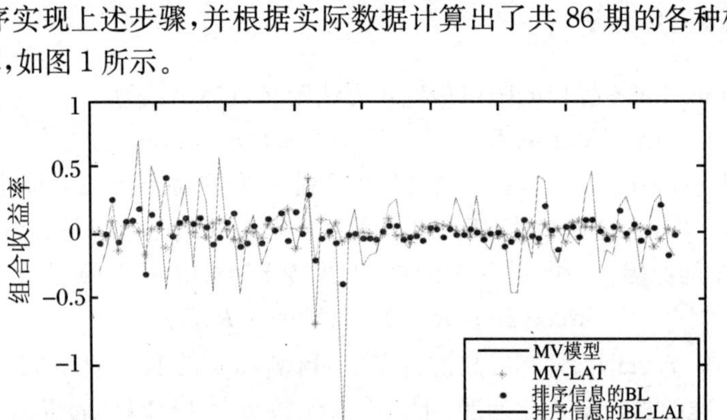

图 1　多期收益率对比图

分别计算各模型投资 Portfolio 的期望和方差，见表 1。

表 1　Portfolio 均值和标准差

	M-V	M-V-LAI	排序 BL	排序 BL-LAI
均值 μ	−0.0089	−0.008	0.0046	0.0076
标准差 σ	0.2901	0.1004	0.1089	0.0820

由此可以看出本文提出的排序 BL-LAI 模型得到的收益最高，同时风险也最小。图 2 给出了 2010 年 1 月至 2013 年 7 月各种模型和大盘（上证指数）的累积收益率。

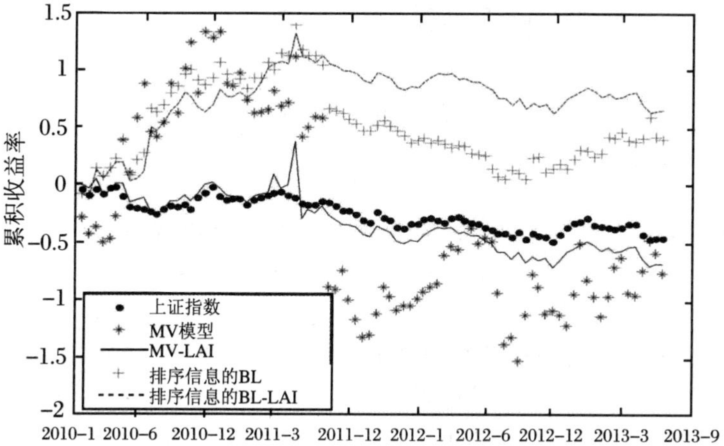

图 2　累积收益率对比图

从图 2 中可以看出 M-V 模型是极度不稳定的，而加入观点的排序 BL 模型则相对较稳定，同时在多期组合投资中累积收益率更高，Lai 提出的改进在多期中有效地避免了 M-V 模型出现的不合理投资现象，最后本文提出的排序 BL-LAI 模型有效地结合了上述两中方法的优点，并且最终能够跑赢大盘得到的累积收益率最高，由此可以看出本文提出的模型效果最好。

4　结　　论

本文在传统的 Black-Litterman 模型上，结合资产的指标信息首次提出了多指标排序的 BL 模型，并通过 Lai 的随机最优化方法对原优化问题进行了改进。多指标排序的 BL 模型有效地纠正了传统的 M-V 模型完全依赖资产的历史收益率来建模的片面性，同时对 $\boldsymbol{p}$ 和 $\boldsymbol{q}$ 进行修改可以将量化了的投资者观点嵌入到传统的 BL 模型中，使得 Black-Litterman 模型得到更广泛的运用。在最后的实证分析中我们用滚动窗的数据分析方法，将单一静态的资产组合优化推广到多期组合优化，使其更具有实践的指导意义。

本文所提方法中的 Black-Littleman 模型要求确定均衡的市场组合权重 $\boldsymbol{\omega}_{\mathrm{mkt}}$，但是资本市场中许多新兴的金融衍生品并不存在一个外部的均衡市场，如何将 BL 模型的思想运用在这些资产上面，是值得投资者深思的。现实中用方差来度量某些资产的风险有时并不合理，用 VaR 来度量更好。笔者在后期将探讨能否将 copula 结合到本文模型中将其扩展到新兴的衍生品市场。

参考文献

[1] Michaud R O. The Markowitz optimization enigma：is optimized optimal [J]. Financial Analysts Journal，1989：31-42.

[2] Ledoit O，Wolf M. Improved estimation of the covariance matrix of stock returns with an application to portfolio selection[J]. Journal of Empirical Finance，2003，10(5)：603-621.

[3] Fan J，Fan Y，Lv J. High dimensional covariance matrix estimation using a factor model[J]. Journal of Econometrics，2008，147(1)：186-197.

[4] Lai T L，Lai T L，Xing H. Statistical models and methods for financial markets[M]. New York：Springer，2008.

[5] Lai T L，Xing H，Chen Z. Mean-variance portfolio optimization when means and covariances are unknown[J]. The Annals of Applied Statistics，2011，5(2A)：798-823.

[6] Black F，Litterman R B. Asset allocation：combining investor views with market equilibrium[J]. The Journal of Fixed Income，1991，1(2)：7-18.

[7] He G，Litterman R. The intuition behind Black-Litterman model portfolios [J]. SSRN,334304，2002.

[8] Satchell S，Scowcroft A. A demystification of the BlackLitterman model：Managing quantitative and traditional portfolio construction[J]. Journal of

Asset Management, 2000, 1(2): 138-150.

[9] Idzorek T M. A step-by-step guide to the Black-Litterman model[J]. Forecasting expected returns in the financial markets, 2002: 17.

[10] Cheung W. The augmented Black-Litterman model: a ranking-free approach to factor-based portfolio construction and beyond[J]. Quantitative Finance, 2013, 13(2): 301-316.

[11] Almgren R, Chriss N. Optimal portfolios from ordering information[J]. SSRN,633801, 2004.

[12] 葛颖,程希骏. 熵池理论和风险平均分散化模型在投资组合分配中的应用[J]. 中国科学技术大学学报,2013, 43(9): 825-832.

[13] 葛颖,程希骏. 基于 Black-Litterman 模型与 Meucci 理论确定投资组合权重[J]. 数理统计与管理(已接受,待发表).

[14] Meucci A. The Black-Litterman Approach: Original Model and Extensions[J]. Encyclopedia of Quantitative Finance,2010.

[15] Meucci A. Risk and Asset Allocation[M]. New York: Springer, 2009.

[16] Hwang C L, Yoon K. Multiple attribute decision making[M]. Berlin: Springer, 1981.